高等职业技术院校汽车类专业教材

汽车车身电控技术

（第二版）

主　编　何宇漾
主　审　王凤军

中国劳动社会保障出版社

简介

本书涵盖汽车电控安全系统、汽车 CAN 数据总线系统、汽车电控舒适系统、汽车组合仪表系统、汽车娱乐与通信系统。主要内容包括汽车安全气囊系统、安全带系统、防盗报警系统、防碰撞系统、自动泊车辅助系统、巡航控制系统、前照灯自动控制系统、CAN 数据总线系统、中央门锁控制系统、电动车窗系统、电动天窗系统、电动后视镜系统、电动座椅系统、组合仪表系统、音响系统、电子导航系统、车载免提电话系统等。

本书由何宇漾主编，高明、袁红军、吕丕华、王新民参编，王凤军主审。

图书在版编目(CIP)数据

汽车车身电控技术/何宇漾主编. —2 版. —北京：中国劳动社会保障出版社，2014

高等职业技术院校汽车类专业教材

ISBN 978-7-5167-1432-4

Ⅰ.①汽… Ⅱ.①何… Ⅲ.①汽车—车体—电子系统—控制系统—高等职业教育—教材 Ⅳ. U463.6

中国版本图书馆 CIP 数据核字(2014)第 219832 号

中国劳动社会保障出版社出版发行

(北京市惠新东街 1 号　邮政编码：100029)

*

河北鹏盛贤印刷有限公司印刷装订　新华书店经销

787 毫米×1092 毫米　16 开本　12.25 印张　219 千字

2014 年 10 月第 2 版　　2023年12月第14次印刷

定价：23.00 元

营销中心电话：400-606-6496

出版社网址：http://www.class.com.cn

http://jg.class.com.cn

前言

为了更好地适应全国高等职业技术院校汽车类专业的教学要求，全面提升教学质量，人力资源和社会保障部教材办公室组织有关学校的骨干教师和行业、企业专家，在充分调研企业生产和学校教学情况、广泛听取教师对现有教材反馈意见的基础上，吸收和借鉴各地高等职业技术院校教学改革的成功经验，对现有全国高等职业技术院校汽车类专业教材进行了修订（新编）。

本次教材修订（新编）工作的重点主要体现在以下几个方面：

第一，合理更新教材内容。

根据企业岗位和教学实践的需求变化，确定学生应具备的能力与知识结构，调整部分教材内容，使知识技能点的深度、难度、广度与实际需求相匹配；根据相关专业领域的最新发展，淘汰陈旧过时的内容，补充新知识、新技术、新设备、新材料等方面的内容；根据最新的国家技术标准编写教材内容，保证教材的科学性和规范性。

第二，加强实践技能的培养。

根据就业岗位对技能型人才所需能力的要求，进一步加强实践性教学内容，采用了理论知识与技能训练一体化的编写模式，以体现“做中学”“学中做”的教学理念。

第三，衔接职业技能鉴定要求。

教材编写以国家职业标准为依据，涵盖相关国家职业标准（高级）的知识和技能要求，并在配套习题册中增加了相关职业技能考试的练习题。

第四，精心设计教材形式。

在教材的呈现形式上，尽可能使用图片、实物照片和表格等将知识点生动地展示出来，力求让学生更直观地理解和掌握所学内容。

第五，提供全方位教学服务。

本套教材配有习题册、教学参考书、电子课件和习题册答案，电子课件等教学资源可通过中国人力资源和社会保障出版集团网站（http：//www.class.com.cn）或职业教育教学资源和数字学习中心（http：//zyjy.class.com.cn）下载。

本次教材的修订（新编）工作得到了辽宁、吉林、江苏、山东、河南、广东等省人力资源和社会保障厅及有关学校的大力支持，在此我们表示诚挚的谢意。

人力资源和社会保障部教材办公室

2014 年 8 月

目录
Contents

模块一 汽车电控安全系统

课题一　汽车安全气囊系统

学习目标

◆ 了解汽车安全气囊系统的作用及安装位置。

◆ 掌握汽车安全气囊的组成、原理及工作过程。

◆ 掌握汽车安全气囊系统的常见故障及检修方法。

想一想

当汽车发生碰撞时，汽车安全气囊系统能及时引爆，对驾驶员和乘员提供有效保护，如图 1—1—1 所示。

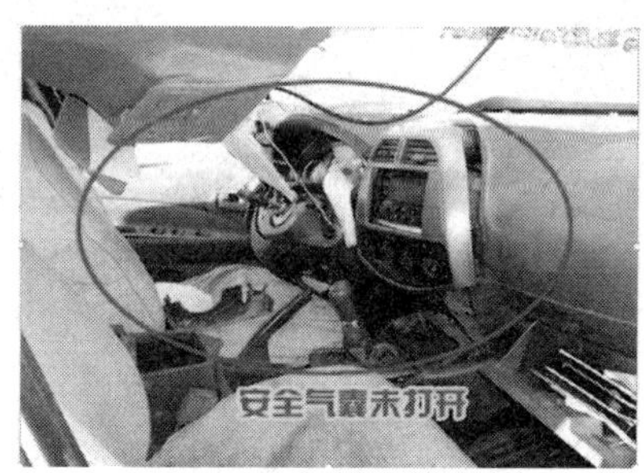

汽车安全气囊未打开状态

汽车安全气囊打开状态

图 1—1—1　汽车安全气囊能有效保护司机和乘客的安全

汽车安全气囊通常在什么情况下会打开？它是靠哪些零部件来完成保护车内人员的作用的？安全气囊引爆后，还能装回去接着使用吗？

一、汽车安全气囊系统的作用及安装位置

安全气囊系统（Supplemental Restraint System，SRS）又称辅助防护系统或辅助

约束系统，是当车辆发生碰撞事故时保护驾驶员和乘员的安全带补助装置，它与座椅安全带配合使用，在汽车发生碰撞时为驾驶员和乘员提供有效的保护。当汽车遭受冲撞导致车速急剧变化时，安全气囊迅速膨胀，承受并缓冲驾驶员和乘员头部与身体上部产生的惯性力，从而减轻人体遭受伤害的程度。

汽车安全气囊系统也是一种被动性安全装置，主要用于防止头部和胸部的损伤，其效果与使用三点式安全带的效果相辅相成——安全带吸收驾驶员和乘员大部分的运动能量，安全气囊可以在汽车内部产生气囊而进一步吸收驾驶员和乘员的运动能量，从而保护驾驶员和乘员的胸部和头部。而且前座侧面安全气囊以及高端车型配备的前后贯穿式头部安全气囊（即气帘），可以在遭受侧面撞击时，有效防止前排乘员头部、侧胸、骨盆等部位与车体部件的刚性碰撞，给予乘员最全面的侧面保护。

大多数的驾驶员前气囊安装在方向盘中央，也称为主气囊；前排乘员前气囊安装在正前方的仪表板内，也称为副气囊（见图 1—2—2）；侧气囊可安装在座椅的外侧，或者侧门的上框上，也有的安装在 A 柱上。有的车还有膝部气囊，安装在仪表板的下方。可在实车上找一找“AIRBAG”的标记，通常气囊就安装在该标记的下方或者旁边。

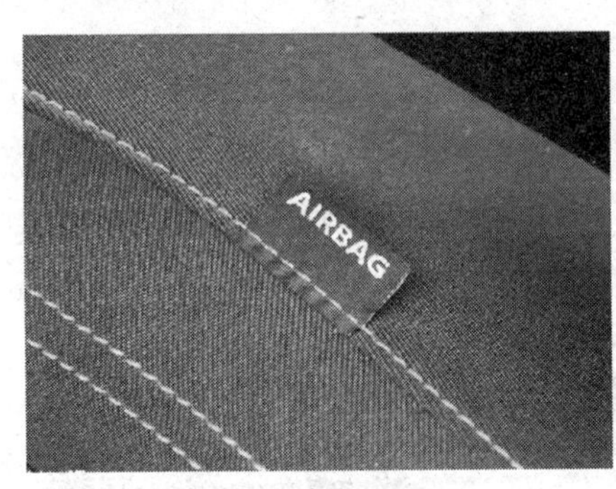

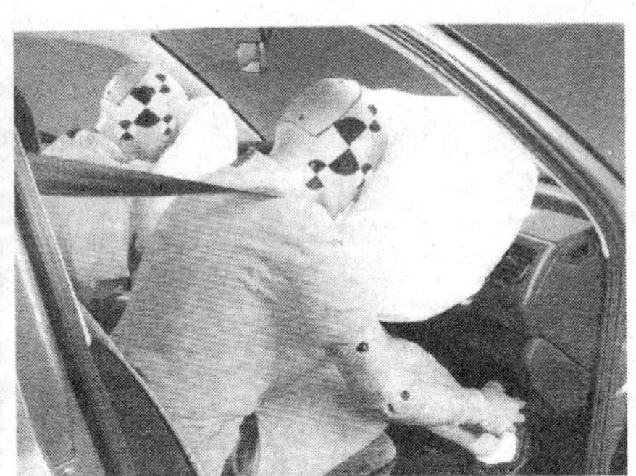

图 1—1—2　主气囊、副气囊的安装位置

教学互动

在实训车上找出安全气囊的具体标识及安装位置。

二、汽车安全气囊系统的组成

汽车安全气囊系统主要由传感器、安全气囊控制单元（ECU）、安全气囊指示灯、安全气囊组件等组成。

1. 传感器

传感器是安全气囊系统主要的控制信号输入装置。其作用是检测、判断汽车发生事故时的碰撞强度信号，并将此信号输入安全气囊控制单元，控制单元根据传感器的输入信号来判断是否引爆充气元件使气囊充气。

按照传感器的功能不同，安全气囊传感器可分为碰撞传感器和安全传感器两种。

（1）碰撞传感器

碰撞传感器一般安装在车身前部和中部，如车身两侧的前翼子板内侧、两侧前照灯支架下面、发动机散热器支架左右两侧等，如图 1—1—3 所示。其主要作用是检测车辆发生碰撞时的减速度或惯性力，并将信号送到安全气囊控制单元中。安全气囊系统中一般设有 3～4 个碰撞传感器。

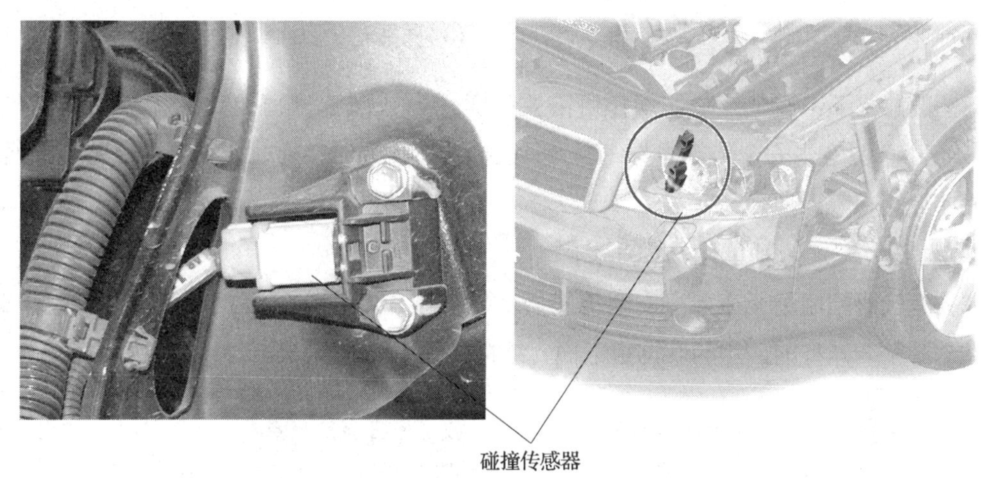

图 1—1—3　碰撞传感器的安装位置

当汽车以 40 km/h 的速度与一辆停放的同样大小的汽车相碰撞，或者以不低于 22 km/h 的车速迎面撞到一个不可变形的固体障碍物时，碰撞传感器就会动作，接通搭铁回路。

教学互动

观察安全气囊的碰撞传感器，其上面有无箭头指向？在安装位置上有无注意事项？如果有，分别是哪些注意事项？

（2）安全传感器

安全传感器又称防护碰撞传感器或防护传感器，一般安装在安全气囊控制单元

(SRSECU）内。其作用是防止碰撞传感器短路而造成气囊误膨胀，供给 SRS 控制计算机信号以确定是否真发生碰撞。

如图 1—1—4 所示的安全传感器为水银常开式开关，它是为防止碰撞传感器因短路故障引爆点火器而设置的。当汽车发生碰撞时，足够大的减速度力将水银上抛，使两极接通，从而接通电爆管电路。

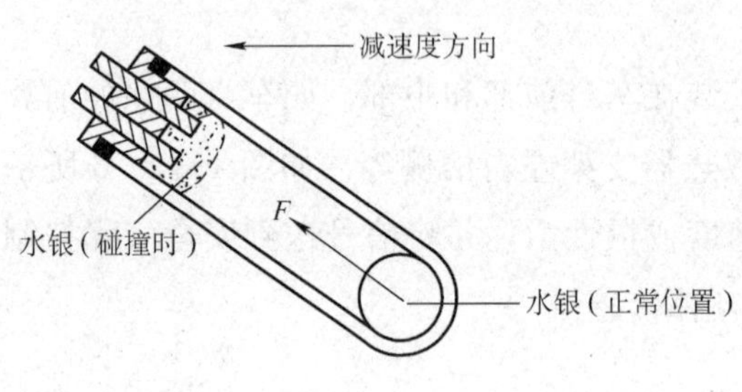

图 1—1—4　安全传感器

一般情况下，安全传感器动作所需要的惯性力或减速度值要比碰撞传感器小些。在 SRS 中，只有当安全传感器与任意一只碰撞传感器同时接通时，SRS 电路才能接通，气囊才可能充气。

2．安全气囊控制单元（ECU)

安全气囊控制单元通常与安全传感器一起被制作在安全气囊控制组件中，通常安装在驾驶室变速杆前、后的装饰板下面，结构如图 1—1—5、图 1—1—6 所示。

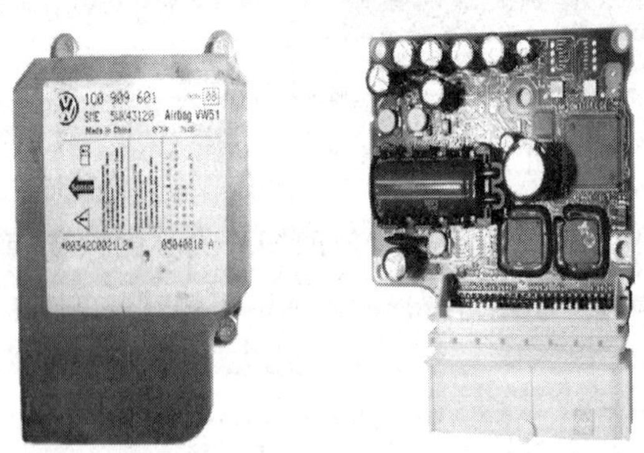

图 1—1—5　安全气囊控制单元的内部结构

安全气囊控制单元的功能为接收碰撞传感器及其他各个传感器的输入信号，判断是否点火引爆气囊及预紧器，并对安全气囊系统的故障进行自诊断。

3．安全气囊指示灯

安全气囊指示灯（又称安全气囊警告灯）如图 1—1—7 所示，其主要功能是指示安全气囊系统功能是否处于正常状态。安全气囊指示灯一般安装在驾驶室仪表板上。

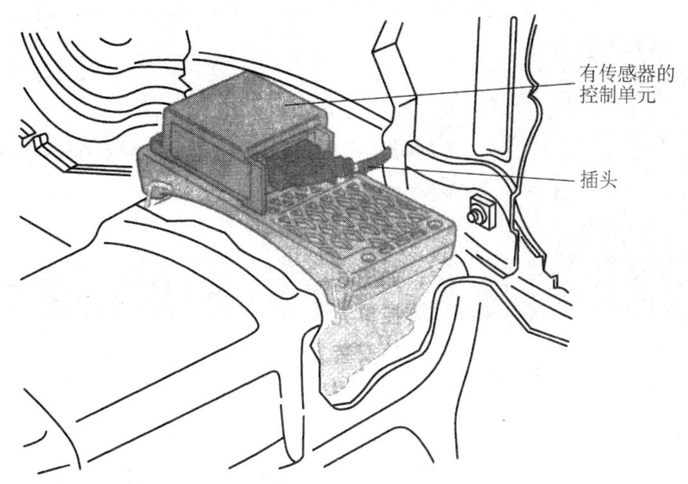

图 1—1—6　安全气囊控制单元的安装位置

图 1—1—7　安全气囊指示灯（仪表板上）

接通点火开关时，诊断单元对系统进行自检，若指示灯在点亮 6 s 后熄灭，表示安全气囊系统正常。若 6 s 后，安全气囊指示灯依然闪烁或一直不熄灭，或者点火开关打开后指示灯熄灭并重新亮起来，则表示安全气囊系统有故障，提示驾驶员应进行维修。

4．安全气囊组件

安全气囊组件主要由气囊、气体发生器、点火器和安全气囊系统线束组成。

（1）气囊

气囊按其布置不同可分为驾驶员气囊、前排乘员气囊、侧面安全气囊、后座侧面安全气囊等。驾驶员气囊组件位于方向盘中心处，如图 1—1—8 所示；前排乘员气囊位于仪表板右侧、杂物箱的上方，如图 1—1—9 所示；侧面安全气囊位于前排座椅的靠背里，如图 1—1—10 所示；后座侧面安全气囊安装在后排座椅靠背的外侧两端。

图 1—1—8　驾驶员气囊安装位置

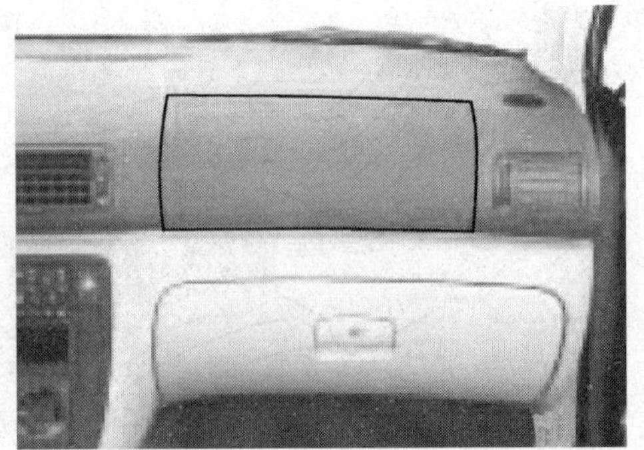

图 1—1—9　前排乘员气囊安装位置

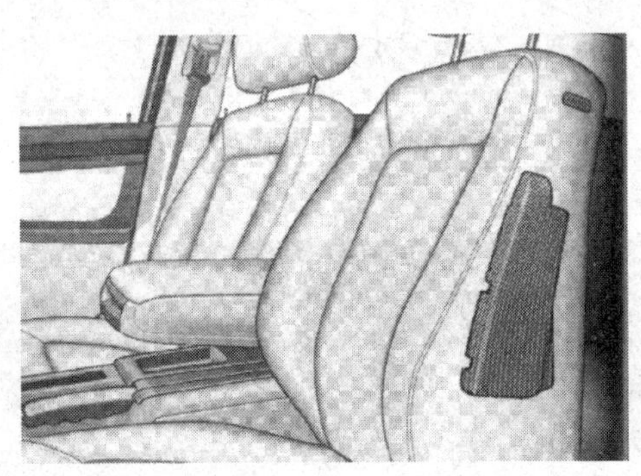

图 1—1—10　侧面安全气囊安装位置

在汽车遭受碰撞时，气囊一般在一次碰撞后 10 ms 内开始充气，从开始充气到气囊完全膨开的整个充气时间约为 30 ms。气囊背面或顶部设置有 2～3 个排气孔，当驾驶员在惯性力作用下压在气囊上时，气囊受压后便从排气孔排气，持续时间不到 1 s。

气囊采用尼龙制成，内层涂有聚氯丁二烯，用以密封气体。气囊静止时被折叠成包，安放在气体发生器上部和气囊饰盖之间，气囊饰盖表面模压有浅印，以便气囊充气爆开时撕裂饰盖，并减小冲出饰盖的阻力。

汽车前排安全气囊的作用有效范围在汽车正前方±30°之间，如图 1—1—11 所示。因为驾驶员有座椅安全带设计，所以驾驶员安全气囊的体积约为 40 L；前排乘员气囊距离乘员的距离比较远，因此其体积比驾驶员气囊的体积要大（美式的为 120～160 L，欧式的为 60～80 L），为了避免前排乘员气囊不必要的爆开造成浪费（如座椅上没有乘员时），可以通过开关或仪器将前排乘员气囊关闭。侧面安全气囊的作用范围在±30°之间，如图 1—1—12 所示。侧面安全气囊在正面碰撞、轻微的侧面碰撞、尾部碰撞和侧翻等情况下都不会工作。

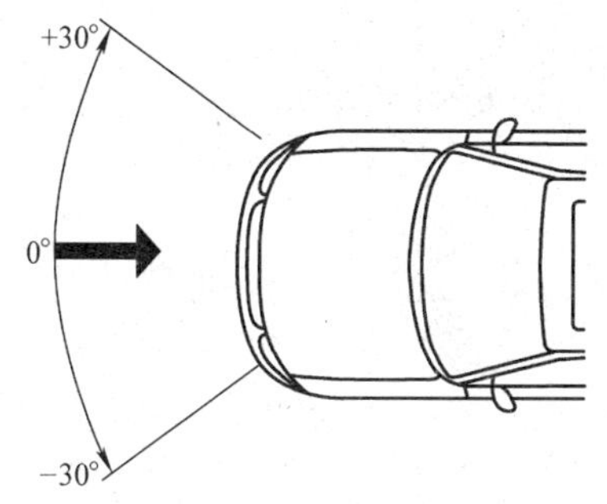

图 1—1—11 前排安全气囊的作用范围

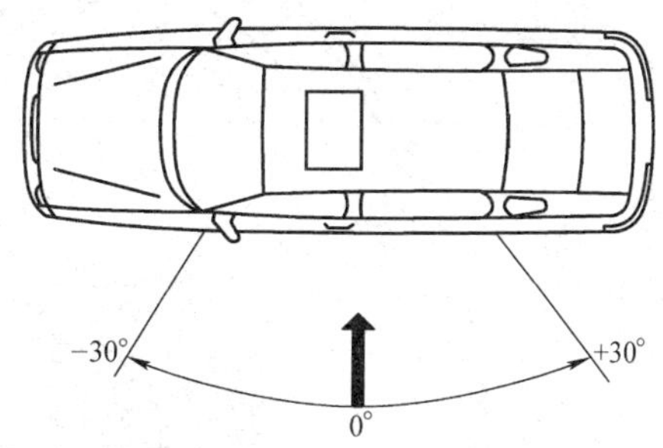

图 1—1—12 侧面安全气囊的作用范围

(2) 气体发生器（又称充气器）

气体发生器由上盖、下盖、充气剂和点火器药筒等组成，其作用是在点火器引爆点火剂时，产生气体向气囊充气，使气囊胀开。驾驶员侧气体发生器如图 1—1—13 所示。目前，气体发生器中所装的固体膨胀剂是以叠氮化钠（NaN_3）为原料制成的片状颗粒。

气体发生器使用专用螺栓固定在气囊支架上，只有使用专用工具才能进行装配。气体发生器自安装之日起，应每 10 年更换 1 次。

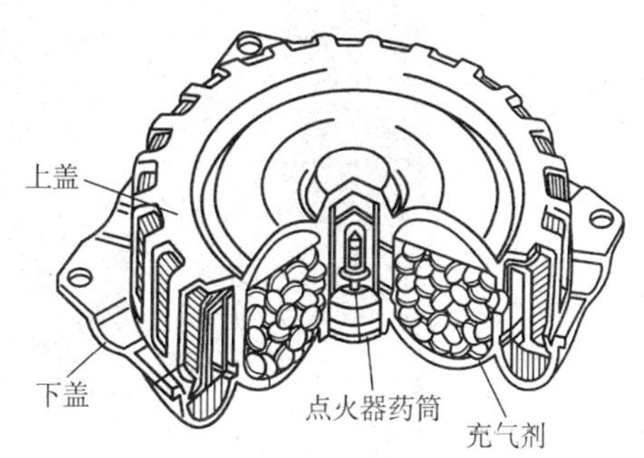

图 1—1—13 驾驶员侧气体发生器

(3) 点火器

点火器外包铝箔，安装在气体发生器内部中央位置。当安全气囊控制单元发出点火指令时，点火器引爆气体发生器，使充气剂受热分解而释放氮气冲入安全气囊。

(4) 安全气囊系统线束

安装在方向盘与转向柱管间的安全气囊系统线束为螺旋线束，是为了保证方向盘具有足够的转动角度且又不损伤驾驶员气囊组件。在不同汽车制造厂提供的维修手册中，螺旋线束的名称各不相同，如螺旋弹簧、游丝或游丝弹簧，如图 1—1—14 所示。

为了便于将气囊系统线束与其他电气系统线束区别开，目前大多数汽车的气囊系统线束采用黄色连接线，如图 1—1—15 所示，也有采用深蓝色或橘红色连接线的。连接器采用导电性能和耐久性能良好的镀金端子，并设计有防止气囊误爆机构，以保证气囊系统可靠工作。

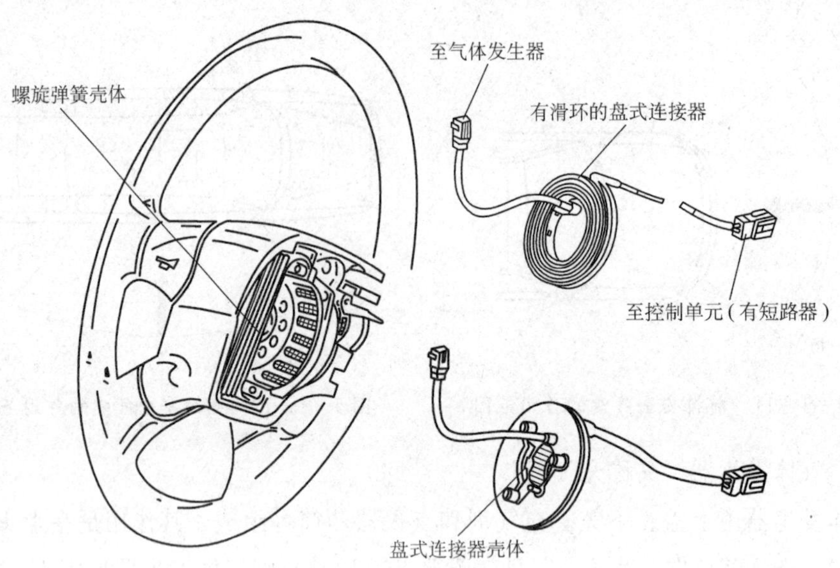

图 1—1—14　带插接器的螺旋线束

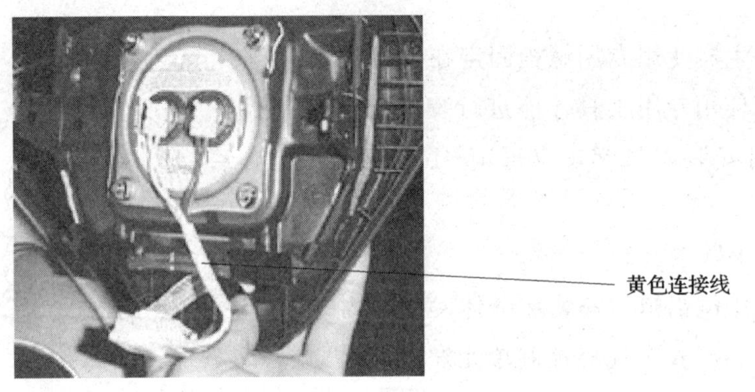

图 1—1—15　气囊系统线束采用黄色连接线

教学互动

在汽车电气线路检修过程中，能否只要看到黄色导线及插头，就可以判断该导线属于安全气囊系统？为什么？

三、汽车安全气囊的工作原理及过程

1. 汽车安全气囊的工作原理

如图 1—1—16 所示，当车辆发生正面碰撞事故时，碰撞传感器将产生碰撞信号，安全气囊 ECU 将检测到碰撞信号，迅速收紧安全带系统，通过仪表报警，切断发动机动力，并对传感器信号进行分析，判断是否达到点火要求，一旦达到要求，充气保护装置传感器和诊断模块立即发出点火脉冲，由此引燃各个安全气囊模块内的点火管，点火管再引燃各个安全气囊内部的产气药，产生大量气体，在极短的时间内给气袋充气使其急速膨胀，冲开饰盖，形成饱满气袋，以缓冲碰撞事故对人员的冲击，从而保护人员，减少伤害。

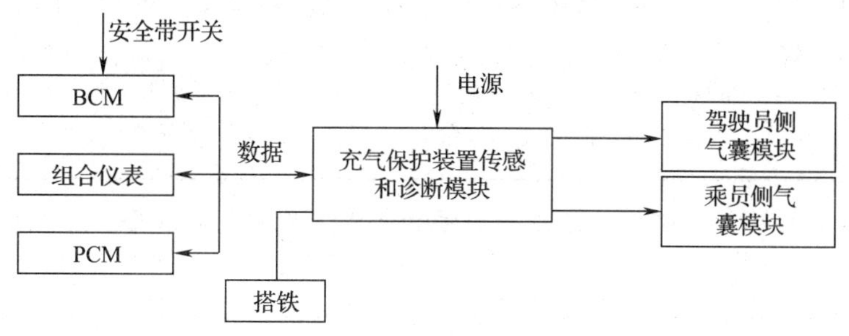

图 1—1—16　汽车安全气囊的工作原理

2．汽车安全气囊的工作过程

下面以车速约为 56 km/h 的汽车撞在一堵墙上的一个碰撞过程为例，介绍安全气囊系统触发时间程序，碰撞的发生过程可详细分为几个阶段，如图 1—1—17 所示。

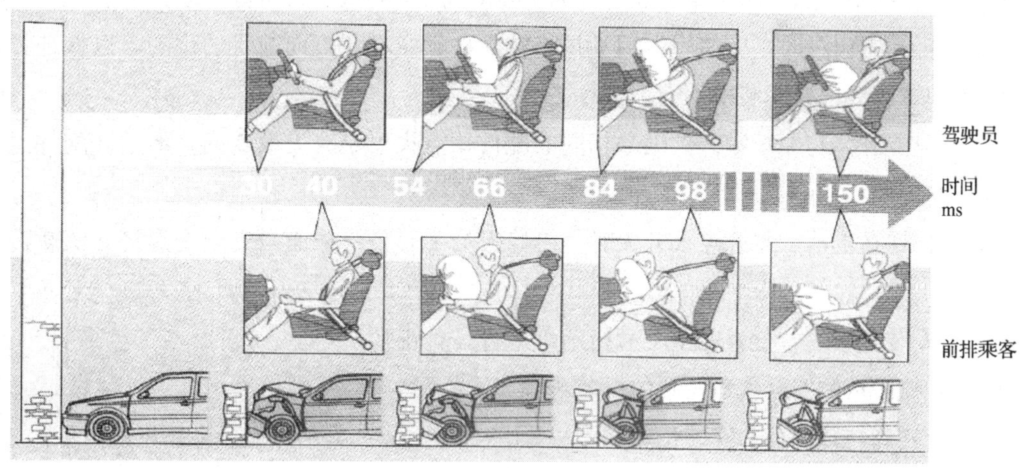

图 1—1—17　安全气囊系统触发时间程序图

（1）在时间点“0”，汽车触碰到所撞的墙壁。

（2）25 ms 以后电子传感器激活驾驶员侧气囊模块的初充气。

（3）30 ms 后驾驶员侧气囊模块的盖子被打开，安全气囊开始充气。

（4）约 35 ms 后激活前排乘员侧气囊模块的初充气。

（5）约 55 ms 后驾驶员侧的安全气囊完全充足气，驾驶员撞入安全气囊。

（6）约 65 ms 后前排乘员侧的安全气囊也被充足气，前排乘员同时撞入安全气囊中。

（7）约 85 ms 后驾驶员撞入安全气囊中的最大位置并重新离开方向盘。

（8）前排乘员在约 100 ms 后撞入安全气囊中的最大位置并同时向后运动。

（9）事故过程在约 150 ms 后结束，驾驶员和乘员又位于其最初的位置，两个安全气囊继续排出气体。

教学互动

在安全气囊的工作过程中，分析安全带和气囊工作的先后顺序。

四、汽车安全气囊系统的常见故障及检修方法

1．安全气囊的拆装及注意事项

（1）驾驶员侧安全气囊的拆装注意事项

1）先接通点火开关，检查仪表板上安全气囊指示灯工作是否正常。

2）关闭点火开关，拔出钥匙。断开蓄电池正极，等待 2 min 以上，如果安全气囊指示灯工作异常，那么断开蓄电池正极后应该等待 10 min，再进行操作。

3）拆卸方向盘时，应使用专用工具将转向柱锁定在“直向前”的位置，以保证控制装置和螺旋线束在安装中不会被损坏。

4）只能安装与原车零部件编号相同的配件，点火器是有失效期的，要遵守配件上注明的使用期限。

5）接通蓄电池，打开点火开关时，维修人员不要将身体面向安全气囊打开的轨迹内。

6）安装完毕后，检查安全气囊指示灯运行是否正常。

（2）驾驶员侧安全气囊装置的拆装步骤

安全气囊与转向盘的安装位置如图 1—1—18 所示。

1）拆卸

①断开蓄电池负极。

②脱开转向柱调整机构。

③转动转向盘 1，直至盘辐处于垂直位置，整体拉出转向柱并压到最低位置。

④紧固转向柱调整机构。

⑤用旋具（长约 175 mm）从转向盘毂后面孔中插入（插入深度约为 45 mm）。

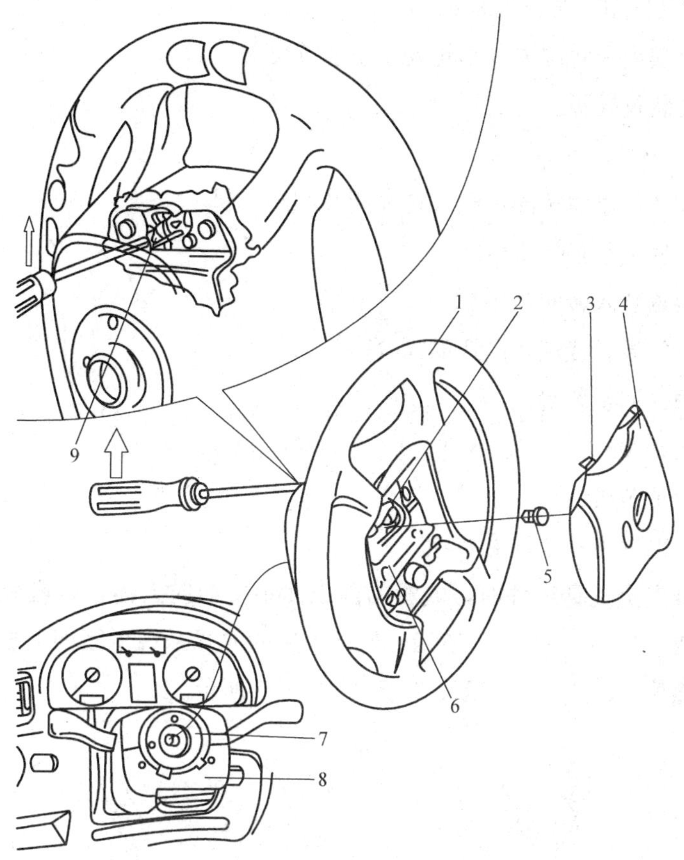

图 1—1—18　安全气囊与转向盘的安装位置示意图

1—转向盘　2—插头　3—锁止凸块　4—气囊　5—内多角螺栓　6—固定盘

7—带滑环的螺旋插头　8—装饰罩　9—卡簧

⑥如图 1—1—19 所示，按箭头方向压旋具，此时卡簧 9 被压回，安全气囊锁止凸块 3 被脱开。

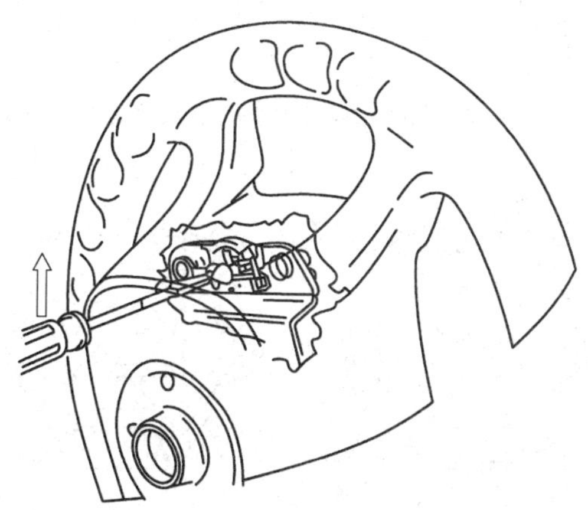

图 1—1—19　用旋具压回卡簧以脱开安全气囊锁止凸块

⑦180°转动转向盘，松开对面的第二锁止凸块。

⑧将转向盘摆到中间位置（车轮处于正前方位置）。

⑨拔下气囊装置插头。

2）安装

只有同一生产厂家的转向盘和气囊才能装配到一起。

①重新接好气囊装置插头。

②将气囊装置装入转向盘中。

③必须听到气囊装置锁止凸块的啮合声音。

④紧固转向柱调整装置。

⑤打开点火开关。

⑥接上蓄电池负极线。

（3）拆卸后的气囊摆放注意事项

操作未爆开安全气囊组件时，气囊的前表面不要面向人体，以避免气囊突然爆开对人体造成伤害，如图 1—1—20 所示。通常采用的方式是将正面朝上放置，这样便可以减小安全气囊展开时组件的运动，如图 1—1—21 所示。

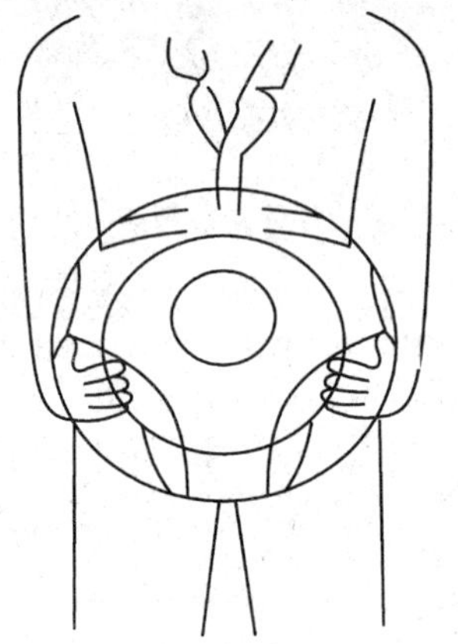
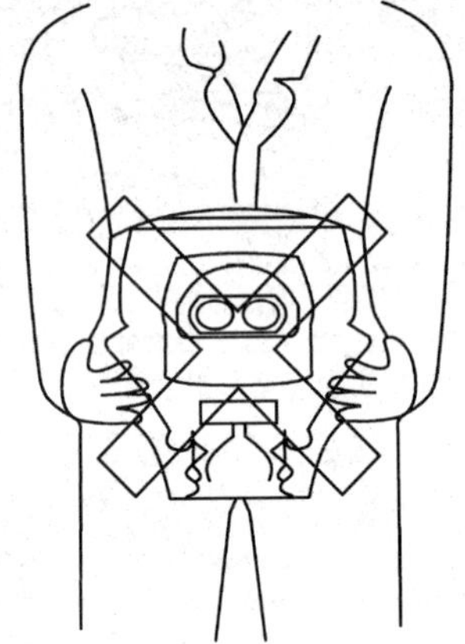

图 1—1—20　操作未爆开安全气囊组件的正确位置

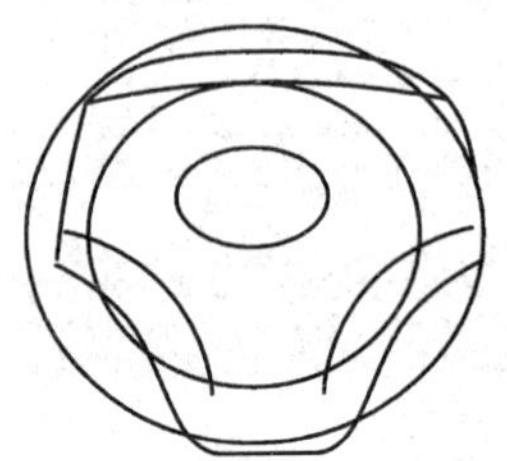
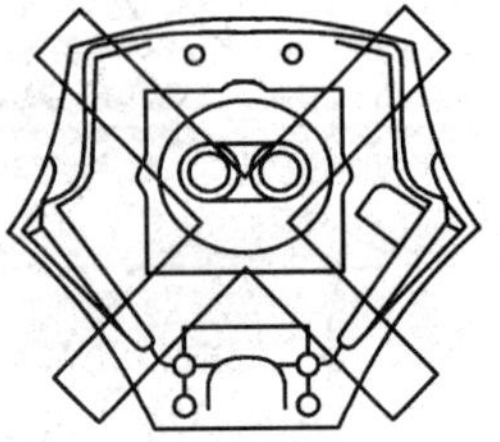

图 1—1—21　未爆开安全气囊组件的正确放置

2．螺旋弹簧的拆装

（1）断开蓄电池负极。

（2）拆卸驾驶员处的安全气囊组件。

（3）拆卸方向盘。

（4）拆卸转向柱罩盖。

（5）按照如图 1—1—22 所示的顺序进行拆卸。

（6）按照与拆卸顺序相反的顺序进行安装。

（7）确保安全气囊系统指示灯点亮，并且保持大约 6 s，然后熄灭。

如果安全气囊系统指示灯无法保持上述工作状态，则系统中存在故障，请用车载诊断系统对该系统进行检测。

3．前排乘员安全气囊组件的拆装

（1）置点火开关于“LOCK（锁）”位置。

（2）断开蓄电池负极，并且保持至少 1 min。

（3）拆除杂物箱。

（4）按照如图 1—1—23 所示的顺序进行拆卸。

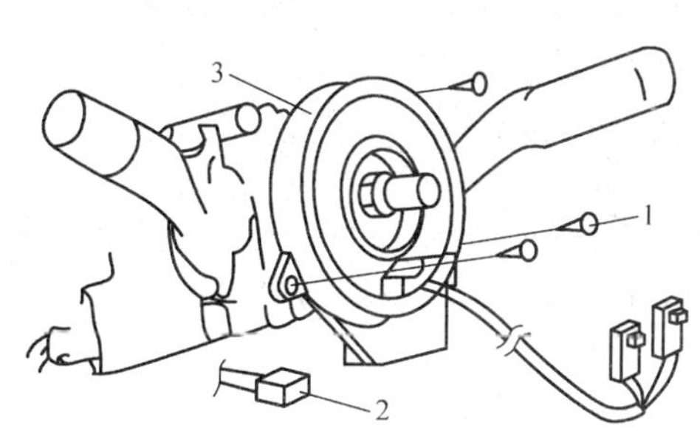

图 1—1—22　螺旋弹簧的拆卸顺序

1—螺钉　2—插头　3—盘式弹簧

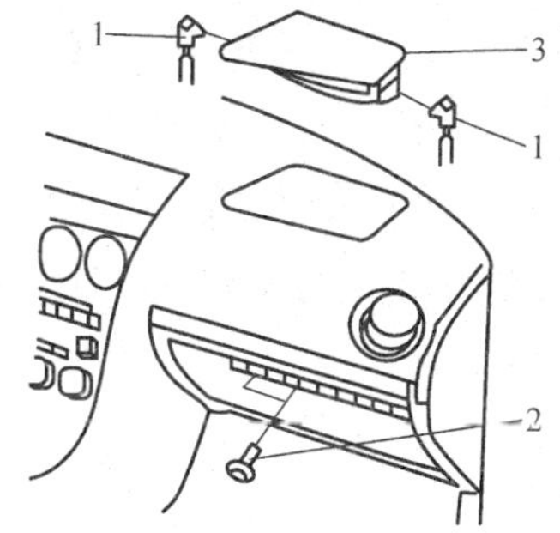

图 1—1—23　前排乘员安全气囊组件的拆卸顺序

1—插头　2—螺栓　3—乘员侧安全气囊组件

（5）按照与拆卸顺序相反的顺序进行安装。

（6）置点火开关于“ON（开启）”位置。

（7）确定安全气囊系统指示灯点亮并且保持大约 6 s，然后熄灭。

如果安全气囊系统指示灯无法保持上述工作状态，则系统存在故障，请用车载诊断系统对该系统进行检测。

4．安全气囊控制单元的拆装

在点火开关打开时，拆下气囊控制单元插头或气囊控制单元可能导致安全气囊爆开。因此在拆卸气囊控制单元插头或控制单元之前，应将点火开关转到 LOCK 位置，然后再拆卸蓄电池负极并等待 1 min 以上。

只有在可靠安装汽车气囊控制单元后，才能接上控制单元插头。否则，控制组件中的碰撞传感器可能会向安全气囊组件发送电信号导致安全气囊组件展开，造成人员伤害。

注意：安全气囊一旦由于事故或其他原因爆开，就必须更换 SRS 单元。因为即使用过的 SRS 单元外部没有任何损坏，内部也可能已损坏。

5．碰撞传感器的拆装

在拆碰撞传感器插头或碰撞传感器之前，应将点火开关转到“LOCK”位置，然后拆卸蓄电池负极并等待 1 min 左右，再拆卸散热器护罩，按照外盖螺栓→外盖→碰撞传感器螺栓→插头→碰撞传感器的顺序进行拆卸。

6．安全气囊的故障与检修

（1）自诊断功能

1）安全气囊控制单元（J234）位于中央控制台的后部，内有故障存储器。自诊断插接器位于驻车制动边上的中央通道上。控制单元探测安全气囊系统的故障并存储在永久存储器内。

2）因为暂时线路短路或接头松动接触不良而导致的故障也会被存储。这些故障将作为暂时性故障以“SP”显示。

3）在点火开关接通以后，安全气囊警告灯（K75）将闪烁约 6 s 后熄灭。

①如果警告灯又闪烁 15 s，就表示前排乘客安全气囊失效。

②如果警告灯（K75）在 6 s 后不熄灭，就说明通向安全气囊控制单元（J234）的电源有故障。应读取故障代码。

③如果警告灯（K75）再次点亮，就说明存在故障，应读取故障代码。

④如果警告灯（K75）连续闪亮，就说明必须更换控制单元（J234）。

（2）故障诊断方法

诊断仪法的一般程序是：先由故障警告灯知道出现了故障，然后用扫描仪取出故障代码，再根据维修手册的指导进行具体的检查。开机时，如果故障警告灯闪 6 s 后不熄灭，就说明有故障存在；如果故障警告灯根本不亮，就说明故障警告灯线路有故障。

大众车系可以采用 V. A. G1551/1552 诊断仪与诊断接口相连，如图 1—1—24 所示。

图 1—1—24　V. A. G1551 诊断仪

使用故障诊断仪时，用地址码“15 安全

气囊”开始自诊断并更新故障存储器信息。

功能选择分别为：01——查询控制单元版本号；02——查询故障存储器；03——执行元件诊断；04——进行基本设定；05——清除故障记忆；06——结束退出；07——控制单元编码；08——读出测量数据块；09——读出单个测量数据；10——匹配（自适应）。

（3）故障检测与诊断步骤

安全气囊的故障检测与诊断步骤如图 1—1—25 所示。

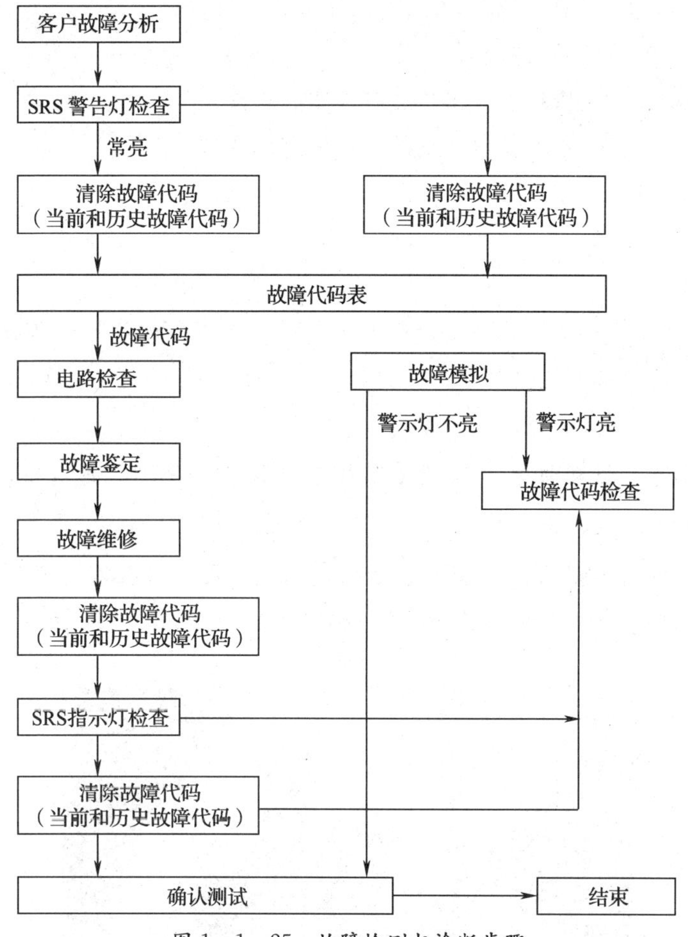

图 1—1—25　故障检测与诊断步骤

思考与练习

1. 安全气囊系统指示灯在什么情况下表明系统出现了故障？
2. 汽车安全气囊系统的工作原理是什么？
3. 简要说明汽车安全气囊系统故障诊断的一般方法。

课题二　汽车安全带系统

学习目标

- ◆ 了解汽车安全带的位置及功能。
- ◆ 掌握汽车安全带系统的组成、工作过程及工作原理。
- ◆ 能够正确分析汽车安全带系统故障的原因并排除故障。

想一想

“交通法规规定，机动车在高速公路或者城市快速路上行驶时，机动车驾驶人未按规定系安全带的处罚标准是记 2 分，处罚依据为交通法第 90 条：可以处 200 元以下罚款。”

上述法规是为了提醒机动车驾驶员以及乘客珍爱生命，也是对路人的一种保护。因为一旦发生交通事故，将对社会和家庭造成不可估量的后果。

目前，所有机动车都装备有安全带系统，在汽车发生碰撞时，安全带系统能有效保护车上人员的安全。汽车安全带锁止扣如图 1—2—1 所示。

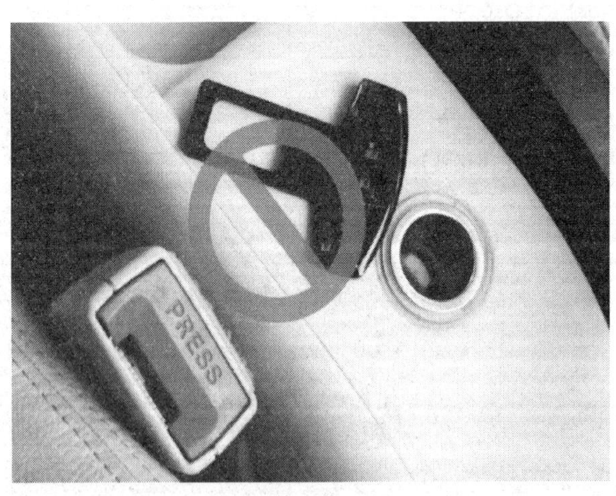

图 1—2—1　汽车安全带锁止扣

安全气囊和安全带两种装置，哪种对人的保护性更大些？为什么？两者是如何配合工作的呢？

一、汽车安全带的位置及功能

汽车安全带是一种保护乘员的被动安全装置，安装在汽车的B柱及后排座椅的两侧。一旦汽车发生碰撞，汽车安全带就将乘员锁止在座椅上，限制乘员向前冲或阻止乘员被抛离座椅，使乘员免受车内的二次碰撞，起到减轻乘员伤害程度的作用，达到保护乘员的目的。这种汽车安全带称为安全带紧急预紧装置（Emergency Locking Retractor，ELR）。安全带在车辆上的安装位置如图1—2—2所示。

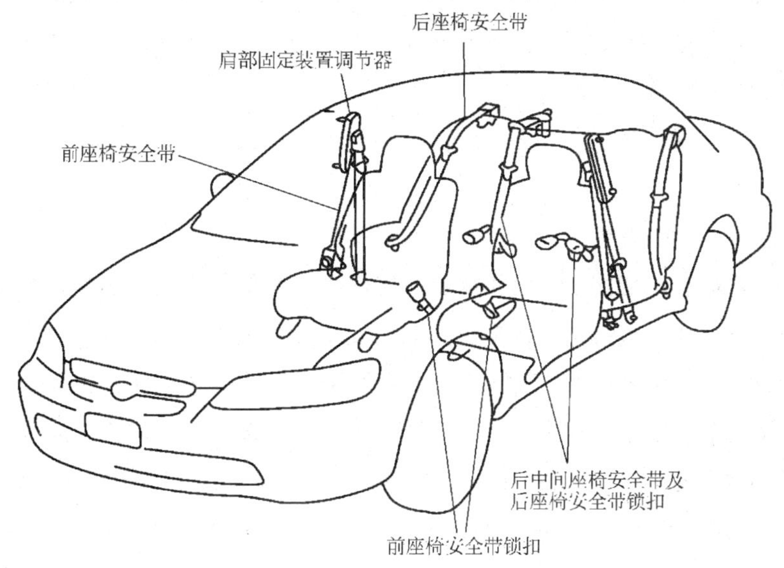

图1—2—2　安全带在车辆上的安装位置

二、汽车安全带系统的组成

安全带的结构如图1—2—3所示，其主要由织带、带锁扣、安全带、限力器、收紧器以及安装附件等组成。

1．织带

织带多用尼龙、聚酯、维尼纶等合成纤维原丝编织而成，宽约50 mm，厚约1.5 mm，具有足够的强度、延伸性能和吸收能量的性能。发生事故时，织带将乘员固定在座椅上，以免在冲击力的作用下离开座椅受到大的伤害，同时也要求其有适当的延伸以适应人体运动的变化。

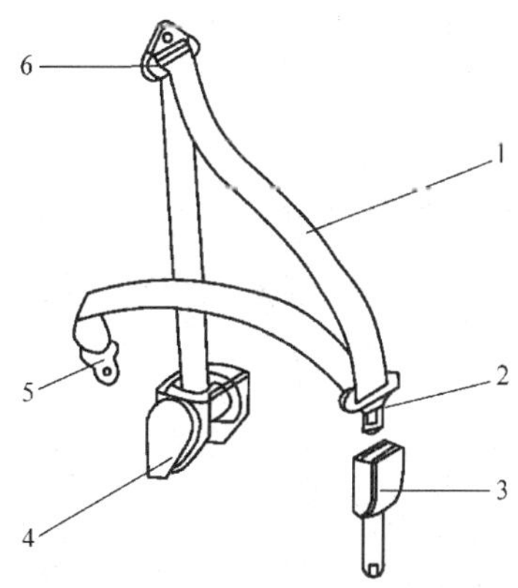

图1—2—3　锁紧式安全带的组成

1—织带　2—带锁扣（锁舌）

3—带锁扣（锁扣）　4—收紧器

5、6—固定件

2. 带锁扣

带锁扣是一种能使乘员方便佩带和解脱安全带的连接装置，它有锁舌和锁扣两个部件。

3. 收紧器

（1）收紧器的功能

收紧器既有收卷，储存部分或全部织带的功能，又有紧急锁止织带的功能。当汽车的速度变化较大或车身姿态变化较大，织带的拉出速度大到一定程度时，收紧器会锁紧安全带，从而将乘员束缚于汽车座椅上。

（2）收紧器的分类

根据安全带紧急预紧装置的驱动方式不同，可分为机械式收紧器和火药式收紧器两大类。

机械式收紧器大多设计安装在安全带的带锁扣处，主要由卷筒、卷筒轴、棘轮棘爪机构和离合器等组成，如图 1—2—4 所示。在汽车正常行驶时允许织带自由伸缩，但当汽车速度急剧变化时，其锁止机构锁止并保持安全带束紧力以约束乘员。当汽车正常行驶时，收紧器借助卷簧的作用，既能使织带随使用者身体的移动而自由伸缩，又不会使织带松弛。但当紧急制动、碰撞或车辆行驶状态急剧变化时，收紧器内的敏感元件将驱动锁止机构锁住卷轴，使织带固定在某一位置上，并承受使用者身体加给制动的载荷。

火药式收紧器设计安装在收紧器总成中，主要由气体发生器、棘轮、卷筒等组成，如图 1—2—5 所示。收紧器中的卷轴与锁紧转轴相咬合，当传感器感应到车辆碰撞信号后触发点火装置，通过高压气体发生器产生的爆破力来推动活塞向下移动，带动钢丝绳使收紧器轴向回卷安全带，使安全带快速拉紧以消除其松弛量，其工作过程如图 1—2—6 所示。

（3）安全带收紧器的工作原理

座椅安全带收紧器的工作原理是：当收紧器点火器接通电源时，电雷管引爆，充气剂受热分解，活塞在膨胀气体的作用下迅速移动，并推动收紧器的弹簧装置将安全带迅速收紧（8 ms 内，能将安全带收紧 10 cm），使驾驶员和乘员向前移动距离缩短，从而防止受伤。

4. 安全带限力器

限力器、收紧器与座椅安全带搭配使用，可使驾驶员和前排乘员受到最有效的保护。当发生严重撞击而使安全带收紧器收紧时，若安全带施加在乘员身上的张力达到预定值时，限力器则限制这一张力，以此控制施加在乘员胸部的安全带张力。安全带限力器的结构如图 1—2—7 所示，主要由限力板、卷筒和固定轴等组成。

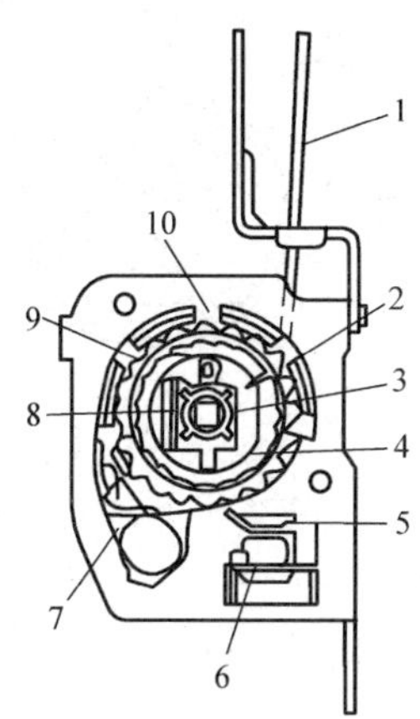

图 1—2—4　机械式收紧器的结构

1—织带　2—惯性卷筒　3—卷筒轴

4—平衡块　5—执行臂　6—摆锤

7—棘爪　8—平衡弹簧

9—棘轮机构　10—离合器

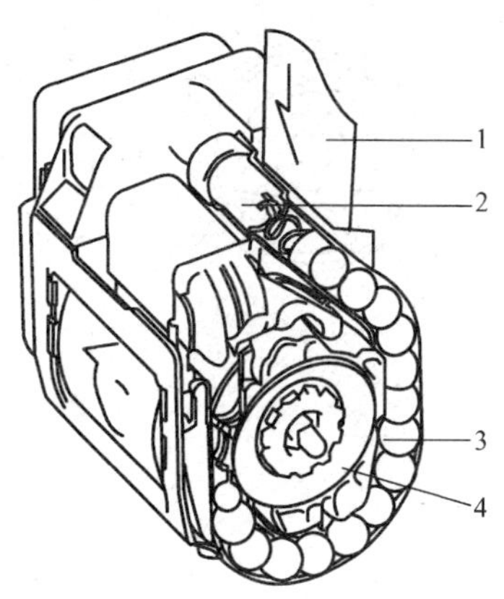

图 1—2—5　火药式收紧器的结构

1—织带　2—气体发生器

3—惯性卷筒　4—卷筒轴

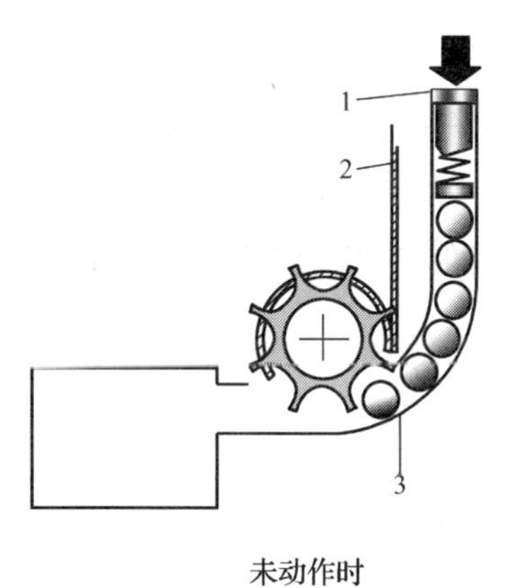

未动作时

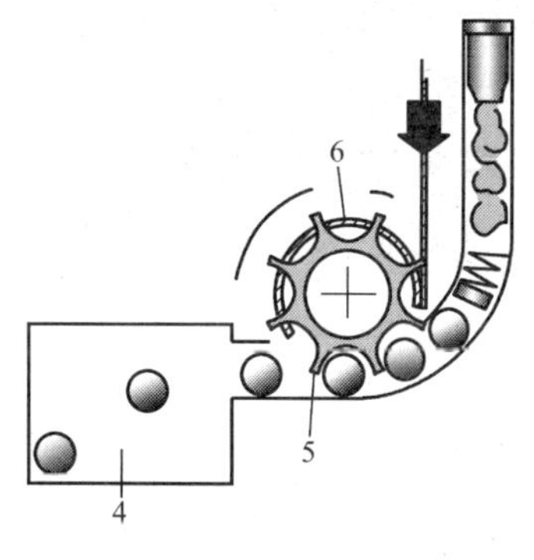

动作后

图 1—2—6　安全带收紧器的工作过程

1—气体发生器　2—织带　3—卷筒　4—保持架　5—棘轮　6—收紧装置

当车辆发生严重的正面碰撞时，由于乘员进一步向前移动而使安全带所受的力超过预定值时，限力板开始变形，卷筒立即旋转，使得绕在其上的安全带得以向外拉出。与此同时，限力板继续随卷筒的旋转而绕固定轴变形，成为安全带继续拉出的阻力。当卷筒转过 1.25 圈，随着限力板两端接触，限力板完成绕固定轴的转动，卷筒也不能再进一步转动。结果，限力器完成其工作。

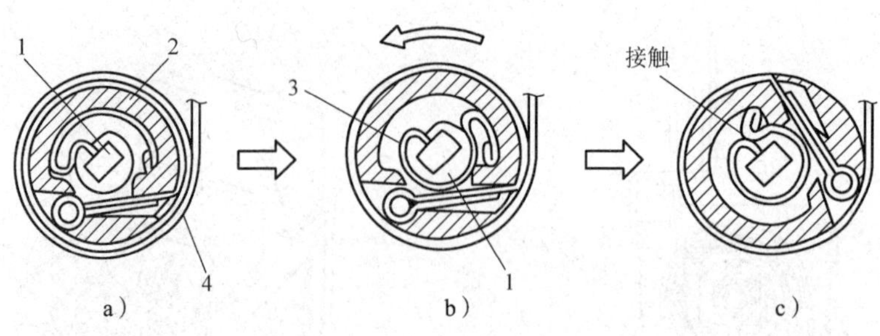

图 1—2—7　安全带限力器

a）未动作　b）动作中　c）动作结束

1—固定轴　2—卷筒　3—限力板　4—安全带

当高速行驶的汽车发生碰撞或遇到意外紧急制动时，将产生巨大的惯性力，这个惯性力可能超过驾驶员体重的 20 倍（视行车速度及撞击程度有所不同），使驾驶员及乘员与车内的方向盘、挡风玻璃、座椅靠背、车门等物体发生碰撞，极易造成对驾乘人员的伤害，甚至将驾乘人员抛离座位或抛出车外。汽车安全带的作用就是在车辆发生碰撞或使用紧急制动的时候，预紧装置会瞬间收束，绷紧佩戴时松弛的安全带，将乘员牢牢地拴在座椅上，防止发生二次碰撞。一旦安全带的收束力度超过一定限度，限力器就会适当放松安全带，保持胸部受力稳定。

因此，汽车安全带起着约束位移和缓冲的作用，吸收撞击能量，化解惯性力，避免或减轻驾乘人员受伤的程度。汽车事故调查表明，在发生正面撞车时，如果系了安全带，就可使死亡率减少 57％，侧面撞车时可减少 44％，翻车时可减少 80％。

教学互动

体会安全带的保护作用：将安全带拉到底，放手后收紧器能否自动收起安全带？为什么？

三、汽车安全带系统的工作原理及检修

1．汽车安全带系统的工作原理

汽车安全带系统的工作原理如图 1—2—8 所示。当安全气囊控制单元接收到传感器输入的碰撞信号后，当汽车行驶速度较低（低于 30 km/h）时，控制单元判断为不必引爆安全气囊，仅引爆座椅安全带收紧器的点火器；同时，向左、右收紧器发出点火指令使安全带收紧，防止驾驶员和乘员遭受伤害。

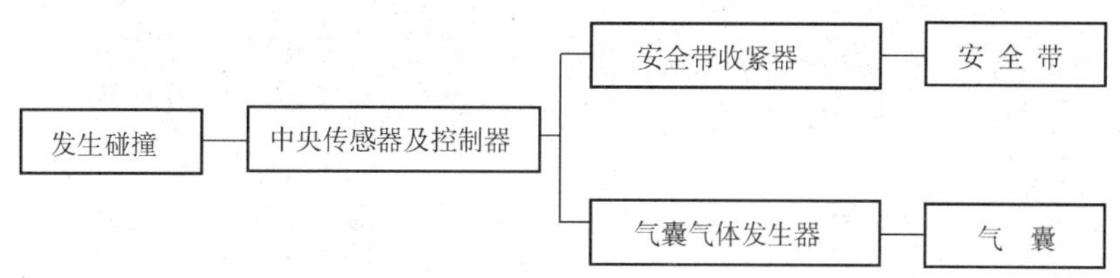

图 1—2—8　汽车安全带系统的工作原理

汽车行驶速度较高（超过 30 km/h）时，碰撞产生的减速度和惯性力较大，传感器将此信号送到安全气囊控制单元，控制单元判断结果为需要 SRS 气囊和收紧器共同作用来保护乘员的安全。安全气囊爆出，安全带收紧器收紧从而达到保护的目的。

2. 汽车安全带系统的检查

（1）安全带的检查

1）确认座椅安全带正确安装，即能够平滑移动，如图 1—2—9 所示。

2）检测座椅安全带的金属部件是否有损坏或者变形。

（2）收紧器的检查

安装收紧器之前，应检查安全带是否能自如地拉出。当收紧器从安装位置缓慢地倾斜 15°时，确保安全带不会被锁住（见图 1—2—9），不要试图拆下收紧器。检查收紧器如图 1—2—10 所示。

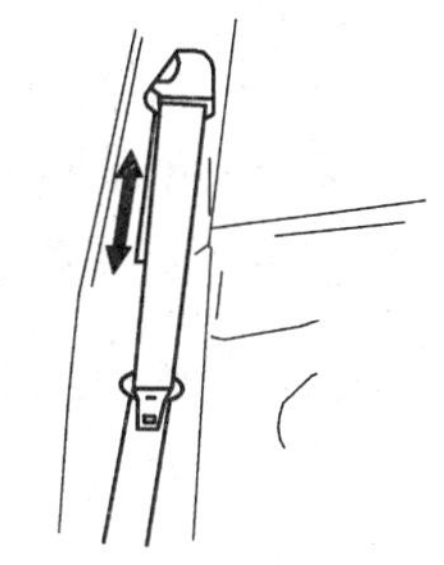

图 1—2—9　安全带能够平滑移动

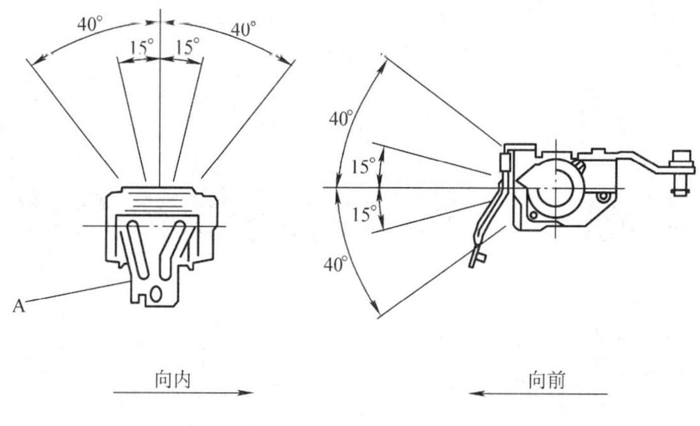

a）

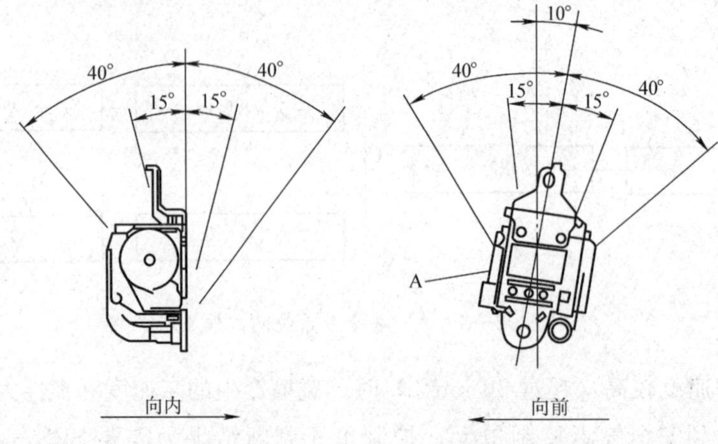

b）

图 1—2—10 检查收紧器

a）前收紧器 b）后收紧器

如果出现任何异常情况，就应更换一条新的安全带，不要以任何原因分解安全带的任何零件。

（3）锁扣开关的检查

1）断开蓄电池负极。

2）断开锁扣开关插头。

3）使用电阻表检测扣环开关端子之间是否导通。

思考与练习

1. 简述汽车安全带的组成及功用。
2. 汽车安全带的工作原理是什么？
3. 简要说明汽车安全带的检修内容。

课题三 汽车防盗报警系统

学习目标

◆ 了解汽车防盗报警系统的功能、结构与组成。

◆ 了解汽车防盗报警系统的工作原理。

◆ 能够正确测试汽车防盗报警系统电路。

◆ 正确分析汽车防盗报警系统故障的原因并排除故障。

一辆2003款奥迪A8轿车，由于事故导致防盗报警系统失灵无法启动。车主按遥控器钥匙的“UNLOCK”键（见图1—3—1），无法打开中控锁，车主怀疑遥控器钥匙电池电量不足，又找来备用钥匙，按“UNLOCK”键，还是无法打开中控锁。于是车主用机械钥匙将车门强行打开，启动发动机，可是无论怎么启动，发动机都无任何反应，并且车身防盗喇叭一直响个不停，危险警告灯也不停地闪烁。

图1—3—1　汽车遥控器钥匙

汽车防盗报警系统简称汽车防盗系统，能够避免汽车在未经授权的情况下被开走或被非法侵入。试问，遥控器钥匙失效后，能否用机械钥匙进行操作？

一、汽车防盗系统的结构与组成

奥迪A8轿车采用了最新的WFS防盗系统，其故障诊断仪不但实现了远距离诊断功能，而且实现了与中央数据库的连接，故障诊断仪和数据库可自动进行直接通信，实现对WFS防盗系统部件的匹配，因而系统安全性得到了更高程度的保障。防盗系统由仪表控制单元、发动机控制单元、汽车钥匙、进入和启动许可开关、方向盘锁执行元件等组成。

1. 防盗系统仪表控制单元

目前，一般车辆防盗系统控制单元有些是独立配备的，有些则安装在组合仪表总成中，如图1—3—2所示。第四代WFS则是两者的结合。在2003款奥迪A8轿车上，WFS防盗系统与进入和启动许可控制单元J518连成一体。组合仪表总成不是防盗系统的组成部分，而是部件保护的组成部分，其无在线匹配，则不能连通控制单元。

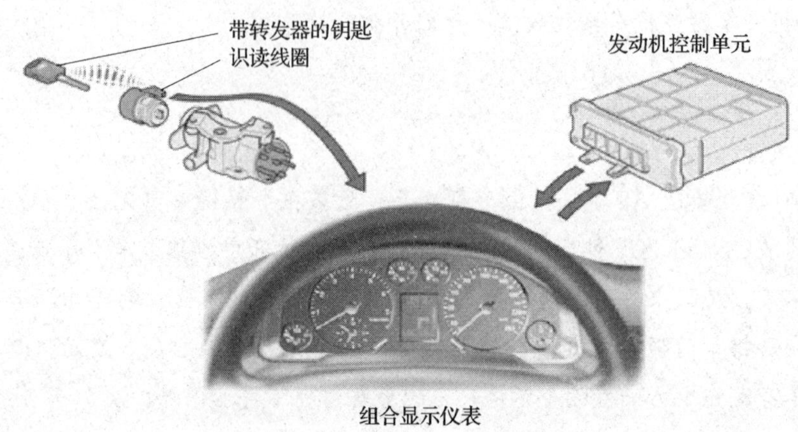

图 1—3—2　防盗系统仪表控制单元

2．发动机控制单元（J623）

所有发动机控制单元 J623（见图 1—3—3）都是 WFS 防盗系统的组成部分，必须在线连通。

3．汽车钥匙

钥匙带有一个经过机械编码处理的钥匙齿，它只能用于（驾驶员车门、行李箱盖）锁芯处。钥匙发射器与电子部件连成一体，并且在钥匙电池无电压的情况下也能工作。这种高级钥匙增设了一个电子部件，用它实现与进入和启动许可控制单元之间的无线双向通信。该系统最多可配 8 把钥匙。对于每辆车来说，第四代 WFS 防盗系统的车钥匙都将在制造厂以电子和机械的方式预先设置密码，就是说对钥匙的内齿进行特殊加工，并设置基础编码，使该钥匙只能用在被指定的那辆车上，如图 1—3—4 所示。

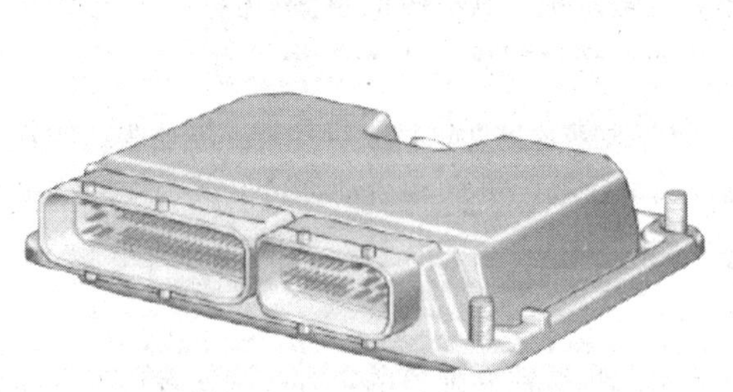

图 1—3—3　发动机控制单元 J623

图 1—3—4　汽车钥匙

4．进入和启动许可开关（E415）

2003 款奥迪 A8 轿车上配用的是一种不同寻常的点火开关 E415（见图 1—3—5），

进入和启动许可开关不是机械编码钥匙。开关装有读取线圈，它可以将点火钥匙传输的密码数据经由双向数据电缆传送到进入和启动许可控制单元。进入和启动许可开关不需要匹配到防盗系统中。

5. 方向盘锁执行元件 N360

方向盘锁执行元件 N360（见图 1—3—6）受进入和启动许可开关的控制。它对方向盘进行闭锁或开锁。J518（防盗控制器）和 N360 之间传输的数据是密码数据，只能在 15 号线上传送。方向盘锁执行元件 N360 是防盗系统的组成部分，更换之后必须与该系统匹配。

图 1—3—5　点火开关 E415

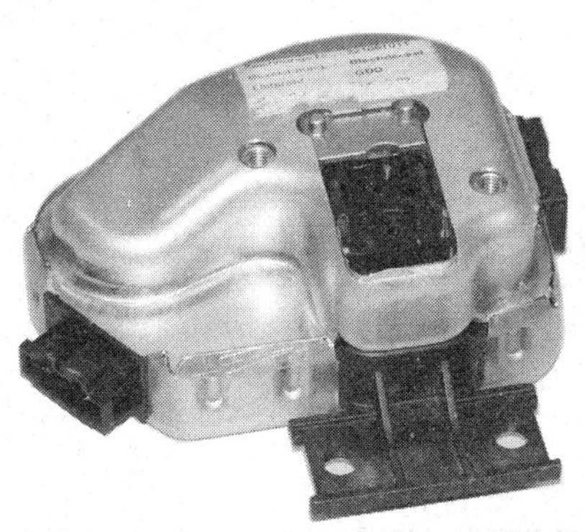

图 1—3—6　方向盘锁执行元件 N360

6. 其他部件

所有其他电子部件，如车门把手、天线、启动/停止按钮等都没有安装微型控制装置，它们不属于 WFS 防盗系统和部件保护系统。

二、汽车防盗系统的工作原理

第四代 WFS 防盗系统中的 WFS 并不是一个常规、简单的控制单元，而是一种防盗功能系统。它将所有与防盗相关的控制单元的数据都存储在中央数据库中。中央数据库 FAZIT（车辆查询和中央识别）是第四代 WFS 系统的重要组成部分，这个数据库存储了控制单元所有与防盗相关的数据，这些控制单元将“防盗锁止”和“部件保护”功能联成一体。相关控制单元与 FAZIT 的匹配只有通过在线连接才能实现。

通过在线查询，可以将数据准确、快捷且可靠地传递到车辆上。不存在经由传真或连接其他部件查询 WFS 部件 PIN 密码的情况。所有在 WFS 防盗系统监控下的部件均必须通过在线验证。对具体车辆来说，包括追加订购的车钥匙在内的所有车钥匙，在出厂时都已预先进行了编码设置，这些钥匙只能用于这辆车，其工作原理如图 1—3—7 所示。

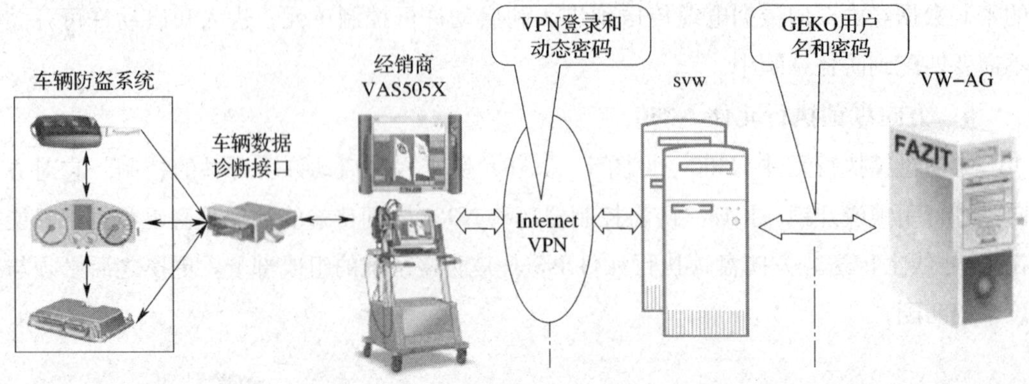

图 1—3—7　第四代防盗系统工作原理图

教学互动

1. 认识汽车防盗系统的组件，并能使用遥控器钥匙对汽车进行防盗测试。
2. 使用万用表或者测电笔对汽车防盗系统电路进行实车测试。

三、汽车防盗系统的自诊断

1. 部件保护的诊断功能

对于部件保护被激活的控制单元来说，故障会被记录在故障存储器中。

2. 故障检测方法

在轿车上使用部件保护和蓄电池管理功能会影响相关部件的功能。因此，为方便故障查询设计了一个扩大的故障查询，即先在正规的功能限制状态下对部件进行检查，然后才开始进行传统的故障查询。

3. 在线连接检测

在“管理器—自诊断”时实现在线连接检测。若结果是情况良好，则总线连接到大众汽车网络。此连接检测不进入大众数据库进行检查。因此，菜单“引导性故障查询”（见图 1—3—8）里便多了一个检测功能。包括已实施的“引导性故障查询”在内的在线系统检测对经由大众汽车网络传输到大众数据库的故障诊断仪的信息进行检测并送回。在线系统检测涉及广泛（见图 1—3—9），如菜单“管理器—自检”功能。在这种检测中，无须将故障诊断仪与汽车连接，只需要使用识别标记和机械师的密码就可以通过在线连接进行检测。如果输入的标记和密码是错误的，就不能进行系统检测。

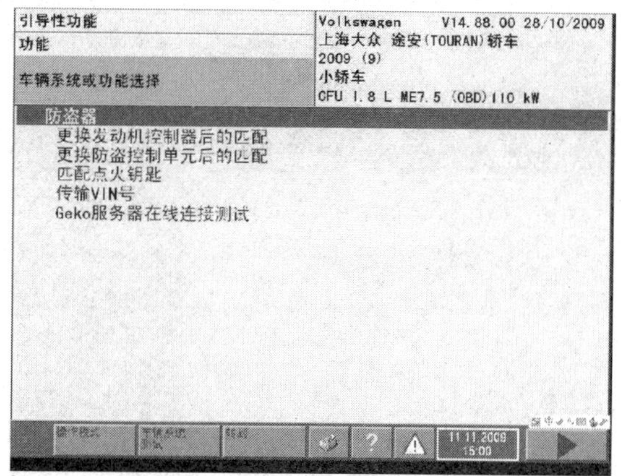

图 1—3—8　引导性故障查询界面

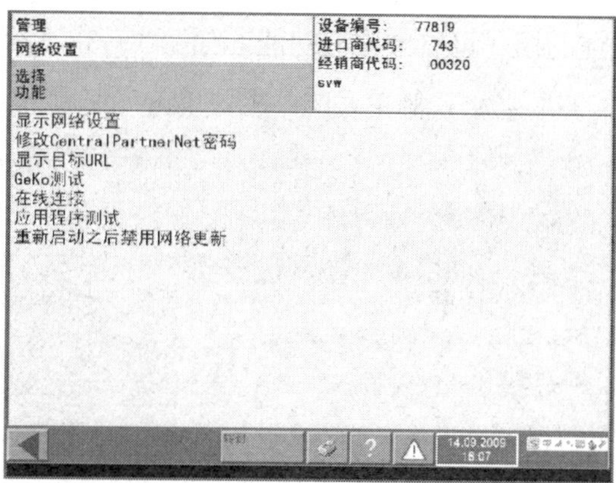

图 1—3—9　网络设置界面

四、防盗控制单元的匹配

1. 进入主界面，单击“引导性功能”进行防盗控制单元的匹配，如图 1—3—10 所示，单击“是”，进入功能选择界面，如图 1—3—11 所示。

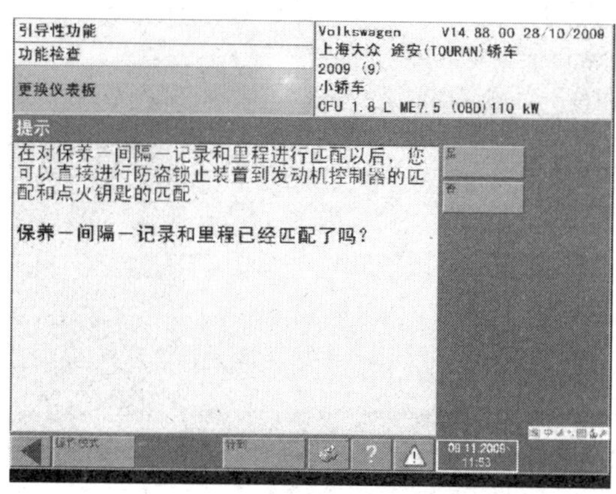

图 1—3—10　引导性功能界面

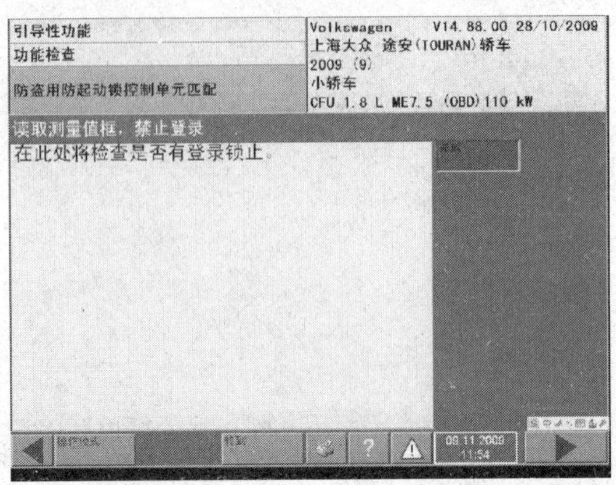

图 1—3—11　功能选择界面

2. 系统会提示当前的操作可以允许的功能，如图 1—3—12 所示。

3. 打开点火开关，进行防盗控制单元的匹配，单击“完成”，如图 1—3—13 所示。

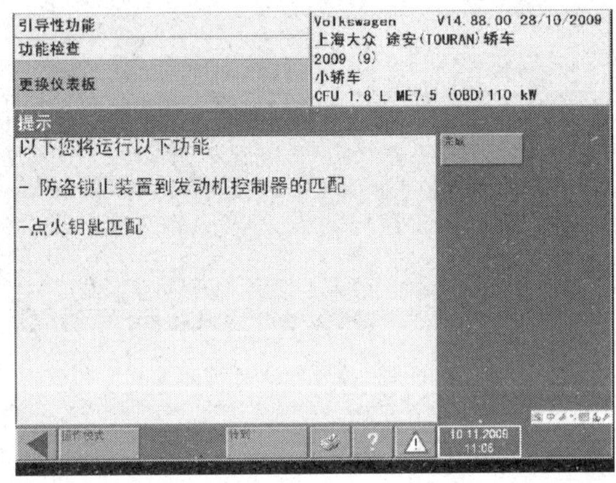

图 1—3—12　防盗系统匹配界面

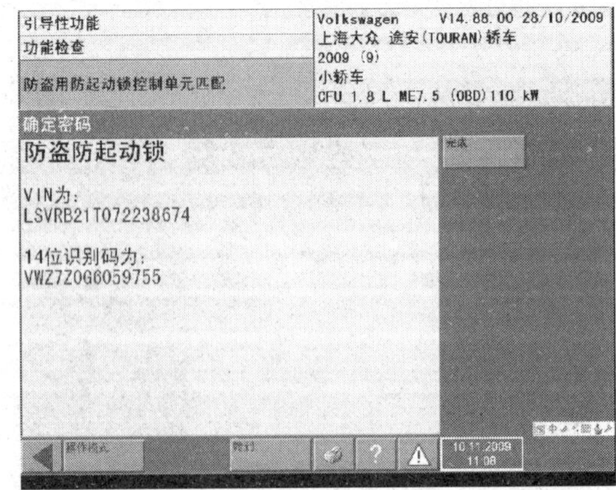

图 1—3—13　防盗控制单元匹配界面

4. 系统提示检查是否登录锁止。

5. 检查防启动锁状态，读出新的控制单元的状态编码及 VIN 码，如图 1—3—14 所示。

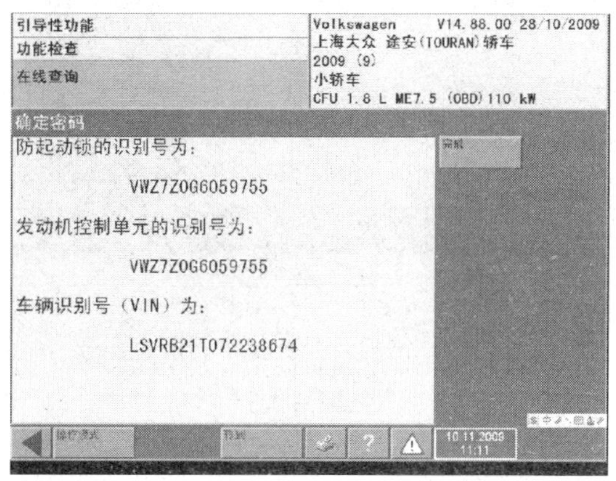

图 1—3—14　读取 VIN 码

6. 确定 PIN 7 位密码，如图 1—3—15 所示。

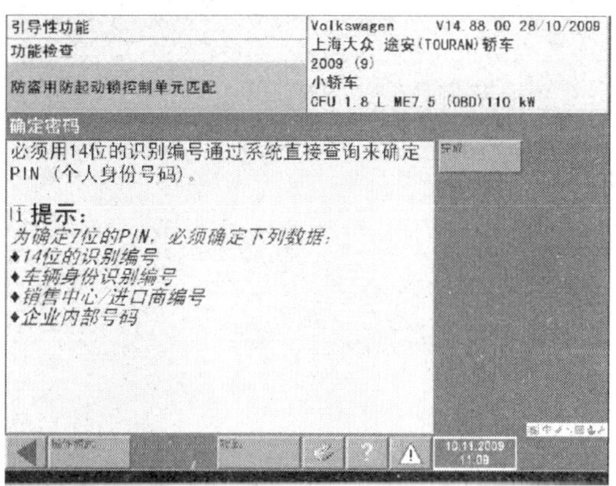

图 1—3—15　确定 PIN 码

7. 单击“在线查询”，输入密码，与服务器进行连接，如图 1—3—15 所示。

8. 确定密码显示，表明匹配的控制器的编码已经被服务器识别，但是还没有被车辆识别，需要继续和车辆进行匹配，如图 1—3—16 所示。

9. 新的编码被送到车辆的控制单元中，被车辆控制单元认可，匹配成功后该元件才可以使用，如图 1—3—17 所示。

10. 系统提示，匹配成功。由于控制单元与原来的点火钥匙不能相互认可，因此需要进行相互匹配，如图 1—3—18 所示。

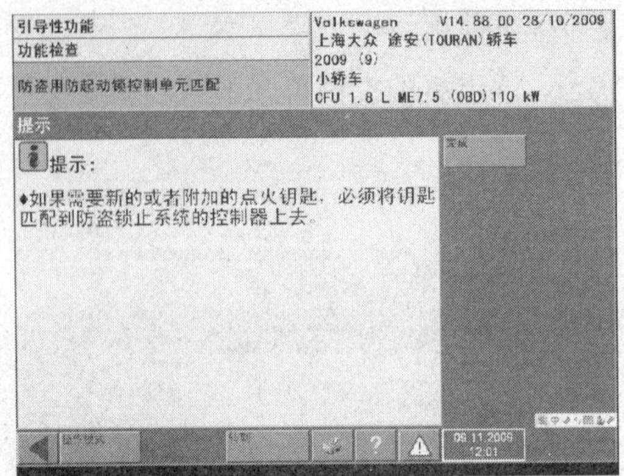

图 1—3—16　服务器识别提示

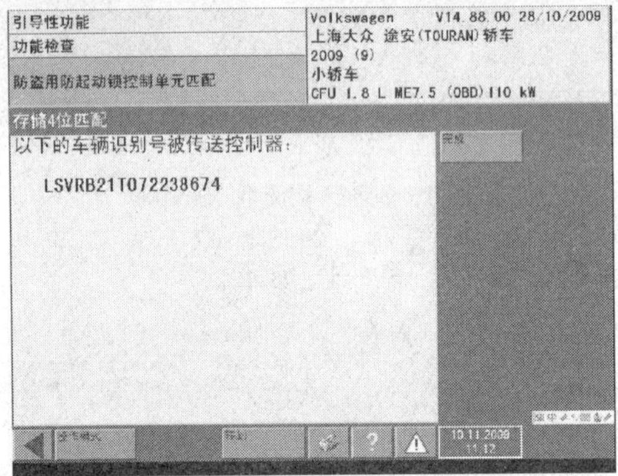

图 1—3—17　控制器识别

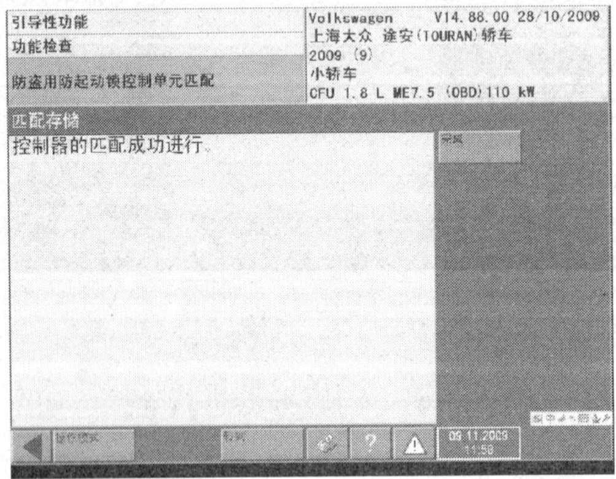

图 1—3—18　匹配成功

教学互动

使用汽车解码仪，对汽车遥控器钥匙进行防盗测试。

思考与练习

1. 简要说明第四代防盗系统的工作原理。
2. 简要说明防盗控制单元的匹配步骤。

课题四　汽车防碰撞系统

学习目标

- ◆ 了解汽车防碰撞系统的功能与特点。
- ◆ 掌握汽车防碰撞系统的工作原理。
- ◆ 能够正确检测汽车防碰撞系统。

想一想

汽车防碰撞系统（见图 1—4—1）是一项基于智能交通系统的先进安全技术。国内外相继开展了相关研究，但迄今为止在该技术领域还存在许多尚未解决的问题。对汽车自动防碰撞系统所涉及的相关理论及技术问题进行研究，对于提高道路交通的安全水平，降低交通安全事故发生率，促进智能交通系统在我国的发展及实现都具有重要意义。

图 1—4—1　汽车防碰撞系统

那么，汽车防碰撞系统都能实现哪些功能呢？

一、汽车防碰撞系统的功能与组成

1．汽车防碰撞系统的功能

汽车防碰撞系统是一种主动安全系统，是一种可向驾驶员预先发出视听警告信号的探测装置，主要是解决汽车行驶的安全距离问题。汽车防碰撞控制系统如图 1—4—2 所示，具有行车环境监测、防碰撞预测和车辆控制功能。

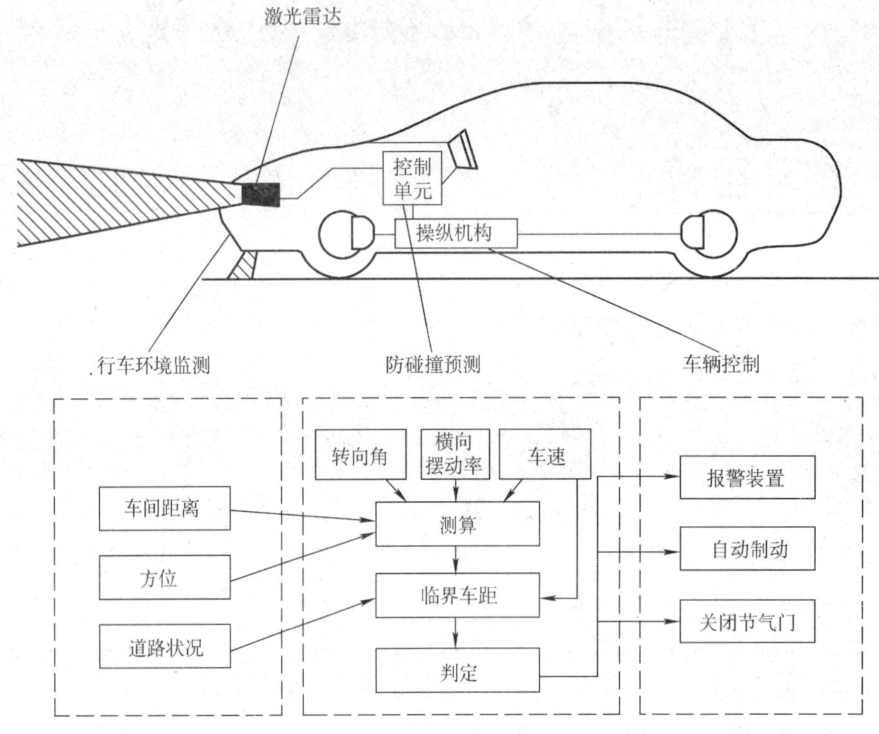

图 1—4—2　汽车防碰撞控制系统

（1）行车环境监测功能

位于车辆前部的激光扫描雷达能够分辨出车辆前方物体的距离和方位，与路面情况传感器共同承担环境监测功能。

（2）防碰撞预测功能

防碰撞分析系统对前后障碍物的距离和方位以及路面信号进行分析，提取有用数据，进行危险性判断，输出必要的警示信号或应急车辆控制信号。

（3）车辆控制功能

根据防碰撞系统输出信号的控制，实现对制动系统（ABS）或转向系统的自动操作。自动操作系统处于工作状态时，若驾驶员的操作制动力大于自动控制系统提供的制动力，则驾驶员的操作有效，这样可保证自动操作系统失灵时，驾驶员控制的制动系统仍然起作用。

该系统中，红外线激光传感器安装在车前端下部，以脉冲形式发射红外线激光。在车前方 40 m 处形成直径为 3 m 的控制区，利用透镜聚焦障碍物反射的激光测算障碍物距离，测距经计算分析，判断是否有碰撞危险（计算出现危险的“临界车距”）。如果汽车未到临界车距就发出警示，并在驾驶室的显示器上提示；如果汽车达到临界车距则自动启动制动控制系统进行制动。

2．汽车倒车防碰撞系统的组成

倒车防碰撞系统由超声波传感器（俗称探头）、控制单元和显示器（或蜂鸣器）等部分组成，如图 1—4—3 所示。奥迪等中高档车型倒车防碰撞装置在车辆前部有 4 个传感器，如图 1—4—4 所示；在后保险杠上涂漆的区域装有 4 个超声波传感器，即左后传感器，左后中传感器、右后中传感器、右后传感器，如图 1—4—4 所示。传感器外形如图 1—4—5 所示，可发送和接收反射的超声波。电子系统利用发送和接收到的超声波计算汽车与障碍物的距离。

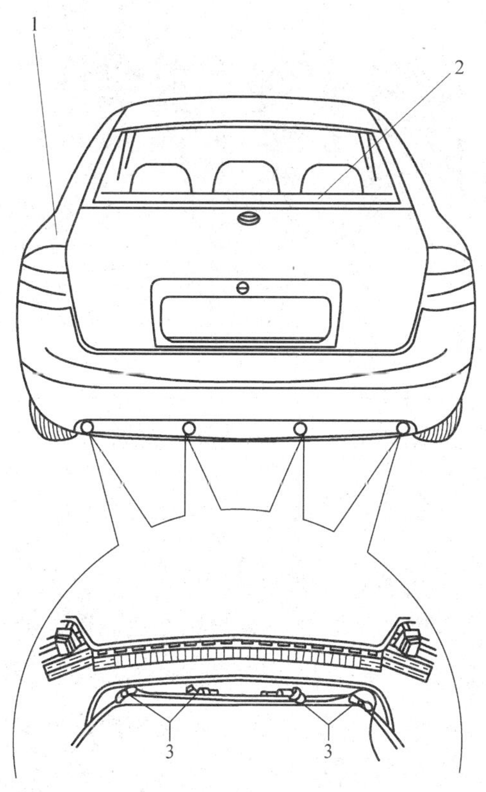

图 1—4—3　倒车防碰撞系统示意图

1—倒车防碰撞系统控制单元 J446　2—倒车防碰撞系统蜂鸣器 H15

3—倒车防碰撞系统传感器

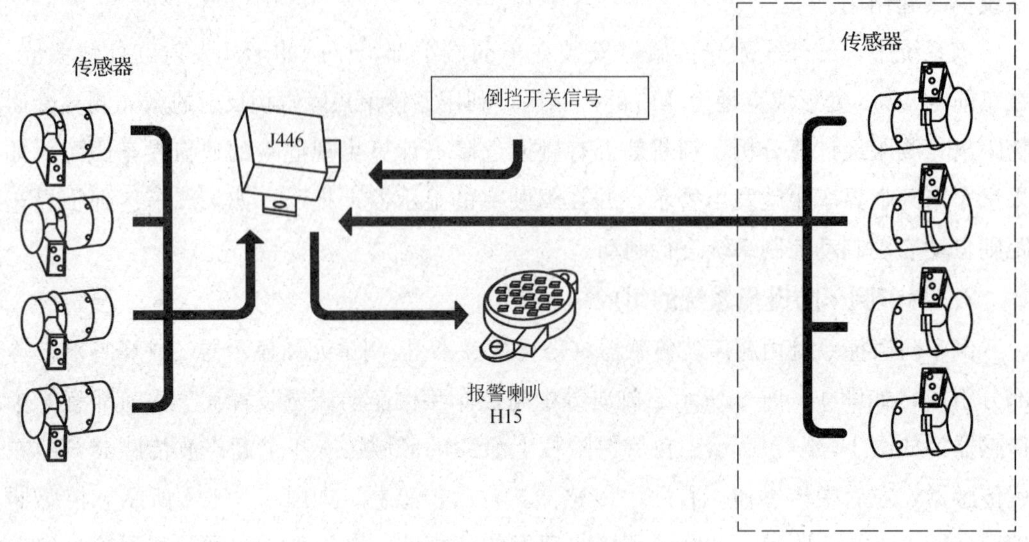

图 1—4—4　倒车防碰撞系统的组成

J446—超声波倒车防碰撞系统控制单元

图 1—4—5　超声波传感器外形

教学互动

在实车上找出防碰撞系统组件，并对该系统进行测试，分析报警的条件。

二、汽车防碰撞系统的工作原理

倒车防碰撞系统一般采用超声波测距原理，在控制单元的控制下，由传感器发射超声波信号，当遇到障碍物时，产生回波信号，传感器接收到回波信号后经控制单元进行数据处理、判断出障碍物的位置，由显示器显示距离并发出其他警示信号，使驾驶员得到及时警示。

当挂上倒挡时，超声波倒车防碰撞系统即开始工作，发出“嘟嘟”的声音，表明该系统状态良好。当车与障碍物相距 1.5 m 时，可听见间歇报警信号；离障碍物越近，声音越急促；若距离小于 0.2 m，则发出连续报警信号。报警区域如图 1—4—6 所示。

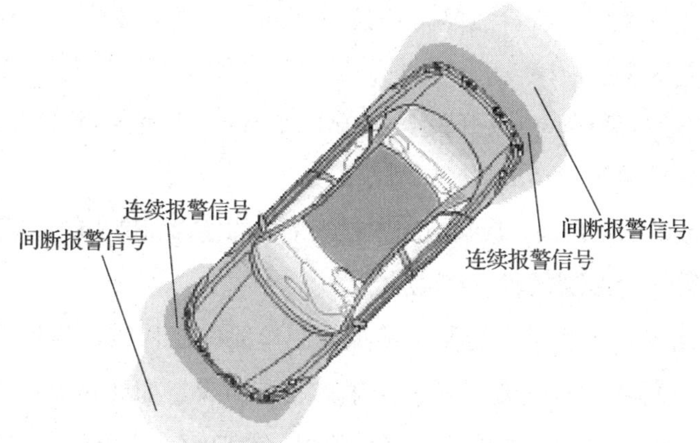

图 1—4—6　汽车防碰撞系统的报警区域

超声波传感器的检测原理如下：

1. 根据超声波发射和接收的时间差可以测出汽车与障碍物间的距离。

2. 超声波的传播速度受空气的气压、温度等因素的影响。

3. 由于超声波在空气中逐渐衰减，因此离车较远的障碍物反射强度弱，不易被检出。

4. 为使障碍物位置能分辨得更清楚，超声波传感器将车后方划分成左、右、中三个检测区，系统具有故障自诊断功能。

三、汽车防碰撞系统的检修

1. 倒车防碰撞系统的自诊断

打开点火开关后，倒车警报装置开始进行约 1 s 的自检。如果在自检过程中倒车警报控制单元没有发现故障，系统就会发出一种短的信号音；如果在自检过程中倒车警报控制单元识别出故障，装置就会发出一个 5 s 的连续音。挂上倒挡后，当车辆距离障碍物约 1.5 m 时，倒车警报装置开始工作，其警报音为 75 ms 的音频脉冲；车辆与障碍物之间的距离越短，音频脉冲间隔越小（即声越急）；当车辆与障碍物之间的距离在 250 mm 以内时，警报音变成连续音（在特殊情况下，如沿着墙壁倒车就会出现这种情况）。

大众车系故障代码读取和清除可用 V. A. S5051 或 V. A. G1551 进行操作，注意事项如下：

（1）连接故障检测仪 V. A. S5051 或 V. A. G1551，读取故障代码（查询故障存储器）用 02 功能，清除故障代码用 05 功能，结束输出用 06 功能。

（2）完成修理及功能检查后，必须查询故障存储器，并清除故障存储器。

（3）故障存储器记录静态和偶然故障，如果一个故障出现并持续至少 2 s，就被认为是静态故障。如果该故障以后不再出现，就被认为是偶然故障，显示屏右侧将出现“SP”显示。

（4）打开点火开关后，所有故障自动被重新确定为偶然故障，当检测到故障又出现时，才将其认定为静态故障。

（5）经 50 次运行循环（点火开关至少打开 50 min，车速超过 30 km/h）后，如偶然故障不再出现，就将被自动清除。

（6）更换有故障的部件前，应按电路图检查部件的导线和插头的连接以及接地状况。

2．倒车控制单元编制代码—07 功能

（1）该功能用于就下述内容给倒车警报控制单元编制代码，通过编制代码，可使通用的倒车警报控制单元 J445 适应相应车辆的特殊需要。如变速器：手动或自动；挂入倒挡的信号音：有或没有功能确认；车身结构：普通轿车或旅行车；车型。

（2）编码步骤

1）按“0”和“7”键，选择“给控制单元编制代码”，直至故障诊断仪屏幕显示“给控制单元编制代码　输入代码号×××××”。

2）输入代码，如输入 01106。

3）按提示按键，直至屏幕显示“给控制单元编制代码　输入代码号 01106”。

4）按屏幕上提示的按键确认输入。

5）按屏幕上提示的按键，结束编码过程。

3．读取测量数据块—08 功能

测量数据块显示组见表 1—4—1。

表 1—4—1　　奥迪 A6 测量数据块显示组

显示组	显示区	名称	显示内容
001	1	左后传感器距离	左后传感器距离 0～200 cm
	2	左后中传感器距离	左后中传感器距离 0～200 cm
	3	右后中传感器距离	右后中传感器距离 0～200 cm
	4	右后传感器距离	右后传感器距离 0～200 cm
002	1	最小距离	最小距离：测出的 4 个距离中的最小值
	2	车速	车速 0～300 km/h
	3	蜂鸣器	蜂鸣器
003	1	供电电压	传感器供电电压：0～15 V
	2	倒挡	倒挡
	3	挂车	挂车
004	1	左后传感器衰减时间	左后传感器衰减时间
	2	左后中传感器衰减时间	左后中传感器衰减时间
	3	右后中传感器衰减时间	右后中传感器衰减时间
	4	右后传感器衰减时间	右后传感器衰减时间

4．倒车防碰撞系统的匹配—10 功能

倒车防碰撞系统的匹配功能用于执行和存储警报音量的大小和警报音频的调整。

（1）连接故障诊断仪，接通点火开关，继续操作，直到故障诊断仪屏幕显示“输入地址码××”。

（2）按诊断仪屏幕提示的按键选择“匹配（自适应）”，故障诊断仪屏幕显示“10—匹配”。

（3）按诊断仪屏幕提示的按键确认输入，故障诊断仪屏幕显示：“（13）”。

（4）按“1”键可减小匹配值，按“3”键可增大匹配值，或按“→”键改匹配值。按“→”键后，故障诊断仪屏幕显示“输入匹配值×××××”。

（5）用键盘输入匹配值（如 00005），故障诊断仪屏幕显示“输入自适应值 00005”。匹配通道号及功能见表 1—4—2。

（6）按诊断仪屏幕提示的按键确认输入。

表 1—4—2　　匹配通道号及功能

匹配通道号	匹配功能
01	音量，可在 2～7 调整
02	音频，可在 0～4（500 Hz～2 kHz）调整

思考与练习

1. 简述超声波倒车防碰撞系统的工作过程。
2. 简述超声波倒车防碰撞系统的工作原理。
3. 简述大众倒车防碰撞系统故障代码的读取和清除的操作步骤。

课题五　汽车自动泊车辅助系统

◆ 了解汽车自动泊车辅助系统的功能及特点。

◆ 了解汽车自动泊车辅助系统的组成。

◆ 了解汽车自动泊车辅助系统的工作过程。

◆ 能够正确检修汽车泊车辅助系统。

想一想

近几年，机动车保有量日益增加，造成路面拥堵程度加剧，停车难也成为司机们面临的普遍问题。

2003 年，丰田开始在日式普锐斯混合动力车上提供可选自动泊车功能，即自动泊车辅助系统。三年后，英国驾驶员花上 700 美元就可以在他们的普锐斯上增加自动泊车功能了。到目前为止，英式普锐斯 70%的车主都选购了这项功能。

汽车自动泊车系统泊车示意如图 1—5—1 所示。自动泊车的辅助功能还有哪些呢？

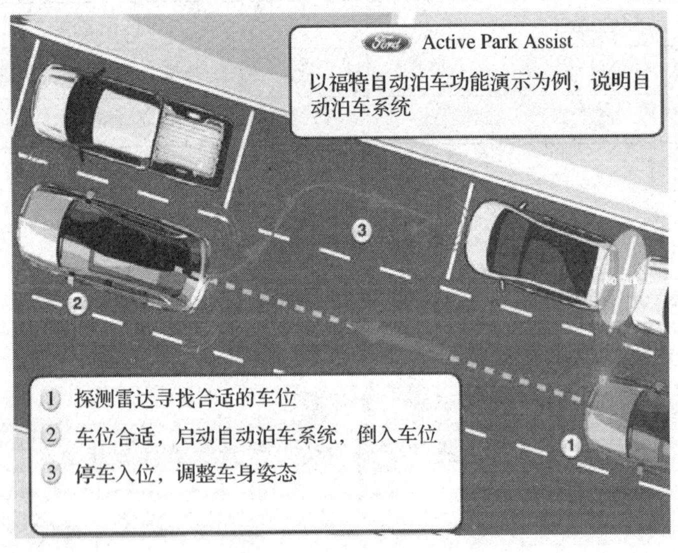

图 1—5—1　汽车自动泊车系统泊车示意图

一、自动泊车辅助系统（PLA）的功能

最常用的泊车辅助系统就是倒车雷达系统，也有使用声呐传感器的，它们的作用就是在倒车时，帮助司机“看见”后视镜里看不见的东西，或者提醒司机后面存在物体。现在为爱车加装泊车辅助系统已经成为一种流行趋势。

自动泊车技术还有助于解决人口密集城区的一些停车和交通问题。能否在狭小空间中停车受驾驶员技术的限制，自动泊车技术可以将汽车停放在较小的空间内，这些空间比大多数驾驶员能自己停车的空间小得多。这就使得车主能更容易地找到停车位，同时相同数量的汽车占用的空间也更小。当人们顺列式驻车时，通常会阻塞一个车道的交通至少几秒钟。如果他们进入停车位碰到问题，那么这个过程会持续几分钟，这将严重扰乱交通秩序。

顺列式驻车通常会导致许多磕碰，这将给汽车留下难看的凹坑和划痕。自动泊车技术能够避免这些意外。另外，自动泊车技术还可以节省开支，因为可以不必再担心与停车损害相关的保险索赔问题。

二、自动泊车辅助系统的组成

要实现自动泊车这样一个复杂的功能，需要车辆的各个子系统协同工作。下面的系统示意图（见图 1—5—2）展示了 CAN 数据总线中的联网关系。其中包括自动泊车辅助系统、制动系统、发动机和变速箱管理系统、组合仪表和转向柱电子装置四部分，见表 1—5—1。

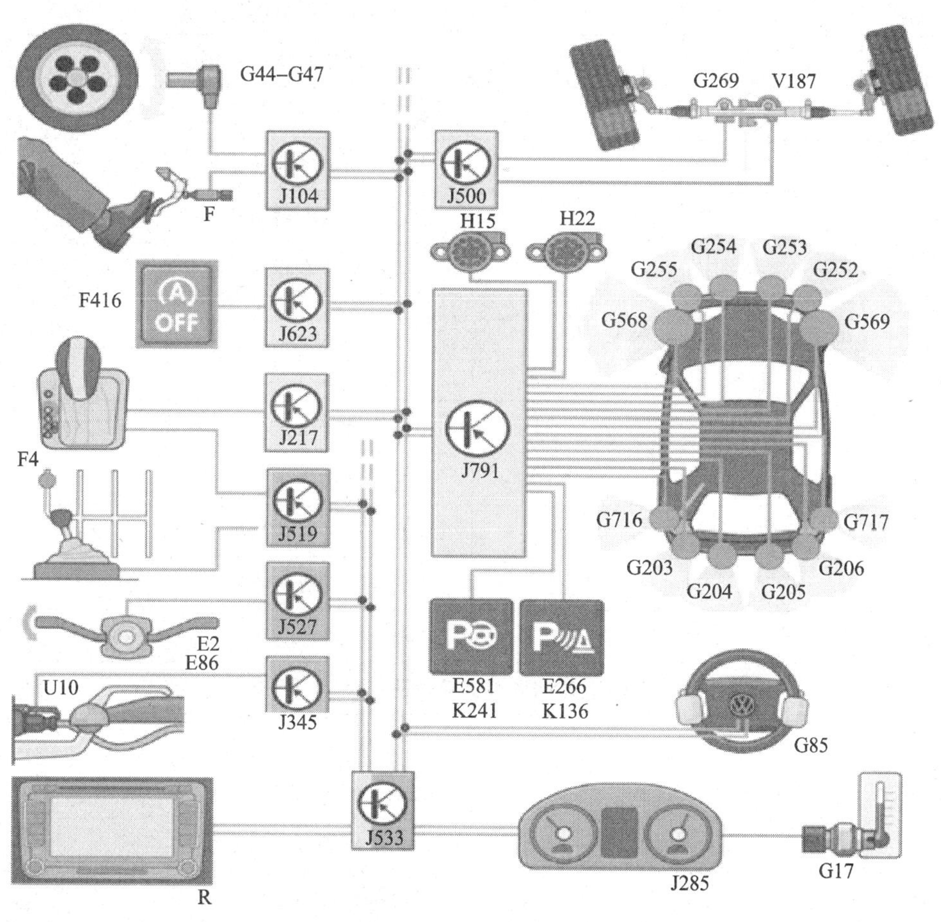

图 1—5—2　自动泊车辅助系统示意图

表 1—5—1　　自动泊车辅助系统及关联系统的组成

自动泊车辅助系统	
E266	泊车辅助系统按键
E581	自动泊车辅助系统按键
G203	左后泊车辅助系统传感器
G204	后部左中泊车辅助系统传感器
G205	后部右中泊车辅助系统传感器
G206	右后泊车辅助系统传感器
G252	右前泊车辅助系统传感器
G253	前部右中泊车辅助系统传感器
G254	前部左中泊车辅助系统传感器
G255	左前泊车辅助系统传感器
G568	左前自动泊车辅助系统传感器
G569	右前自动泊车辅助系统传感器
G716	左后自动泊车辅助系统传感器
G717	右后自动泊车辅助系统传感器
H15	后部自动泊车辅助系统传感器
制动系统	
F	制动灯开关
G44	右后车轮转速传感器
G45	右前车轮转速传感器
G46	左后车轮转速传感器
G47	左前车轮转速传感器
J104	ABS控制单元
发动机和变速箱管理系统	
F4	倒车灯开关
F416	启动、停止装置键
J217	自动变速箱控制单元
J623	发动机控制单元
J519	车载电网控制单元

续表

组合仪表和转向柱电子装置	
H22	前部自动泊车辅助系统传感器
J791	自动泊车辅助系统控制单元
K136	泊车辅助系统指示灯
E2	转向灯开关
E86	多功能显示器调用按键
G17	车外温度传感器

三、自动泊车的工作过程

1. 启动泊车系统

每次进行泊车前都需要通过按键 E581 来启动自动泊车辅助系统，如图 1—5—3 所示。

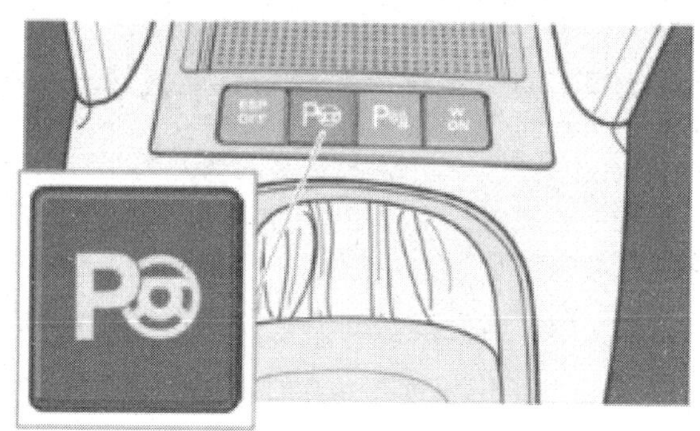

图 1—5—3　自动泊车辅助系统按键

2. 测量泊车长度

自动泊车辅助系统在向驾驶员提供转向帮助之前，必须先对泊车位进行测量，并识别车辆相对于泊车位的位置。

即使自动泊车辅助系统未开启，传感器（G568 和 G569）也保持工作状态。在车辆前行过程中当车速低于 40 km/h（平行泊车位）或低于 20 km/h（垂直泊车位）时，两个位于车前端的传感器便会测量车辆两侧所有可停入的泊车位。这两个传感器的探测范围在 4.5 m 左右，如图 1—5—4 所示。

通过上述方法还能找到并识别出在转弯处或弯道上的泊车位，与在笔直道路上没有差别。除车辆以外，系统还能识别到其他物体以及某一物体后的或两个物体之间的泊车位。如果自动泊车辅助系统没有识别出泊车位前面较小的物体，当车辆靠近这些物体时，就会由泊车距离控制系统发出警告，如图 1—5—5 所示。

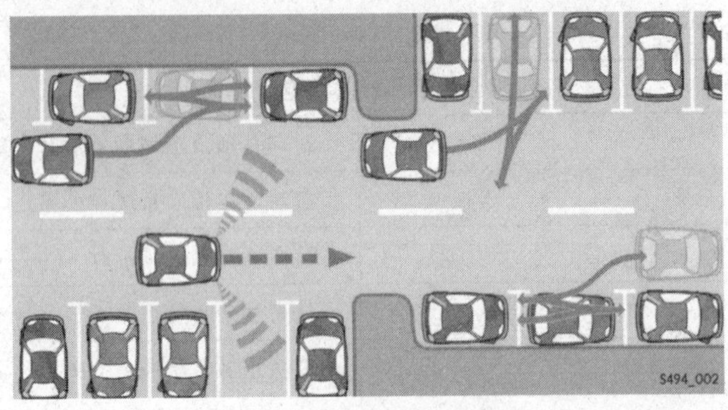

图 1—5—4　传感器探测范围

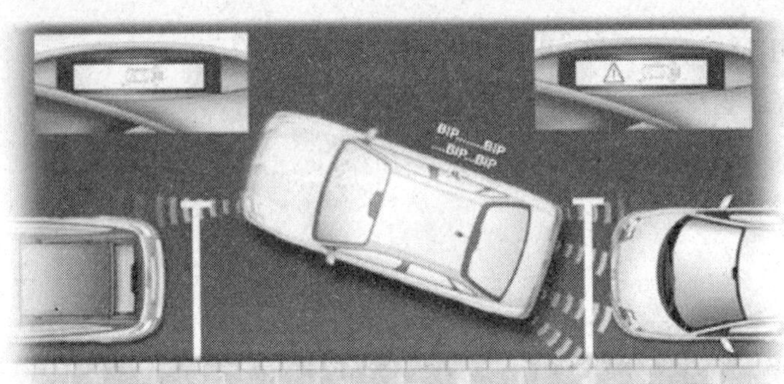

图 1—5—5　自动泊车距离控制系统警告

无论泊车位在道路的左边还是右边，最后一个被测泊车位的数据会临时存储在自动泊车辅助系统的控制单元中。当发现新的泊车位或车辆已远离上一个泊车位（驶离平行泊车位超过 15 m，垂直泊车位超过 8 m）时，关于上一个泊车位的数据就会被删除。若在有效范围内按下自动泊车辅助系统按键开启自动泊车辅助系统，记录在控制单元的泊车位就会在组合仪表显示器上显示为在长方形阴影中的一段空白区域，具体过程如图 1—5—6 所示。

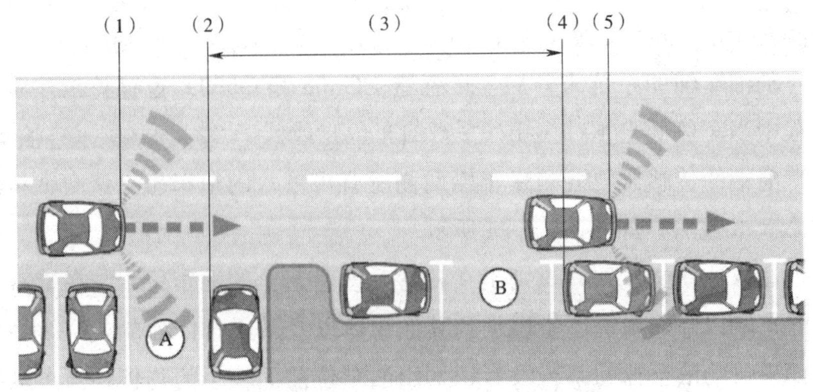

图 1—5—6　自动泊车系统的工作过程

注意： 关闭发动机（发动机停止）以后，存储在自动泊车辅助系统控制单元里的泊车位就会被删除，泊车位测量会重新开始。

（1）步骤一

未开启自动泊车辅助系统的车辆以低于 20 km/h 的速度行驶（在本示例中的速度下，平行泊车位和垂直泊车位都能被找到）。

（2）步骤二

泊车位（A）将被暂存在控制单元中，如果此时驾驶员启动自动泊车辅助系统，就可进行泊车。

（3）步骤三

泊车位（A）仍存在控制单元中。

（4）步骤四

下一个可用泊车位（B）被测量并被暂时保存，泊车位（A）被删除。

（5）步骤五

驾驶员驶过泊车位（B）并按下自动泊车辅助系统按键，泊车位（B）被存入控制单元并立刻在组合仪表显示器上显示出来。车辆所在位置不足以完成泊车，系统要求驾驶员继续向前行驶。

3．测量泊车位相关参数

（1）平行泊车位参数

测量泊车位时，符合要求的平行泊车位长度应大于车身长度加上机动距离与安全距离（前后至少各留有 0.4 m）。驶过泊车位时的车速要低于 40 km/h。车辆的最佳起始位置应在平行泊车位旁，处于行驶方向，且车辆侧面与已停放好的车辆之间的距离为 0.5～2.0 m，如图 1—5—7 所示。

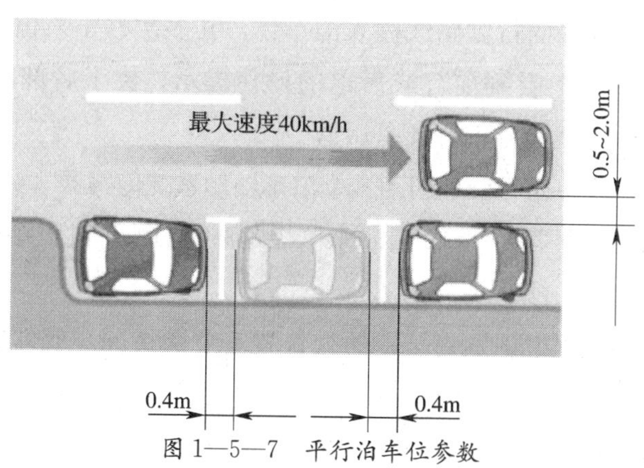

图 1—5—7　平行泊车位参数

（2）垂直泊车位参数

测量泊车位时，符合要求的垂直泊车位长度应大于车身长度加上机动距离与安全距离（左右至少各留有 0.35 m）。驶过泊车位时的车速要低于 20 km/h。车辆所在的最佳位置应在垂直泊车位旁，处于行驶方向，且车辆侧面与已停放好的车辆之间的距离为 0.5～2.0 m，如图 1—5—8 所示。

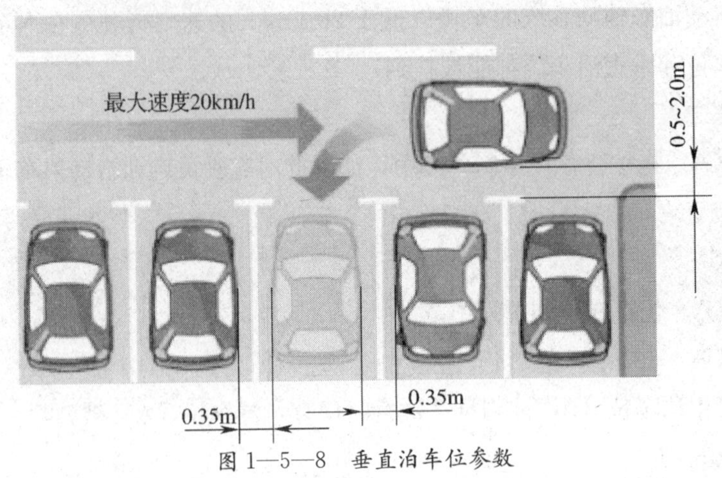

图 1—5—8　垂直泊车位参数

以下因素会影响泊车位的识别：界定泊车位的物体类型（汽车、树、摩托车等），泊车位的长度与深度，路沿，车辆经过泊车位时的速度，天气情况（如下雪、冰冻、暴雨、暴风等）。

4．具体泊车过程

在测量到合适的泊车位且确定车辆位置恰当后，便可以开始进行泊车。在驾驶员开始进行自动泊车之前，必须先挂入倒车挡，并在静止约 0.5 s 后开动车辆，静止时间是指从挂入倒车挡后到车辆真正开动的时间。在这段时间里，所有相关系统都会启动，并开始计算行驶路线。

在自动泊车过程中无须驾驶员控制方向盘，由自动泊车辅助系统来完成对方向的控制操作，并按照计算好的行驶路线驶入泊车位，在多次移车入位的过程中，驾驶员可以在组合仪表显示器上看到前行或后退的操作提示，位于后部的两个轮速传感器 G44 和 G46 可以识别车辆是在前行还是后退。

此外，在倒车过程中还将额外用到 8 个泊车辅助系统传感器（4 前 4 后）和 4 个侧面自动泊车辅助系统传感器（2 前 2 后）来监控距离，当泊车过程结束后，组合仪表显示器会提示自动转向辅助已完成。

如果在自动泊车过程中识别到车辆所处位置有危险情况，或驾驶员介入了方向盘的控制，自动泊车就会终止。

（1）泊入平行车位

驾驶员按下自动泊车辅助系统按键选择平行泊车功能，相应的图示会显示在组合仪表显示器上，平行泊车可以通过多次移位完成，如图 1—5—9 所示。

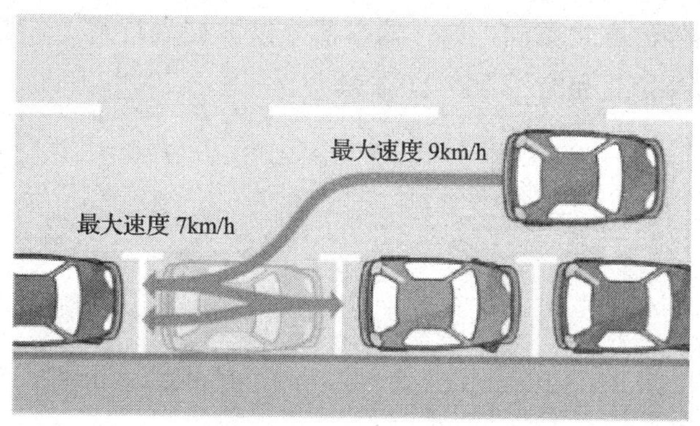

图 1—5—9　泊入平行车位

泊车时：从泊车起始位置到进入泊车位前的最高车速为 9 km/h（直线行驶）。在驶入泊车位的过程中，最大车速为 7 km/h（在方向盘转动后）。

（2）泊入障碍物之间

自动泊车辅助系统 2.0 不仅能识别车辆，还可以识别其他物体，系统可以对房屋墙面、围墙或路沿等进行定位，另外它还可以帮助驾驶员在树木、垃圾桶、灌木丛或摩托车等障碍物间泊车。

如果识别到路沿，就会在距离路沿边缘 15 cm 处以“通过路沿定位”的方式进行泊车；如果识别不到路沿，就会将车辆与停泊在障碍物前的其他车辆停成一排，如图 1—5—10 所示。

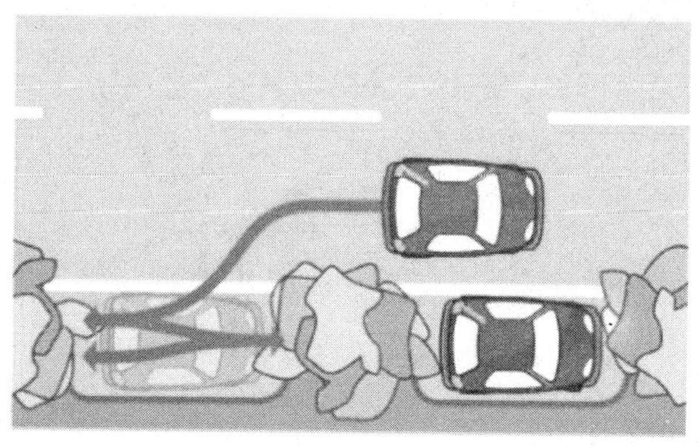

图 1—5—10　泊入障碍物之间

（3）部分或全部泊在路沿上

系统首先识别出路沿的边缘以及车辆与路沿边缘之间的距离。此外还要测量其他停着的车辆或物体，以此得出泊车位的长度与深度。

在泊车过程中，系统总是以其他车辆的位置为基准（通过车辆定位）。如果停着的车辆有部分停泊在路沿上，那么待泊车辆也可部分停泊在路沿上。

如果两辆车的停泊方式不同，如一辆车部分停泊在人行道上，那么待泊车辆与停在前面的车辆同排停泊，如图 1—5—11 所示。

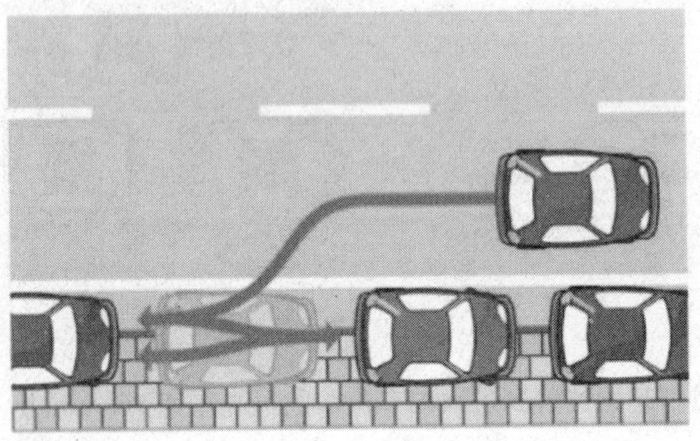

图 1—5—11　泊在路沿上

(4) 泊在弯道上

系统还可以辅助在弯道上进行泊车。在其他条件不变的情况下，系统可在半径超过 20 cm 的曲折道路上或弯道上识别出泊车位，过程与在直路上没有区别。弯道的半径关系到行驶路线和最终停泊位置的计算，如图 1—5—12 所示。

图 1—5—12　泊在弯道上

(5) 泊入垂直车位

驾驶员通过自动泊车辅助系统按键，选择垂直泊车功能，相应的图示会在组合仪表显示器上显示出来。垂直泊车过程可以通过多次位移来完成，为使两侧车门可以相同程度打开，系统会控制车辆停在车位的正中间，如图 1—5—13 所示。

位于车辆后侧的传感器 G716 和 G717 就是主要用来控制车辆，使其位于车位的正中间。

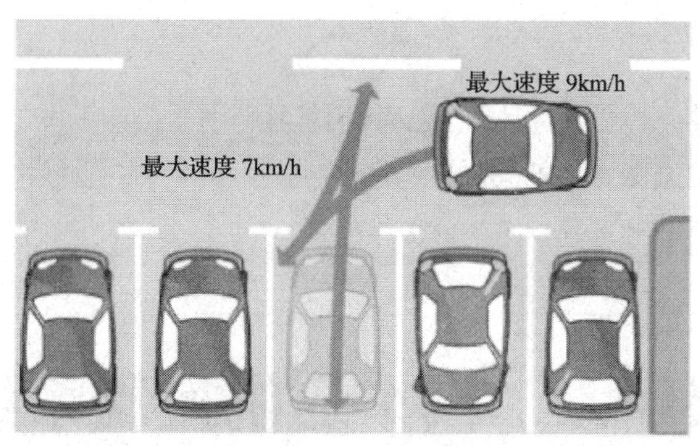

图 1—5—13　泊入垂直车位

这两个传感器的探测范围与其他用来感应障碍物的 PDC 传感器一致。从泊车起始位置到进入泊车位前的最高车速为 9 km/h（直线行驶）。在驶入泊车位的过程中，最高车速为 7 km/h（在方向盘转动后）。

四、汽车泊车辅助系统的检修

可使用车辆诊断测量和信息系统 V. A. S5051、车辆诊断和服务信息系统 V. A. S5052 以及 V. A. S5053 对该新型自动泊车辅助系统进行诊断。通过这些系统可以进行诊断作业（见图 1—5—14）。在读取测量值功能中，与自动泊车辅助系统的控制单元 J791 进行诊断通信时，可调出单个传感器的测量值，还可显示出车辆距离障碍物的距离。通过附近的障碍物（如附近的墙）可以轻松地测量出传感器功能的好坏。自我诊断出的由于水、冰、雪等原因引起的物理障碍，可以通过传感器薄膜的相应振荡时间来确定。

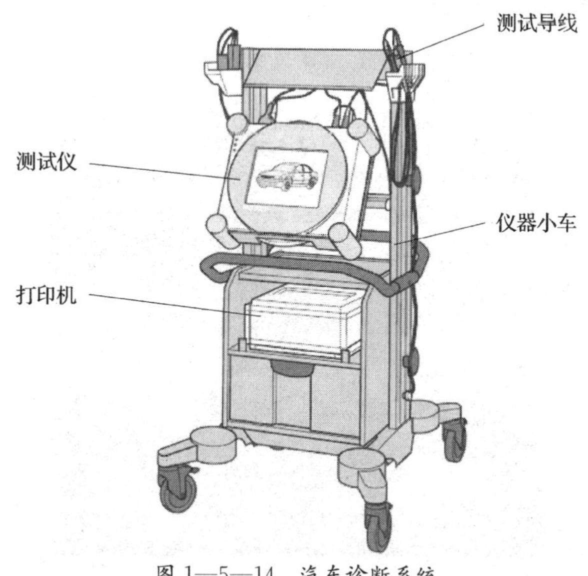

图 1—5—14　汽车诊断系统

思考与练习

1. 简述汽车自动泊车辅助系统的结构和组成。
2. 简述汽车自动泊车辅助系统的工作过程。

课题六　汽车巡航控制系统

学习目标

◆ 了解汽车巡航控制系统的功能。

◆ 掌握汽车巡航控制系统的组成、分类及工作原理。

◆ 了解电控发动机巡航控制系统的工作原理。

想一想

2012年11月，浙江一辆丰田杰路驰在高速路上行驶，以120 km/h的速度定速巡航，在临平准备下高速时，驾驶员发现定速巡航无法关闭，刹车失灵，手刹无用，而此时这款无钥匙启动的车辆连一键启动也失效了，如同计算机死机一样，不管车主拉手刹还是换挡，汽车都完全没有反应。狂奔一个半小时后，最终在警方协助下急速拉起手刹与路边护栏侧撞后，才脱离险境，事故车辆如图1—6—1所示。

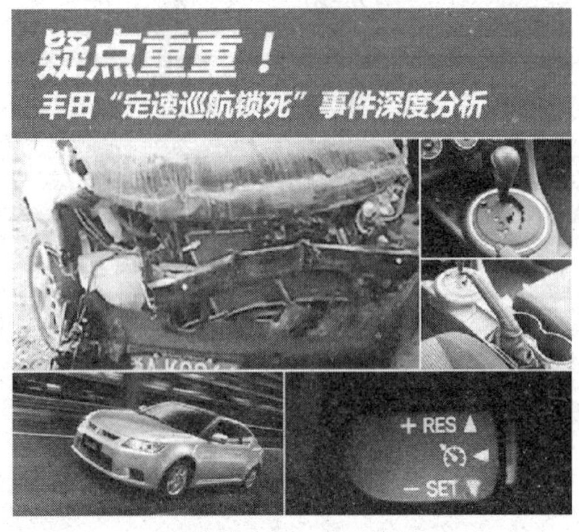

图1—6—1　事故车辆

什么是定速巡航？定速巡航的主要功能是什么？上述事故是什么原因引起的？

一、汽车巡航控制系统的功能

巡航控制系统又称定速控制系统，是一种利用电子控制技术保持汽车自动等速行驶的系统。当汽车在高速公路上长时间行驶时，接通巡航控制总开关，设定希望的车速。巡航控制系统将根据汽车行驶阻力的变化，自动增大或减小节气门开度，使汽车按设定的车速等速行驶，驾驶员不必操作加速踏板，既减轻了疲劳强度，又减少了不必要的车速变化，节省燃料。巡航控制总开关如图 1—6—2 所示。

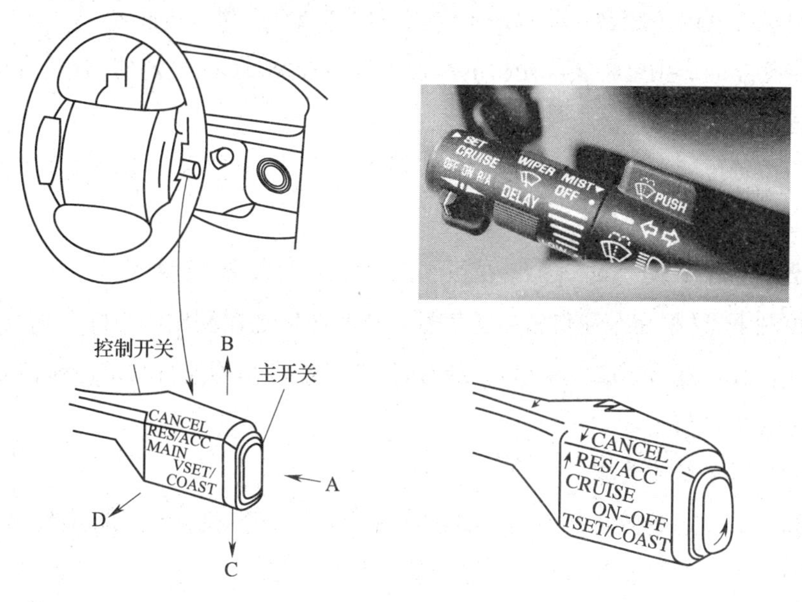

图 1—6—2　巡航控制总开关

二、汽车巡航控制系统的组成

汽车巡航控制系统由巡航控制开关、制动开关、离合器开关、传感器、巡航控制 ECU 和执行器等部分组成。

1. 巡航控制开关

巡航控制开关一般采用手柄式开关，安装在转向盘下方。也有的采用按键式开关，安装在转向盘上。巡航控制开关包括主开关（MAIN）和控制开关，如图 1—6—2 所示。

主开关是巡航控制系统的主电源开关，工作时只需将其推入就可以控制巡航控制系统电源的通断。

控制开关包括设定/减速开关（SET/COAST）、恢复/加速开关（RES/ACC）和取消（CANCEL）开关。当车辆行驶时，可以通过控制开关实现不同的功能。

2．制动开关

当有紧急状况需要进行制动时，驾驶员踩下制动踏板，制动开关将制动信号传给巡航控制模块，巡航控制模块立即切断控制系统电源，取消巡航控制。

3．离合器开关

当踩下离合器踏板后，离合器开关信号传给巡航控制模块。巡航控制模块立即切断控制系统电源，取消巡航控制。

4．传感器

用于巡航控制的传感器主要包括车速传感器和节气门位置传感器。

车速传感器的作用是将实际测得的车速与巡航控制 ECU 设定的车速进行比较，以便实现等速控制。

节气门位置传感器主要用于巡航控制 ECU 计算输出信号与节气门开度的对应关系，以确定输出量的大小。

5．巡航控制 ECU

巡航控制 ECU 根据车速传感器的信号，将车速传感器测定的实际车速与系统设定的车速进行比较，然后形成控制信号控制执行器，使汽车等速行驶。巡航控制 ECU 具有以下控制功能：

（1）记忆设定车速功能

当驾驶员通过巡航控制开关输入了设定命令时，计算机便记忆此时车速传感器输入计算机的车速，并按该车速对汽车进行等速行驶控制。

（2）等速控制功能

ECU 将实际车速与设定车速进行比较，确定节气门应该开大或关小，并根据实际车速与设定车速的差值，计算出节气门开大或关小的量，然后对执行器进行控制，保证汽车按设定车速等速行驶。

（3）设定车速调整功能

当汽车以巡航模式控制行驶时，如果需要使设定车速提高或降低，只要操作恢复/加速或设定/减速开关，就可以使设定车速改变，巡航控制 ECU 将记忆改变后的设定车速，并按新的设定车速进行巡航行驶。

（4）取消和恢复功能

当汽车以巡航控制模式行驶时，如果接通取消开关或接通任何一个其他的退出巡航控制开关，巡航控制 ECU 就将控制执行器使巡航控制取消。

取消巡航控制以后，要想重新按巡航控制模式行驶，只要操作恢复/加速开关，巡航控制 ECU 即可恢复原来的巡航控制行驶。

（5）车速下限控制功能

车速下限是巡航控制系统所能设定的最低车速。不同的车型稍有不同，一般为40 km/h。当车速低于40 km/h时，巡航车速不能被设定，巡航控制系统不能工作。当巡航行驶时，如果车速降至40 km/h以下，那么巡航控制系统会自动取消，且巡航控制ECU存储器内存储的设定车速将被清除。

（6）车速上限控制功能

车速上限是指巡航控制所能设定的最高车速，一般为200 km/h。

（7）安全电磁离合器控制功能

当汽车以巡航控制模式行驶时，如果下坡时汽车车速高于设定车速15 km/h，则巡航控制ECU将切断巡航控制系统的安全电磁离合器使车速降低。当车速降低至比设定车速高出不足10 km/h时，安全电磁离合器将再次接通，恢复巡航控制。

（8）自动取消功能

当汽车以巡航控制模式行驶时，若出现执行器驱动电流过大，伺服电动机始终朝节气门打开的方向旋转时，则巡航控制ECU存储器内存储的设定车速将被消除，巡航控制模式也同时被取消，主开关同时关闭。

（9）自动变速器控制功能

当具有自动变速器的汽车以巡航控制模式行驶时，如果上坡时变速器在超速挡，车速降至比设定车速低4 km/h以上时，巡航控制ECU将超速挡取消信号送至自动变速器ECU，取消自动变速器超速挡。当车速升至比设定车速低2 km/h时，巡航控制ECU将超速挡恢复信号送至自动变速器ECU，恢复自动变速器超速挡。

（10）诊断功能

如果巡航控制系统发生故障，那么巡航控制ECU的自诊断系统能够诊断出故障，并使组合仪表板上的巡航指示灯闪烁，以便提醒驾驶员。同时，巡航控制ECU将故障代码存储在存储器内。通过巡航控制指示灯的闪烁或使用故障诊断仪可以读取故障代码。

6．执行器

巡航控制系统的执行器根据ECU的控制信号控制节气门的开度，以保持车速恒定。

三、汽车巡航控制系统的分类及工作原理

汽车巡航控制系统中的执行器按照驱动方式的不同可以分为真空驱动型和电动机驱动型两种。

1. 真空驱动型执行器

真空驱动型执行器依靠真空力驱动节气门。真空源有两种获取方式，一种是仅来自发动机进气歧管；另一种是来自发动机进气歧管和真空泵，如图 1—6—3 所示。

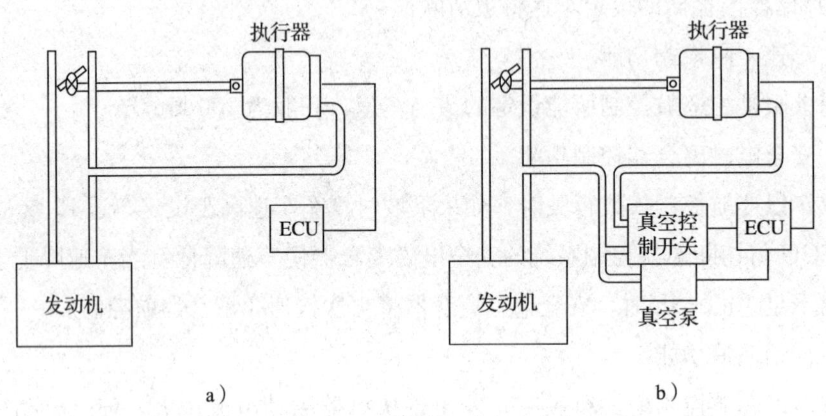

图 1—6—3　真空驱动型执行器真空源的两种获取方式

a）真空源来自发动机进气歧管　b）真空源来自发动机进气歧管和真空泵

真空驱动型执行器主要由控制阀、真空泵、释放阀、电磁线圈、膜片、复位弹簧和空气滤清器等组成。控制阀和真空泵是真空驱动型执行器的主要部件，下面具体介绍这两个部件的工作过程。

（1）控制阀

巡航系统通过控制阀将空气或者真空导入执行器，使执行器带动节气门动作，达到控制恒定车速的目的。

1）控制阀无电流流过。

如图 1—6—4a 所示，若控制阀的电磁线圈无电流流过，则控制阀上部的大气通道在弹簧的作用下打开，真空通道关闭，空气充满执行器内部。此时，执行器内部的膜片在复位弹簧的作用下向右推动，带动节气门拉杆向右运动，使节气门关闭，从而降低车速。

2）控制阀有电流流过。

如图 1—6—4b 所示，若控制阀的电磁线圈有电流流过，则电磁线圈产生吸力，吸附开关，使大气通道关闭，进气歧管的真空通道打开。执行器内部产生一定的负压，向左吸附执行器内的膜片。当进气歧管真空度增加，负压产生的吸力大于复位弹簧的弹力时，膜片向左移动，带动节气门拉杆向左移动，使节气门打开，从而提高车速。

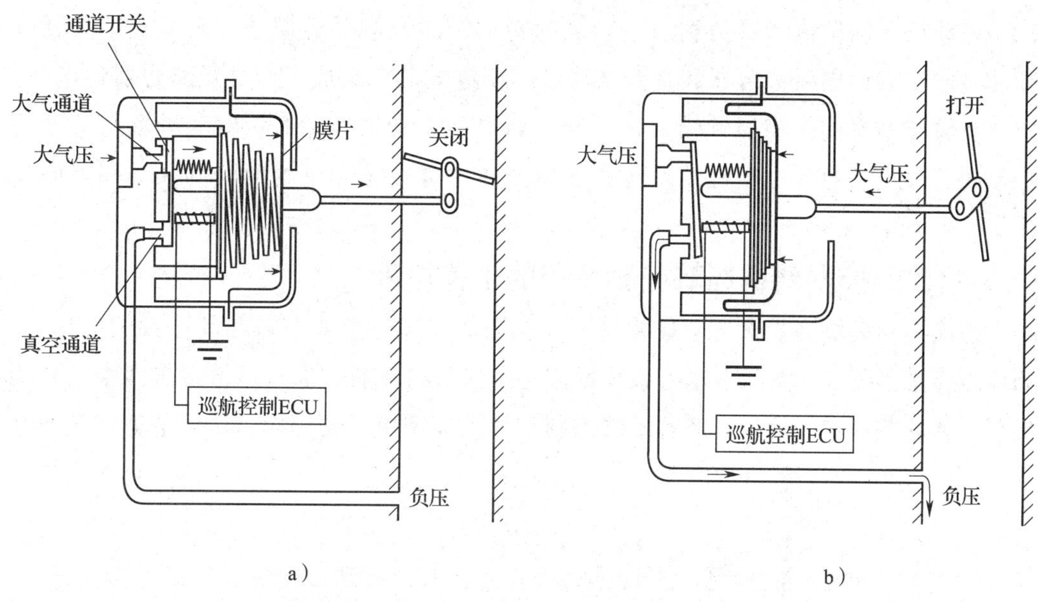

图 1—6—4　真空驱动型执行器的工作原理

a）控制阀无电流流过　b）控制阀有电流流过

（2）真空泵

当进气歧管的负压不足时，由真空泵向执行器提供额外的负压。

真空泵主要由电动机、连杆、单向阀和膜片组成，如图 1—6—5 所示。如图 1—6—6 所示，由于进气歧管内的负压作用，单向阀 A 通常保持打开，使进气歧管和执行器保持相通，向执行器提供负压，控制节气门的开度，保持车速恒定。当进气歧管内的负压比较低时，巡航控制模块发出信号将真空泵接通。真空泵工作后产生的负压通过单向阀 B 施加于执行器上。

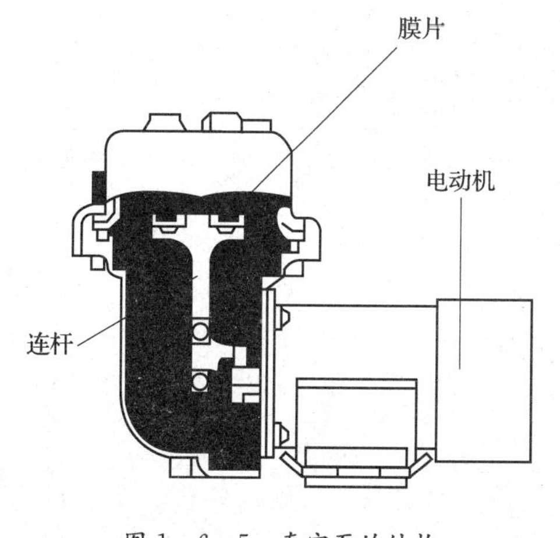

图 1—6—5　真空泵的结构

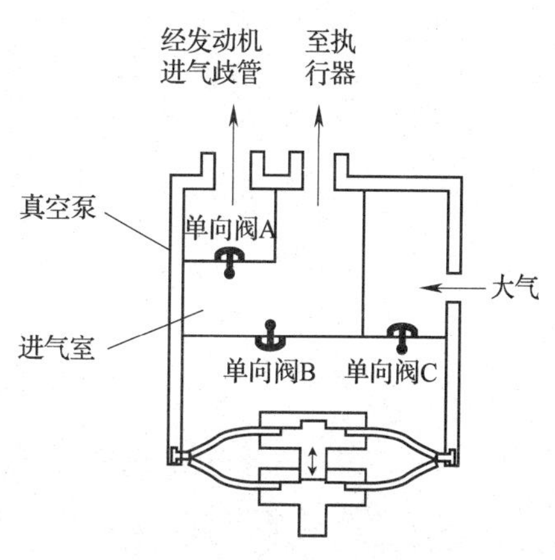

图 1—6—6　负压作用于执行器

2. 电动机驱动型执行器

电动机驱动型执行器是利用电动机的转动带动控制摇臂摆动，使节气门的开度变化，它主要由电磁离合器和直流电动机或步进电动机组成。当电磁离合器通电时，电动机轴与节气门控制摇臂结合在一起；当电磁离合器断电时，电动机轴与节气门控制摇臂分离。直流电动机的运转速度和方向由电控单元供给的电流大小和方向决定。

四、电控发动机巡航控制系统的工作原理

巡航控制模块接收来自巡航控制开关信号、车速传感器信号和其他开关的信号，将车速传感器测定的实际车速与系统设定的车速进行比较，通过运算得出两个信号的差值，将此差值进行信号处理后形成控制信号以控制执行器动作，用以调整节气门开度，保证汽车等速行驶，如图 1—6—7 所示。

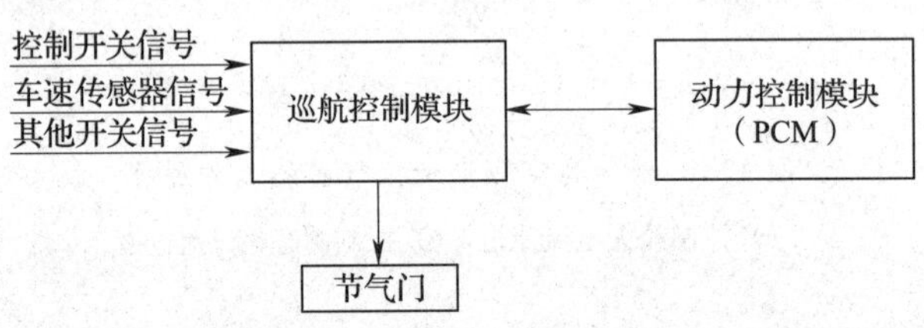

图 1—6—7　电控发动机巡航控制系统的工作原理

由于现代汽车普遍采用电子节气门技术，因此巡航控制已经集成于电子节气门控制系统。动力控制模块接收来自巡航控制开关信号、车速传感器信号和其他相关开关的信号，将车速传感器测定的实际车速与系统设定的车速进行比较，通过运算产生电子节气门驱动电动机控制信号，驱动节气门电动机，用以调整节气门开度，保证汽车等速行驶，如图 1—6—8 所示。

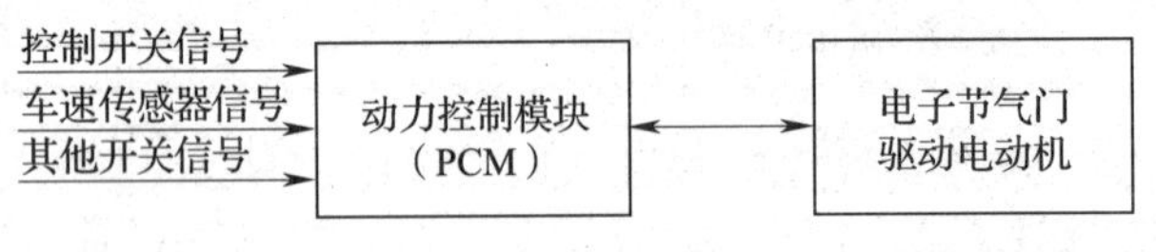

图 1—6—8　电子节气门巡航控制系统的工作原理

思考与练习

1. 简述汽车巡航控制系统的功能。
2. 简述汽车巡航控制系统的分类、组成及工作原理。

课题七　汽车前照灯自动控制系统

学习目标

◆ 了解前照灯系统的功能与组成。
◆ 掌握气体放电前照灯的组成。
◆ 熟悉气体放电前照灯的自动调节方法。
◆ 能够规范进行气体放电前照灯调平装置的自诊断。
◆ 能够进行前照灯基本设定、调整与更换。

想一想

前照灯是汽车必不可少的照明设备，为了确保汽车的行车安全，目前很多车型采用前照灯电子控制装置，可以对前照灯进行自动调节。部分车型还采用气体放电前照灯（见图 1—7—1），比卤素灯的亮度提升 300%，可以照得更高、更广、更远，其使用寿命长达 3 000 h，大幅超越汽车夜间行驶总时数。目前，人们通常把气体放电前照灯、ABS、汽车安全气囊等设备列为行车的必备设备。

那么，气体放电前照灯是通过什么装置来提高亮度和延长使用寿命的呢？

图 1—7—1　气体放电前照灯

一、前照灯系统的功能与组成

根据现代汽车行驶速度和行车安全的要求，前照灯应能根据汽车行驶环境的不同而提供足够、安全的照明。为此，不少新型车辆都采用了卤素灯泡、全封闭不可拆式前照灯、隐藏式前照灯及电子控制装置等，对汽车前照灯进行自动控制，如自动推出和收回、自动变光器、照射角度自动调整装置和灯光自动开闭控制器等，这些控制装置使灯光操作变得方便、及时、准确。

宝来等车装有气体放电前照灯，又称高强度放电灯或氙气灯，简称 HID（High Intensity Discharge Lamp）。该灯亮度高，发出的亮色调与太阳光比较接近，消耗功率低，可靠性高，不受车上电压波动影响。气体放电前照灯与卤素灯的主要区别在于，前者通过气体电离发光，后者通过加热钨丝发光。虽然气体放电前照灯的发光电弧与卤素灯的钨丝长度、直径一样，但发光效率和亮度都提高了 2～3 倍。由于不用灯丝，没有了传统灯丝易脆断的缺陷，使用寿命也提高了 4 倍。据测试，一个 35 W 的氙气灯光源可产生相当于 55 W 卤素灯 2 倍的光通量，使用寿命与汽车差不多。气体放电前照灯及光束调平装置的组成如图 1—7—2 所示。

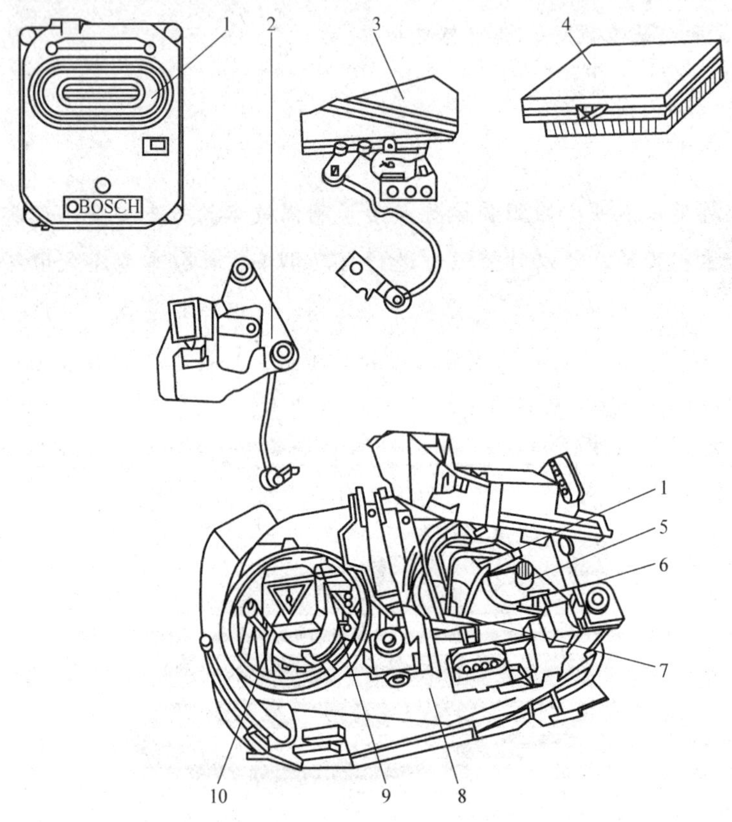

图 1—7—2　气体放电前照灯及光束调平装置的组成

1—气体放电前照灯控制单元　2—前桥水平传感器　3—后桥水平传感器　4—前照灯光束调平控制单元　5—驻车灯灯泡　6—远光灯灯泡　7—信号灯灯泡　8—前照灯灯壳　9—前照灯调平电动机　10—气体放电灯灯泡

教学互动

在装有气体放电前照灯的总成（实训车型上）中，找出相应的远、近光灯。

二、气体放电前照灯自动调节方法

部分轿车装备有气体放电前照灯，气体放电灯只用于近光控制，为了防止照射角度的变化造成眩目，该气体放电灯具有照程自动调节装置，该装置可保证近光灯光束保持不变，并且可根据车上载荷的变化而改变倾斜度。气体放电前照灯自动调节装置的组成包括前照灯照程调节控制单元、安装于前后桥左侧的水平传感器、前照灯照程调节伺服电动机等。在使用中，驾驶员不能通过手动调整来改变前照灯的照程，必须通过基本设定来完成调整。

1. 气体放电前照灯照程自动调整功能。为了防止对面来车所造成的眩目，车上装有的气体放电近光前照灯有前照灯光束自动调平功能。前照灯调平装置（LWR）可保证近光灯的倾斜度在负载变化时能保持不变，其工作原理如图 1—7—3 所示。

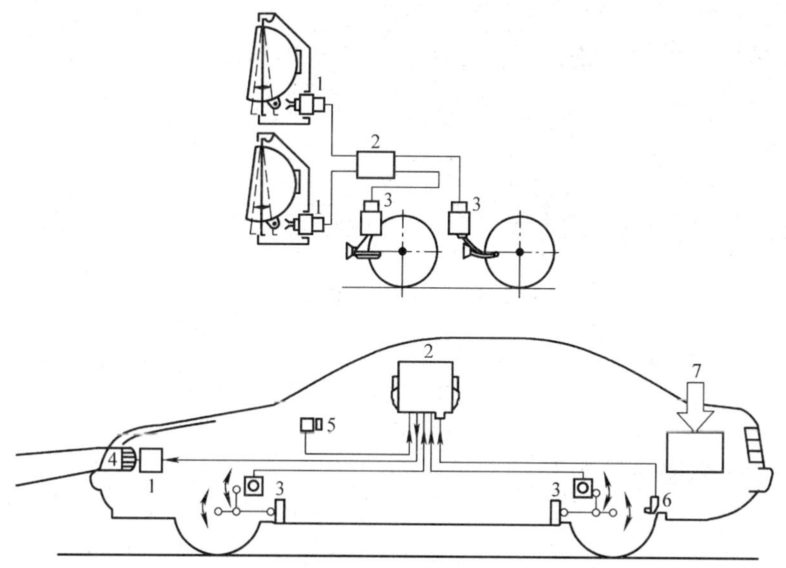

图 1—7—3　前照灯光束自动调平装置工作原理图

1—前照灯调平电动机　2—调平控制单元　3—车桥水平传感器

4—近光前照灯　5—灯光开关　6—轮速传感器　7—负载

2. 驾驶员是无法通过手动调整来改变前照灯照程的，必须通过基本设定来调整。

3. 在行驶中，如果前照灯自动调平装置出现故障，那么前照灯停在此时的位置。随后再起动车辆时，前照灯伺服电动机将运动至下止点。

三、前照灯调平装置的自诊断

前照灯调平装置在工作中如果被控制的传感器或部件发生故障，该故障连同故障说明一同存入故障存储器，最多可同时存储 4 个故障。在 50 次启动后，如果偶然出现的故障不再出现，那么它会被消除。前照灯自动调平控制单元有以下自诊断功能：

01 功能——查询控制单元版本号

02 功能——查询故障存储器

03 功能——执行元件诊断

04 功能——基本设定

05 功能——清除故障存储器

06 功能——给控制单元编制代码

07 功能——结束输出

08 功能——读取测量数据块

可通过诊断仪 V. A. S 5051 读取相应的故障代码。如出现故障代码“00776”，则可查询故障代码表，见表 1—7—1。分析可能的故障原因为：G78 与前照灯照程调节控制单元间导线断路或短路；传感器 G78 损坏。可以根据相关的电路图检查导线或更换传感器 G78。

表 1—7—1　　故障代码表

诊断仪显示	故障描述	可能的故障原因	故障排除
00532	供电电压信号过大或过小	供电电压线断路或短路	—按电路图查找故障提示 —J431 前照灯控制单元
00625	车速信号超差（V > 300 km/h)	—电源线间歇接触不良 —车速传感器 G22 发生故障	—按电路图查找故障 提示：组合仪表前照灯调平装置各插接器位置 —更换车速传感器 G22
00774	左后水平传感器 G76 对正极断路/短路，对地短路，信号超差	—传感器 G76 与前照灯照程调节控制单元间导线断路或短路 —传感器 G76 损坏 —连接杆弯曲或损坏 —传感器 G76 松动	—读取测量数据块 —按电路图检查导线 —更换传感器 G76 —修理或更换连接杆 —检查传感器 G76 是否装牢

续表

诊断仪显示	故障描述	可能的故障原因	故障排除
00776	左前水平传感器G78对正极断路/短路，对地短路，信号超差	—传感器G78与前照灯照程调节控制单元间导线断路或短路 —传感器G78损坏	—读取测量数据块 —按电路图检查导线 —更换传感器G78
01042	控制单元未编码，对正极短路，对地短路	—在更换了控制单元时，新控制单元会记录此故障 —V48、V49与前照灯照程调节控制单元之间导线断路或短路	—给控制单元编制码 —用执行元件诊断继续查询故障 —按电路图查询故障
01532	连接至组合仪表的信号线	—线路对地/正极断路或短路	—按电路图查找故障
01533	前照灯端子发生故障	—线路断路	—按电路查找故障
01534	左前照灯调平电动机V48对正极短路，对地短路	—线路对地/IT极断路，或在V48和前照灯调平控制单元之间的导线短路	—按电路图查找故障 —读取测量数据块以判断故障
01535	右前照灯调平电动机V48对正极短路，对地短路	—线路对地/正极断路，或在V48和前照灯控制单元间的导线短路	—按电路图查找故障 —读取测量数据块以判断故障
01539	前照灯未校准	—基本设定被中止 —前照灯不在调整位置	—调整前照灯 —继续基本设定
65535	控制单元损坏	—自身故障 —系统电压过高 —存在短路	—更换前照灯照程调节控制单元

四、前照灯的基本设定和调整

调整前照灯的调节螺栓前，必须进行前照灯照程调节的基本设定，如果未进行该项基本设定，就会损坏前照灯壳体内的调整机构。

1．进行基本设定的前提条件

（1）前照灯玻璃不能损坏也不能脏污。

（2）反光镜和灯泡正常。

（3）轮胎压力正常。

（4）车辆和前照灯调整仪已校准好（在一个水平面上）。将车向前、向后来回推动几米，使弹簧入位。

（5）倾斜度已调好。前照灯上部的护板上压印有倾斜度值（%），应按该值调整前照灯，该值相当于 10 m 照射距离，例如倾斜度 1.2%换算成 12 cm。

（6）松开手制动器，不要挂挡，不要转动转向器。

（7）车上无驾驶员，也没有其他载荷。

（8）进行基本设定时，不要移动车辆（包括开关车门、调整靠背和上下车）。

2．基本设定的步骤

（1）接好故障诊断仪，接通点火开关，输入地址码“55”，选择功能“04 基本设定”，按屏幕提示的按键，直至屏幕显示“基本设定　输入显示组号×××”。

（2）按“0”键两次并按“1”键一次，按屏幕提示的按键确认，屏幕会显示“基本设定　输入显示组号 001”。

（3）按屏幕提示的按键确认（或进入），屏幕会显示“系统在进行基本设定 1　等待”。

（4）此时屏幕显示“运动到调整位置”，此过程持续 20 s，接着屏幕显示“系统在进行基本设定 1　调节前照灯”。

（5）前照灯调整。将新检测屏（不带 15°调整线）放于车前 10 m 处，检查下述内容：打开近光灯时，如图 1—7—4 所示，检查水平的亮暗界限是否接触检查面的分离虚线；检查亮暗边缘左侧水平部分和右侧升高部分之间的转折点是否在垂直方向通过中央点；检查光束的亮心是否在垂直方向的右侧。

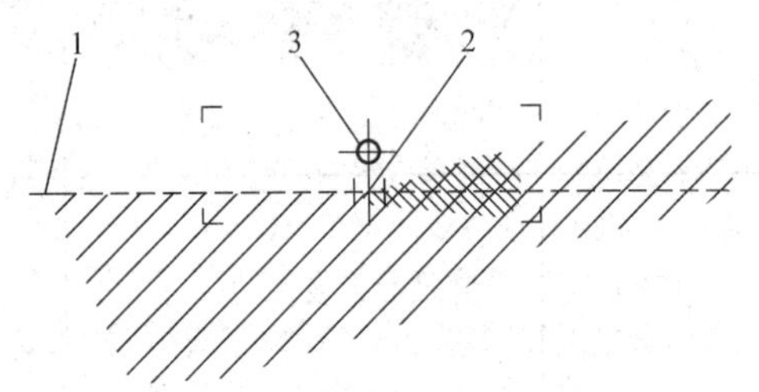

图 1—7—4　气体放电前照灯的调整

1—分离虚线　2—转折点　3—中央点

（6）检查内容若不符合标准，按如图 1—7—5、图 1—7—6 所示进行调整。高度调整和侧面调整装置如图 1—7—5 所示；调整时用十字旋具调整相应的滚花小轮，如图 1—7—6 所示。

（7）再次选择功能“04 基本设定”，按屏幕提示的按键，此时屏幕显示“基本设定　输入显示组号×××”。

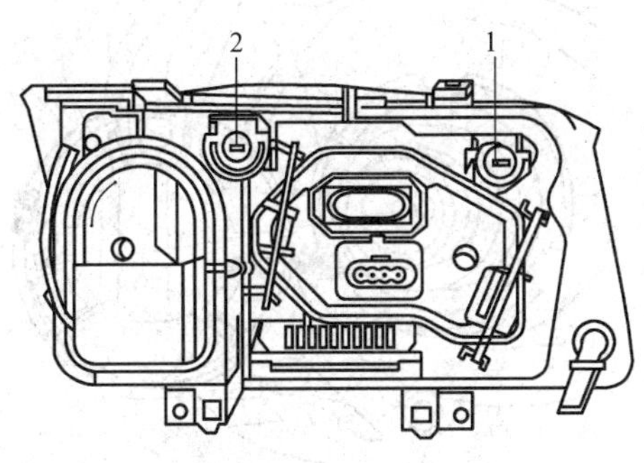

图 1—7—5　调整螺栓位置

1—高度调整　2—侧面调整

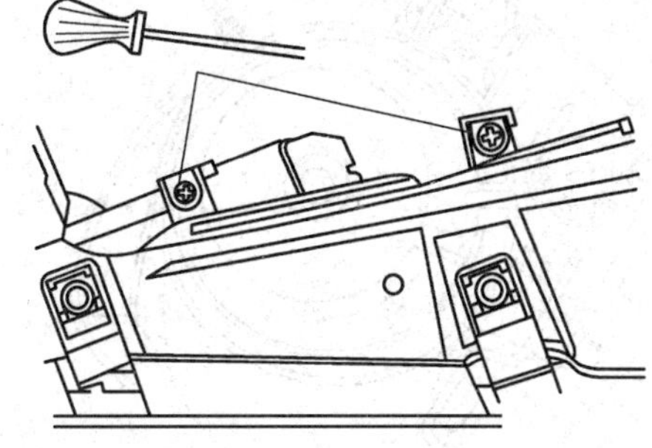

图 1—7—6　调整操作方法

(8) 输入显示组号 002，按屏幕提示的按键确认输入，屏幕显示“系统在基本设定 2　已到调整位置”。

(9) 用 02 功能再次查询有无故障代码。如无故障，用 06 功能结束。

五、前照灯系统的更换

1. 更换气体放电灯

(1) 拆卸

1) 拆下前照灯壳体。

2) 逆时针转动并打开前照灯壳体上的密封盖，如图 1—7—7 中箭头所示。

3) 拧下密封盖上的 3 个紧固螺栓。将供电插头逆时针转 90°后取下。

4) 逆时针转动并取下气体放电灯。操作时必须戴上护目镜，因为气体放电灯的玻璃罩对机械碰撞非常敏感，且灯内的压力在 10×10^6 Pa 以上。

5) 小心地取下放电灯。

(2) 安装

安装气体放电灯时不要触摸灯泡玻璃，手指留下的痕迹会使灯光模糊。对气体放电灯玻璃罩要绝对保证无机械冲击，因为该罩非常脆且内部压力很高。

1) 装入新灯泡，使定位凸起卡入反光镜的凹槽中。

2) 将气体放电灯 3 的定位凸起 2 卡入固定环 1 的凹槽内，顺时针转动以固定，如图 1—7—8 所示。

3) 安装完新灯后，应检查前照灯功能。

4) 调整气体放电前照灯。

2. 拆装气体放电前照灯控制单元

说明：每个气体放电前照灯都装有一个控制单元，左前照灯控制单元装在左车轮罩内，右前照灯控制单元装在右车轮罩内。左、右拆装方法相同。

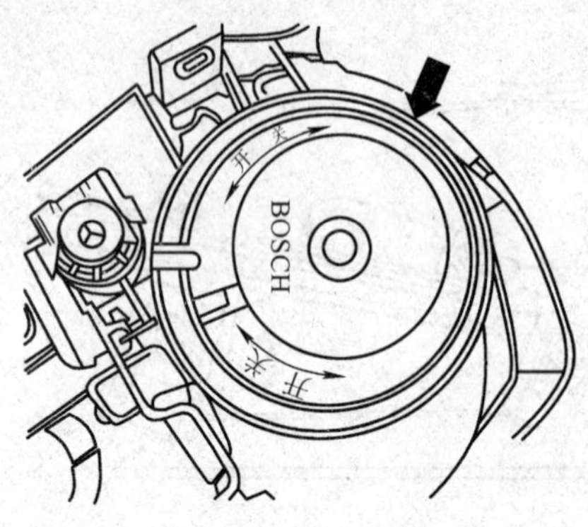

图 1—7—7　打开密封盖

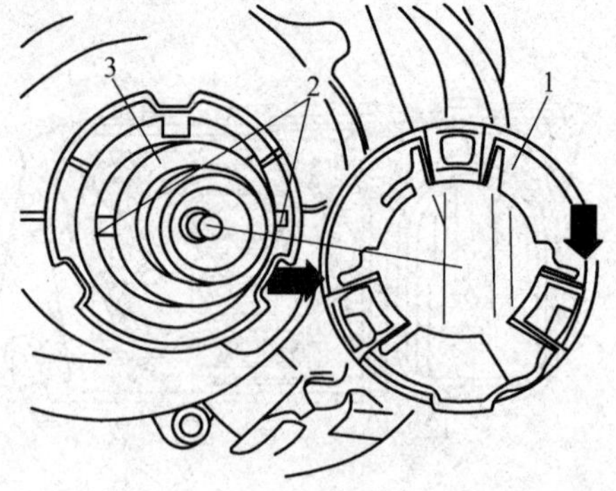

图 1—7—8　安装气体放电灯

1—固定环　2—定位凸起　3—气体放电灯

（1）拆卸

1）拆下车轮罩衬板。

2）如图 1—7—9 所示，拧下箭头所示的控制单元螺母。

3）将支架与控制单元一同取下。

4）拧下 3 个固定螺栓。

5）将控制单元连同附件一同取下。

6）拔下供电插头。

（2）安装

安装可按与拆卸相反的顺序进行。

3．拆装前桥上的水平传感器 G78

（1）拆卸

1）将转向器向左转至止点位置。

2）如图 1—7—10 所示，松开箭头所示的紧固螺母。

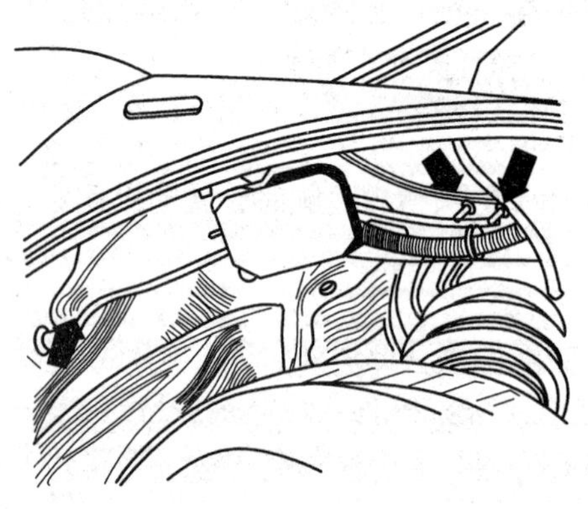

图 1—7—9　气体放电灯控制单元螺母的拆装

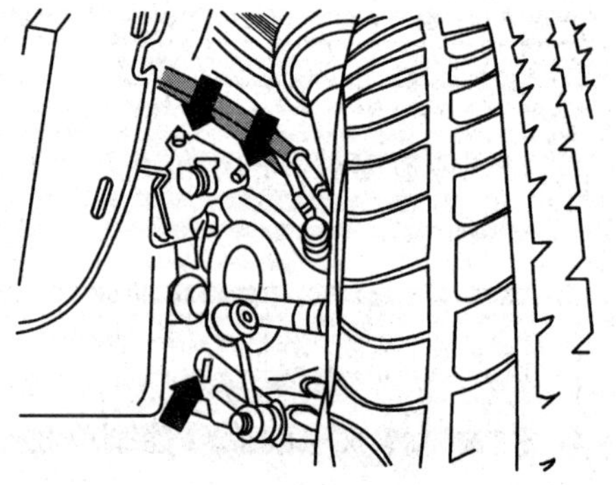

图 1—7—10　前桥水平传感器 G78 的拆卸

3）取下传感器及支架。

4）拔下供电插头。

（2）安装

安装可按与拆卸相反的顺序进行。安装后应调整传感器。

4．拆装后桥左后水平传感器 G76

（1）拆卸

1）松开如图 1—7—11 中箭头所示的螺母。

2）取下传感器及支架。

3）拔下供电插头。

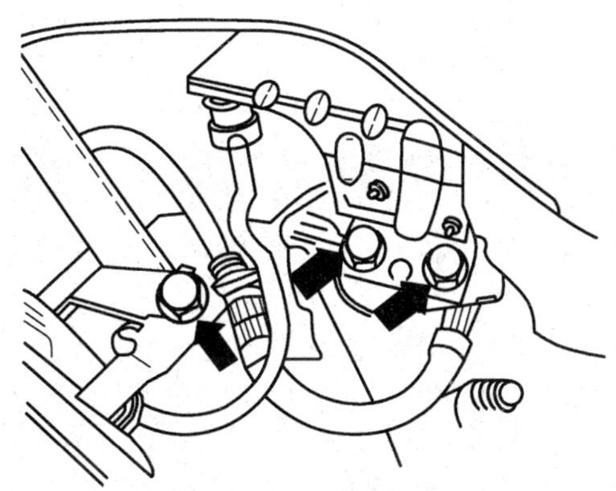

图 1—7—11　水平传感器 G76 的拆卸

（2）安装

1）安装可按与拆卸相反的顺序进行。安装时注意：后桥连接杆的固定角钢位置应正确。

2）安装后，检查水平传感器的调整是否合适。说明：后桥水平传感器是不可调的，但安装完传感器后，应检查传感器的电压信号是否为 2.0～3.5 V。

如果电压值超差，那么应检查下述内容：

①支架上的水平传感器是否松动。

②传感器的连接杆是否弯曲。

③供电插头是否已插好且固定住。

如果无故障，就进行前照灯照程调节的自诊断，以查出故障。

思考与练习

1. 简要说明气体放电前照灯的优点。
2. 前照灯自动调平装置的功能是什么？
3. 如何进行前照灯的基本设定？

模块 二

汽车CAN数据总线系统

课题一　汽车 CAN 数据总线系统概述

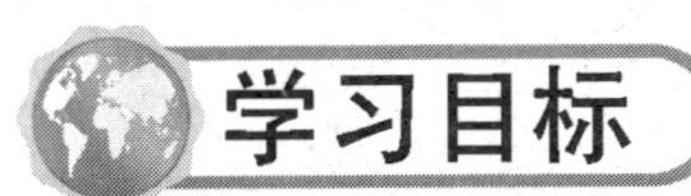

学习目标

◆ 了解汽车 CAN 总线的定义。

◆ 熟悉数据传输系统的类型、组成及工作原理。

◆ 掌握 CAN 系统数据的组成结构及其优先级的判定方法。

想一想

随着汽车上控制单元的增加，信号传输线必然会随之增加。车门控制单元完成全部控制功能需要 45 根线和 9 个插头，如图 2—1—1 所示。这样会使电控单元针脚数增加、线路复杂、故障率增多、维修困难。而安装了 CAN 总线系统的信号传输线数量相对减少很多，如图 2—1—2 所示。

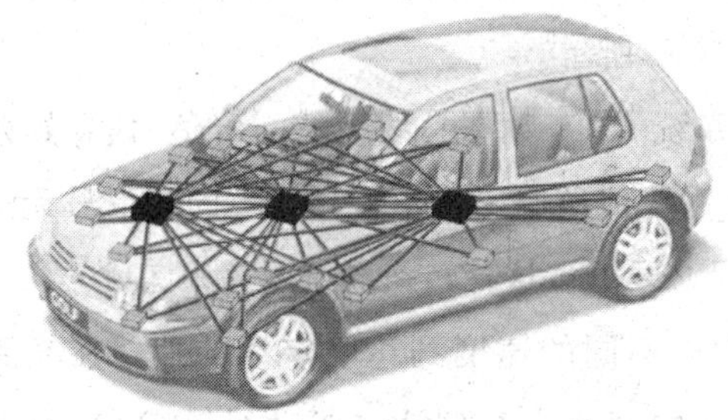

图 2—1—1　未安装 CAN 总线系统

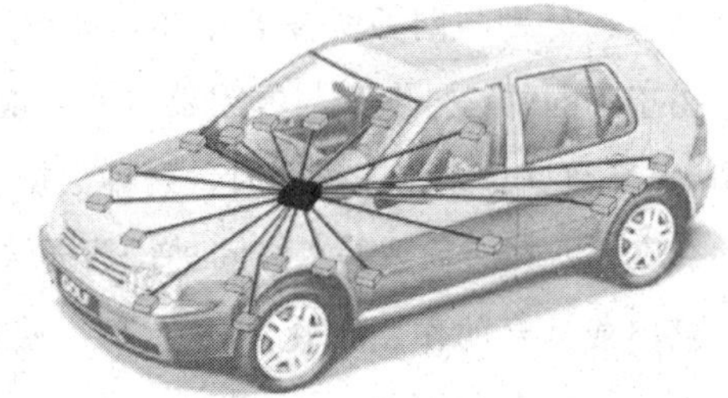

图 2—1—2　已安装 CAN 总线系统

试问，CAN 总线系统的为什么能够节约信号传输线？

一、CAN 总线的定义

由于人们对汽车驾驶的安全、舒适、尾气排放及燃油经济性的要求越来越苛刻，因此使得各控制单元之间的信息交换越来越密集。为此，必须找到一种设计优良的解决方案以使车内电子系统在不占用太大空间的情况下仍然保持其可操作性。

CAN 是 Controller Area Network（控制单元区域网络）的缩写，意思是控制单元通过网络交换数据。这是因为电子计算机网络用电子语言来说话，各电控单元必须使用和解读相同的电子语言即“协议”。CAN 协议是由福特、Internet、博世公司共同开发的高速汽车通信协议。

一辆汽车不管有多少块电控单元，不管信息容量有多大，每台电控单元都引出两条线共同接在两个节点上，这两条导线就称作数据总线。以前各电控单元之间好比有许多人骑着自行车来来往往，现在这些人乘坐公共汽车。公共汽车可以运输大量乘员，故数据总线也称 BUS 线。如图 2—1—3 所示，CAN 数据总线可比作一辆公共汽车。公共汽车运送大量乘客，而 CAN 数据总线则运送大量数据。

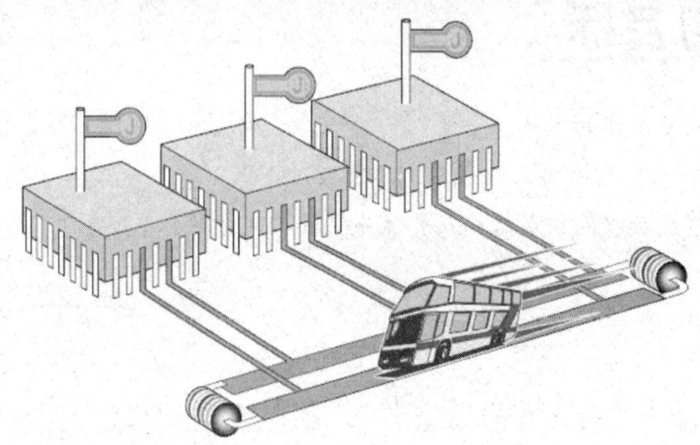

图 2—1—3　CAN 总线系统传输数据

二、数据传输系统的类型

通常汽车采用动力、舒适、通信三套通信网络。每套网络的传输速率不同，每套网络的总线分别与网关服务器相连，如图 2—1—4 所示。

由于不同的信号电平与电阻器分布，驱动系统 CAN 数据总线无法与舒适/信息娱乐系统 CAN 数据总线相连，同时，两种数据总线系统传送速率也不一样，不同的信号无法评估。因此，在两种数据总线间进行数据转换是必要的。这种转换通过网关来完成。

铁路或站台的作用是让乘客换车，使他们以不同的速度到达既定目的地。在铁路的站台 A（或称作网关），一辆带有数百名乘客的高速火车到达（驱动系统 CAN 数据总线，500 kbit/s），在铁路的站台 B，轻轨列车已在等候（舒适/信息娱乐系统 CAN 数据总线，100 kbit/s），数名乘客从高速火车换乘轻轨列车，也有乘客从轻轨列车换乘高速火车。这说明了网关在连接驱动系统 CAN 数据总线和舒适/信息娱乐系统 CAN 数据总线中的功能，如图 2—1—5 所示。网关的主要作用是在不同速率的两种系统中交换信息。

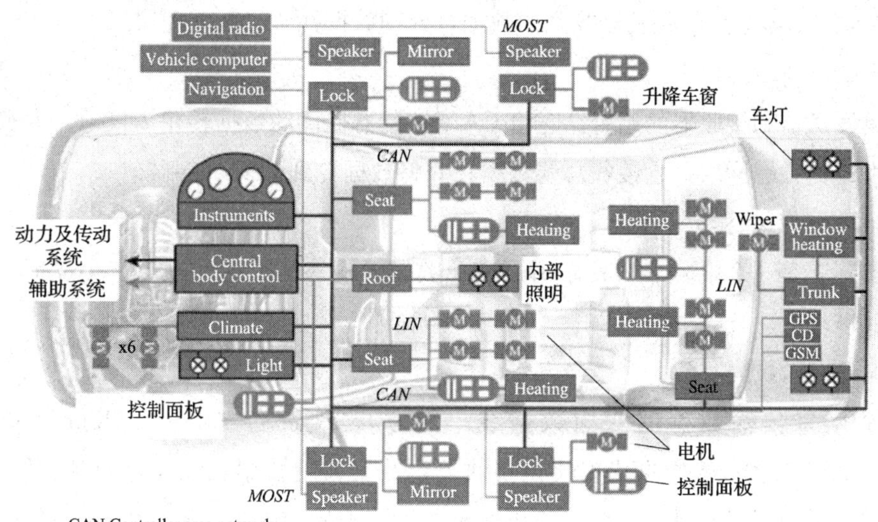

图 2—1—4　汽车通信网络

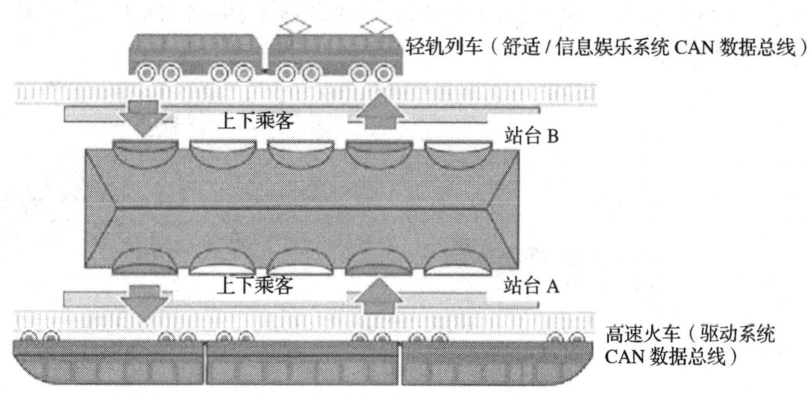

图 2—1—5　网关原理与铁路系统比较

三、CAN 数据传输系统的组成及工作原理

1．CAN 数据传输系统构成

CAN 数据传输系统中每一个电控单元的内部，增加了一个 CAN 控制器和一个 CAN 收发器；每一个电控单元外部连接了两条 CAN 数据总线。在系统中作为终端的两个电控单元，其内部还装有一个数据传递终端（有时数据传递终端安装在电脑外部）。

2．各部件功能

（1）CAN 控制器

它的作用是接收控制单元中微处理器发出的数据，处理数据并传给 CAN 收发器。

同时 CAN 控制器也接收收发器收到的数据，处理数据并传给微处理器。

（2）CAN 收发器

它是发送器和接收器的组合。它将 CAN 控制器提供的数据转化为信号，并通过数据总线发送出去。同时，它接收总线数据，并将数据传到 CAN 控制器。

（3）数据传递终端

它实际上是一个电阻器，其作用是避免数据传输终了反射回来，产生反射波而使数据遭到破坏。

（4）CAN 数据总线

它是用来传输数据的双向数据线，分为 CAN 高位（CAN－high）和低位（CAN－low）数据线。数据没有指定接收器，数据通过数据总线发送给各控制单元，各控制单元接收后进行计算。为了防止外界电磁波干扰和向外辐射，CAN 总线采用两条线缠绕在一起的形式，如图 2—1—6 所示。两条线上的电位是相反的，如果一条线的电压是 5 V，颜色为橙/绿，另一条线就是 0 V，颜色为橙/棕。两条线的电压和等于常值，可以看成两条线向一个方向等效流过一个稳定的直流电流，如图 2—1—7 所示。通过该种办法，CAN 总线得到保护而免受外界电磁场干扰，同时 CAN 总线向外辐射也保持中性，即无辐射。

图 2—1—6　CAN 总线形式

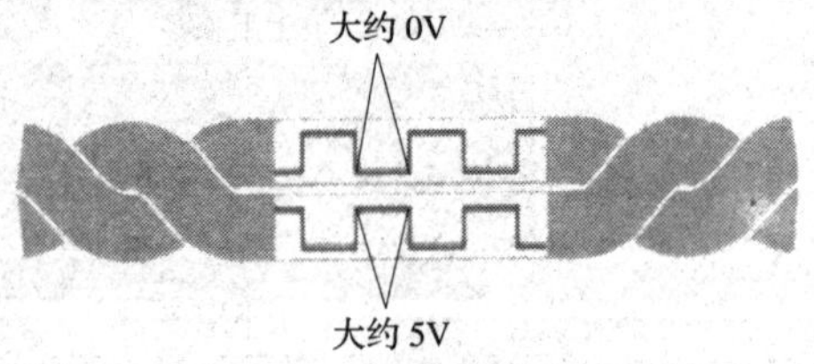

图 2—1—7　总线和信号电压

提示：在汽车导线中，CAN 系统是采用双绞线传递数据的，除此之外，收音机连接线也采用双绞线形式。

3．数据传递过程

例如：发动机电脑向某电脑 CAN 收发器发送数据；某电脑 CAN 收发器接收到由发动机电脑传来的数据，转换信号并发给本电脑的控制器。CAN 数据传输系统的其他电脑收发器均接收到此数据，但是要检查判断此数据是否是所需要的数据，如果不是，将它忽略掉。

4．数据内容

CAN 数据总线在极短的时间里完成一组数据传递。每组数据最多由 108 位组成，可以将其分为 7 部分，每一部分位数的多少由数据域的大小决定，如图 2—1—8 所示。

“1 位”是信息的最小单位，指此时的电路状态，在电子学中，“1 位”只有“0”或“1”两个值，也就是说只有 0 V 或 5 V 两个状态。

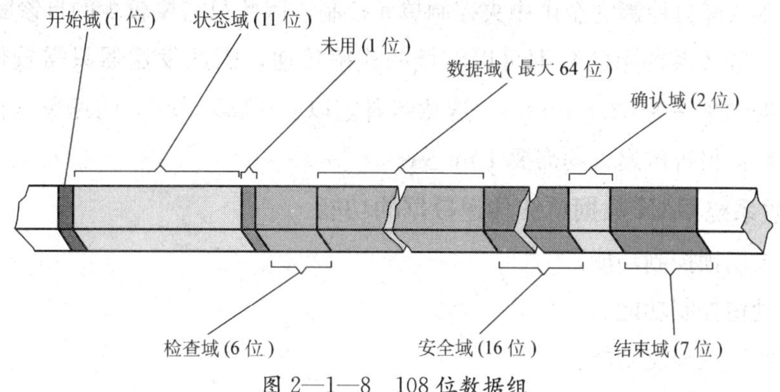

图 2—1—8　108 位数据组

(1) 开始域（1 位）。标志数据传输开始，此时 CAN 高位传输线为 5 V 电压，低位传输线为 0 V 电压。

(2) 状态域（11 位）。判断数据中的优先权。例如：如果两个控制单元要同时发送各自的数据，则具有较高优先权的控制单元优先发送。

(3) 检查域（6 位）。显示数据域中所包含的信息项目数。每一个控制单元的接收器都依据此项目数，检查是否已经接收到所有传递过来的信息。

(4) 数据域（最大 64 位）。这是传递给其他控制单元的所有信息。

(5) 安全域（16 位）。检测传递数据中是否有错误。

(6) 确认域（2 位）。在确认域中，是由发送器发出信号通知接收器，告知已经正确发送。如果接收器检查出错误，就立即通知发送器，发送器则再发送一次数据。

(7) 结束域（7 位）。标志数据传递结束，也是发送器检查错误和再次发送数据的最后一次机会。

此外，还有 1 位未用。

教学互动

试判断：车身控制系统模块中，哪一个系统信号的优先级最高？为什么？

四、舒适系统 CAN 数据总线

1. 舒适系统 CAN 数据总线的优点

(1) 若一个控制单元发生故障，其他控制单元仍可发送各自的数据。

(2) 通过车门连接所确定的线路较少。

（3）如果出现对地短路，对正极短路或线路间短路，CAN 系统会转为应急模式运行或转为单线模式运行。

（4）由于故障自诊断完全由中央控制单元控制，因此只需要较少的自诊断线。

（5）由于舒适系统中的数据可以较低的速率传递，因此发送器只需较低的功率。系统传输数据的速率为 62.5 kbit/s。这意味着它以 0～125 kbit/s 的速率（低速状态）传输。一个数据报告传递大约需要 1 ms。

2．舒适系统 CAN 数据总线传递数据的功能

（1）中央门锁控制功能。

（2）电动窗控制功能。

（3）照明开关控制功能。

（4）电动调节和加热后视镜控制功能。

（5）防盗控制功能。

（6）故障自诊断功能。

3．舒适系统 CAN 数据传输系统的组成

舒适系统 CAN 数据总线连接五块控制单元，包括中央控制单元及四个车门的控制单元。

该系统使经过车门的导线数量减少，线路变得简单。如果线路中某处出现对地短路，对正极短路或线路间短路，CAN 系统会立即转为紧急模式运行或转为单线模式运行。四个车门控制单元都由中央控制单元控制，只需较少的自诊断线。

数据总线以 100 kbit/s 速率传递数据，每一组数据传递大约需要 1 ms，每个电控单元每 20 ms 发送一次数据，如图 2—1—9 所示。各控制单元的优先权由高到低依次为：中央控制单元—驾驶员侧车门控制单元—前排乘员侧车门控制单元—左后车门控制单元—右后车门控制单元，如图 2—1—10 所示。

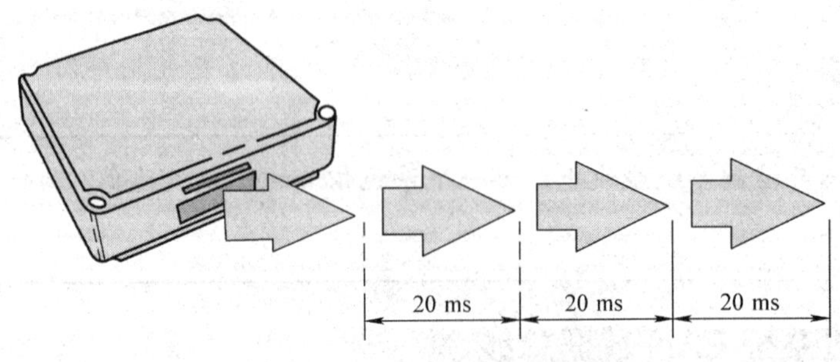

图 2—1—9　舒适系统的传送信号

4．舒适系统 CAN 数据总线控制单元电路图

舒适系统 CAN 数据总线控制单元电路图如图 2—1—11 所示。

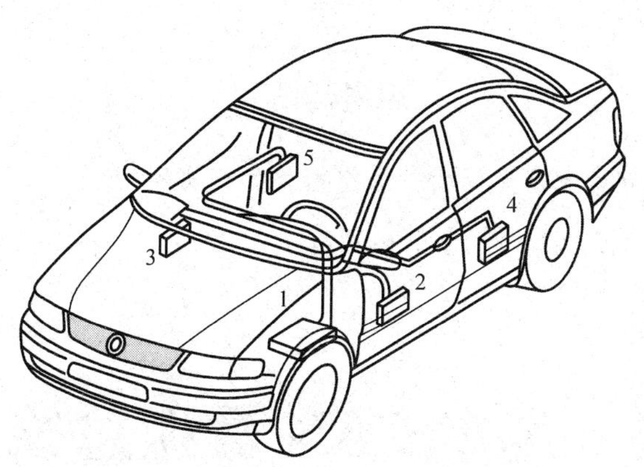

图 2—1—10　控制单元的优先权顺序

1—中央控制单元　2—驾驶员侧车门控制单元　3—前排乘员侧车门控制单元

4—左后车门控制单元　5—右后车门控制单元

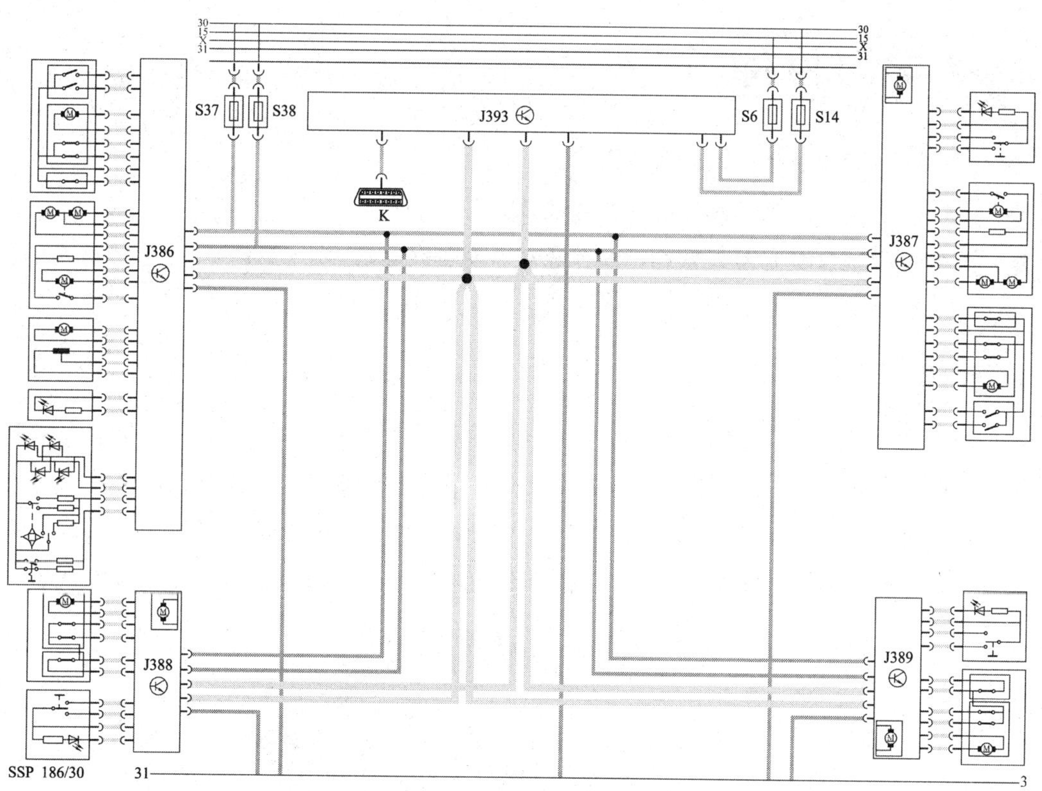

图 2—1—11　舒适系统 CAN 数据总线控制单元电路图

J386—驾驶员侧车门控制单元　　S37—30 号线保险丝－电动窗

J387—前乘员侧车门控制单元　　S38—30 号线保险丝－中央门锁

J388—左后车门控制单元　　S6—15 号线保险丝－中央控制单元

J389—右后车门控制单元　　S14—30 号线保险丝－中央控制单元

J393—舒适系统中央控制单元

思考与练习

1. 总线系统中的控制单元间的数据交换是如何实现的？
2. 简述舒适系统总线的组成及控制方式。

课题二　汽车 CAN 数据总线系统的工作过程与原理

学习目标

◆ 了解 CAN 数据总线终端的相关内容。
◆ 掌握汽车 CAN 数据总线系统的工作过程。
◆ 掌握汽车 CAN 数据总线系统的工作原理（数据传输过程）。

想一想

汽车电控系统中，各系统之间需要多个传感器提供信号，在各控制单元中需要实时交换。如果在这种情况下，车身每个系统的电控单元（ECU）之间不适合采用传统的点到点的连接方式，汽车车身系统的每个电控单元之间可以通过总线（CAN 数据总线）互相连接，如图 2—2—1 所示。试问，车载网络的信息是如何通过电信号进行传输的呢？

图 2—2—1　汽车 CAN 数据总线系统

一、CAN 数据总线终端

为了消除信号在线路上传输时的反射，CAN 数据总线中安装有负载电阻，负载电阻值取决于总线控制单元的数量和它们的电阻。

如图 2—2—2 所示，发动机控制单元在驱动系统 CAN 数据总线的 CAN 高线和 CAN 低线之间加载有一个 66 Ω 的电阻，其他控制单元则在数据总线上加载一个 2 600 Ω的电阻，使总电阻为 54～66 Ω。将 15 号端子（点火装置）关闭，就能用欧姆表测量出在 CAN 高线和 CAN 低线之间的电阻。

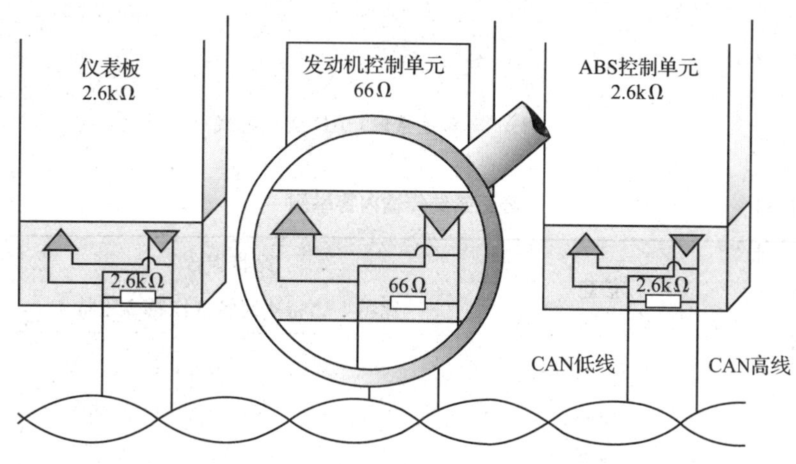

图 2—2—2 驱动总线中的负载电阻

1. 舒适系统中的 CAN 数据总线

在舒适系统中，CAN 数据总线连接的控制单元包括中心控制单元、四个车门控制单元，如图 2—2—3 所示。舒适系统中的 CAN 数据总线是以星状连接汇聚于一点，其优点是即使一个控制单元失灵，其他控制单元仍能发送出数据列。因此，舒适系统的重要优点是即使一条线路故障，也可以改成单线模式运行，数据仍可被传输。

舒适系统数据总线的功能如下：

（1）控制中央锁。

（2）控制电动车窗。

（3）控制开关照明。

（4）控制后视镜的电子调整和加热。

（5）自诊断功能。

2. 舒适系统的传输内容

舒适系统的传输内容举例见表 2—2—1。

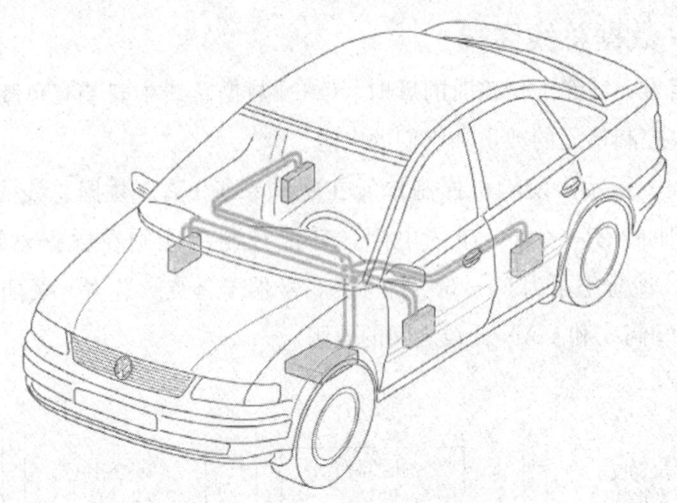

图 2—2—3　舒适系统 CAN 数据总线

表 2—2—1　　舒适系统传输内容举例

功能状态	信息	比特组合 比特 5 比特 4	比特 3 比特 2 比特 1	比特值
中央锁	基本—状态		0 V，0 V，0 V	000
	安全		0 V，0 V，5 V	001
	锁定		0 V，5 V，0 V	010
	门未锁		0 V，5 V，5 V	011
	门已锁		5 V，0 V，0 V	100
	未锁		5 V，0 V，5 V	101
	信号错误，输入传感器		5 V，5 V，0 V	110
	状态错误		5 V，5 V，5 V	111
电动车窗	运动中	0 V，0 V		00
	未运动	0 V，5 V		01
	未超出范围	5 V，0 V		10
	全关闭确认	5 V，5 V		11

驾驶员侧车门控制单元数据电压值举例如图 2—2—4 所示，具体信息见表 2—2—2。

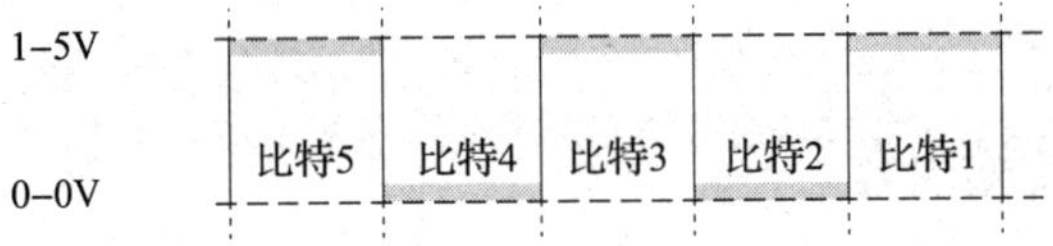

图 2—2—4　驾驶员侧车门控制单元数据电压值举例

表 2—2—2　　驾驶员侧车门控制单元数据的含义

比特排列	值	数据传输线上的电压	信息的含义
3 到 1	101	5 V，0 V，5 V	中央锁未锁
5 到 4	01	0 V，5 V	电动车窗位于全关闭与低于窗户密封垫 4 mm 之间的位置

3．舒适/信息娱乐系统 CAN 数据总线的物理电平

舒适/信息娱乐系统 CAN 数据总线的物理电平如图 2—2—5 所示。

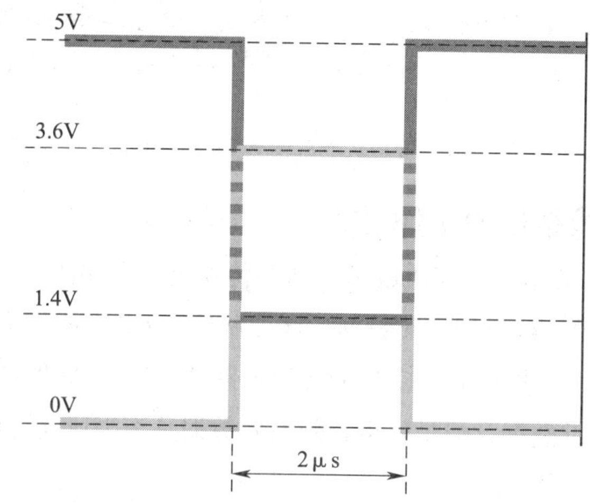

图 2—2—5　舒适/信息娱乐系统 CAN 数据总线的物理电平

在显性状态时，CAN 低线降低至大约为 1.4 V。

在隐形状态时，CAN 高线大约为 0 V，CAN 低线大约为 5 V。

在显性状态时，CAN 高线大约为 3.6 V。

这时，隐性电平差为 5 V，显性电平差是 2.2 V。

4．舒适/信息娱乐系统 CAN 数据总线的逻辑电平

舒适/信息娱乐系统 CAN 数据总线与驱动系统 CAN 数据总线相比，首先，独立驱动器（输出放大器）的引入消除了两种 CAN 信号的相互依赖。与驱动系统 CAN 数据总线不同，舒适/信息娱乐系统 CAN 数据总线的 CAN 高线和 CAN 低线没有通过电阻器相互连接。这表明舒适/信息娱乐系统 CAN 数据总线的 CAN 高线和 CAN 低线不再相互影响，而是像供电一样独立运作，如图 2—2—6 所示。其次，因为舒适/信息娱乐系统 CAN 数据总线的两种 CAN 信号没有相互依赖，所以任何一条 CAN 导线由于开路，短路或对蓄电池正极短接而出现故障，系统都会转变成单线运行，因此，舒适/信息娱乐系统 CAN 数据总线仍能保持工作。

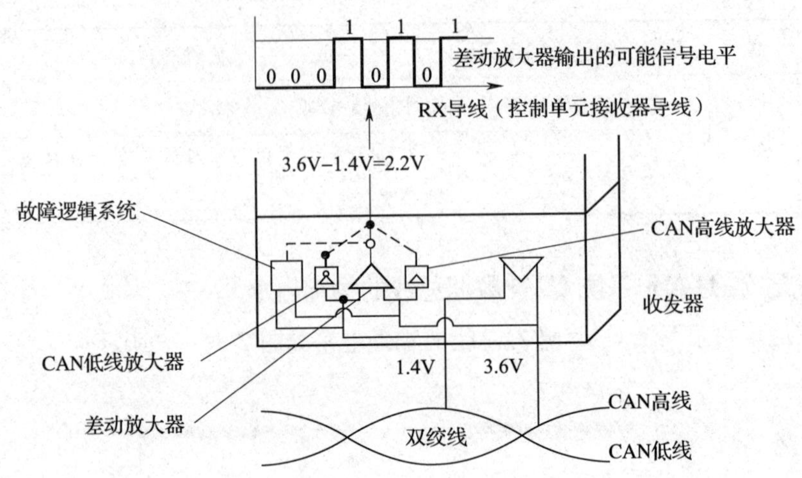

图 2—2—6 舒适/信息娱乐系统 CAN 数据总线的逻辑电平

二、CAN 总线系统的工作过程

CAN 总线系统工作过程的实质就是数据的传输过程。如图 2—2—7 所示，控制单元 2 向某控制单元 CAN 收发器发送数据，该控制单元 CAN 收发器接收到由控制单元 2 传来的数据，转换信号并发给本控制单元的控制器。CAN 数据传输系统的其他控制单元收发器均接收到此数据，但是要检查判断此数据是否为所需要的数据，如果不是，那么该数据将被忽略掉。

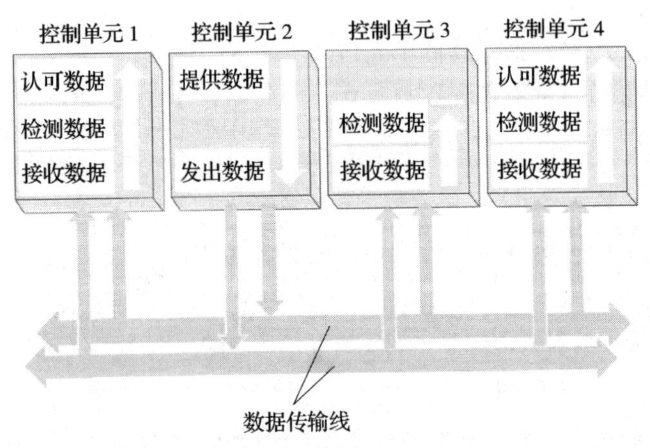

图 2—2—7 CAN 数据总线数据传输过程

数据传输的五个过程如下：

1. 提供数据——控制单元 2 向 CAN 控制器提供用于传输的数据。

2. 发出数据——CAN 收发器从 CAN 控制器处接收数据，并将其转换为电信号发出。

3. 接收数据——所有与CAN数据总线一起构成网络的控制单元成为接收器。

4. 检测数据——各控制单元对接收到的数据进行检测，判断是否是其功能所需。

5. 认可数据——如果控制单元所接收的数据是重要的、有用的，那么数据将被认可并处理，反之则将被忽略。

教学互动

在实训车型的车载网络结构中，寻找出各个节点，并说明它们的作用和原理。

三、CAN总线系统的工作原理

CAN总线系统的工作原理可以比喻为如下情景：一个用户（控制单元）向网络中“说出”数据而其他用户“收听”到这些数据，某些用户可能对这些数据感兴趣并应用这些数据，其他用户也许不愿理会这些数据，如图2—2—8所示。

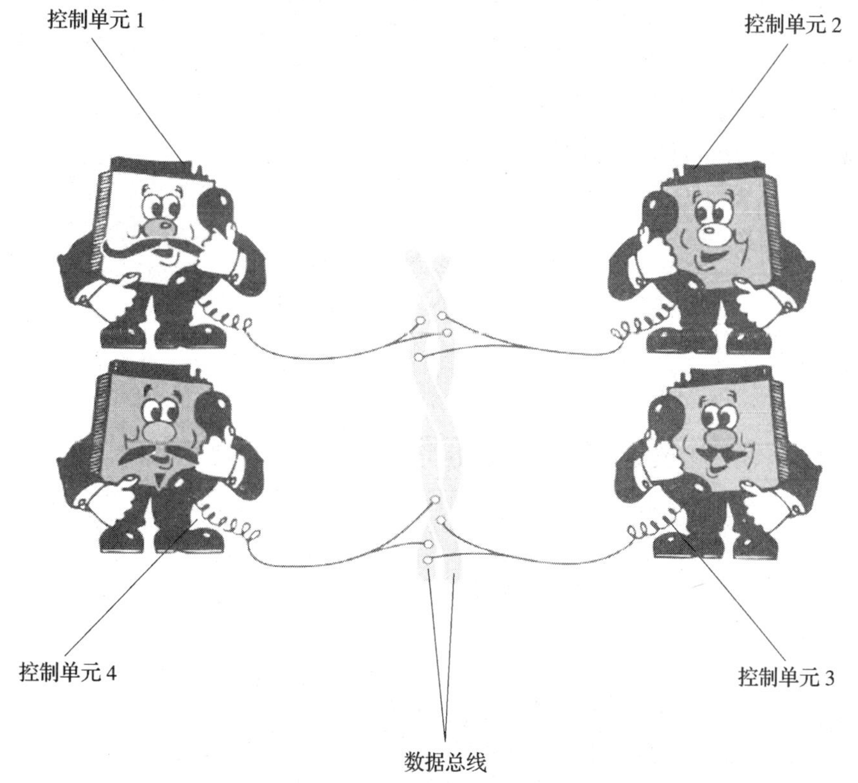

图2—2—8　CAN数据总线的工作原理示意图

在 CAN 总线中，被交换的数据称为信息，任何控制单元都可以发送或接收信息。人们也把该原理称为广播，就像一个广播电台发送一个节目一样，这个原理也称作广播信息，这一创意起源于无线发射器原理，发射器发射的节目可以被调谐器（接收器）接收到。广播过程保证与总线连接的控制单元都具有相同的信息状态，如图 2—2—9 所示。

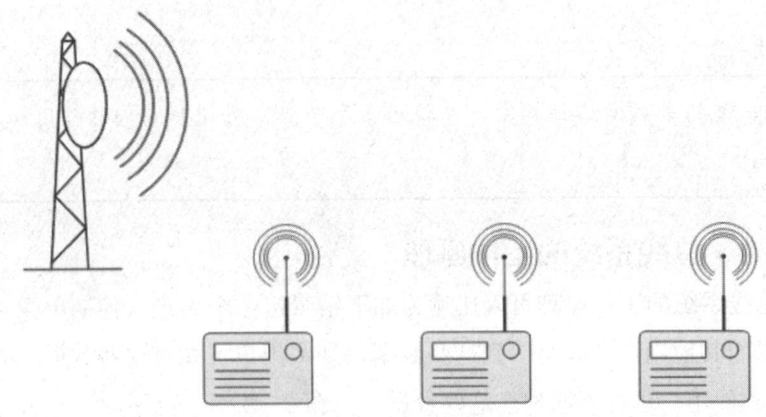

图 2—2—9　广播过程信息接收方式

一条信息包括一些物理量，如发动机转速（每分钟转速）等。本例中，发动机转速用一个二进制数值表示（一连串的 1 和 0），例如，1 800 r/min 的发动机转速可以用二进制数值 00010101 表示，如图 2—2—10 所示。

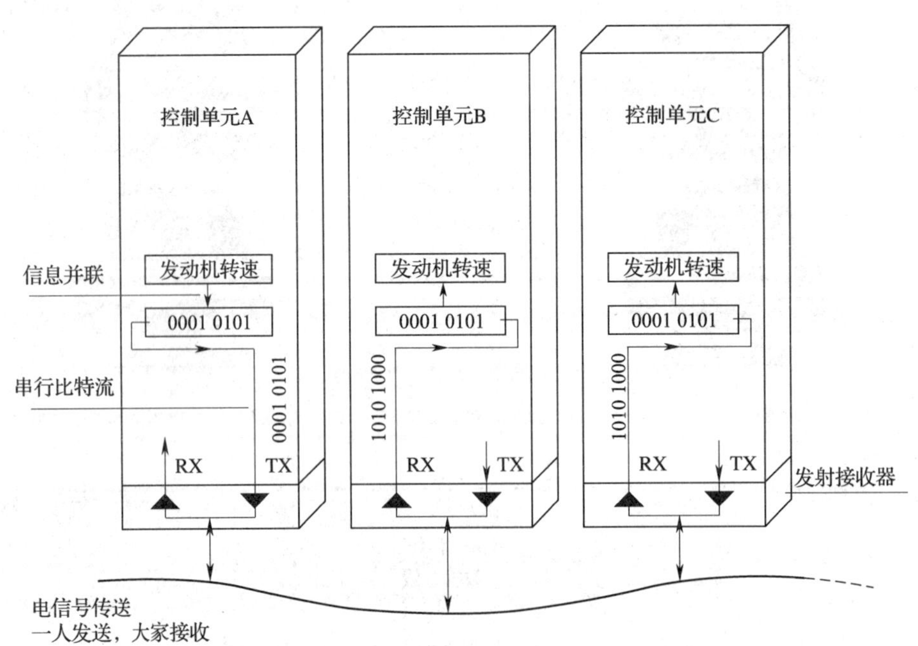

图 2—2—10　信息发送与接收

发送之前，先把二进制数值转换成一个串行比特流。通过 TX 导线（发送线路）把比特流发送至发射接收器（放大器），发射接收器再把比特流转换成相应的电压值，然后这些电压值被一个接一个地通过总线传送，如图 2—2—11 所示。

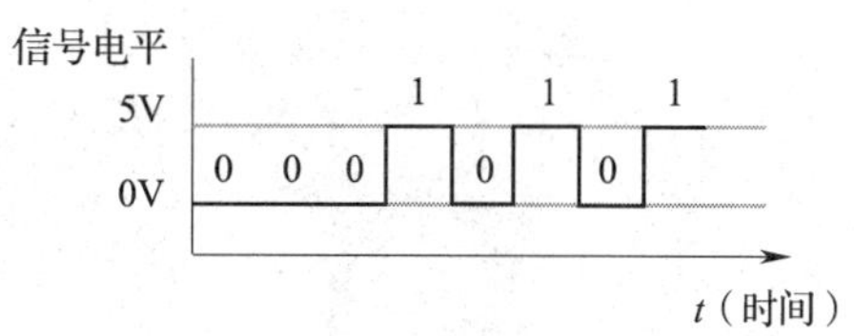

图 2—2—11　串行比特流

在接收过程中，发射接收器把电压值重新转换并通过 RX 导线（接收线路）把它们传送至控制单元。然后，控制单元把串行二进制数值转换成信息。例如，数值 00010101 被转换成发送机转速 1 800 r/min。

思考与练习

1. 简述汽车 CAN 总线系统终端电阻的作用。
2. 简述汽车 CAN 总线系统的工作过程及工作原理。

课题三　汽车 CAN 数据总线系统常见故障与检修

学习目标

◆ 了解 CAN 数据总线系统常见的故障类型。

◆ 熟悉 CAN 数据总线系统故障诊断步骤。

◆ 掌握终端电阻的测量方法。

◆ 掌握 CAN 数据总线系统常见故障的波形检测方法。

想一想

2013 年新款帕萨特，由于事故原因导致车身及车门整形维修。维修结束后，用钥匙打开车门时，发动机无法发动，且对车辆上锁时，车辆小灯常亮不熄灭。查看电路控制原理图（见图 2—3—1），试问该故障是由什么原因引起的？应该如何排除故障？

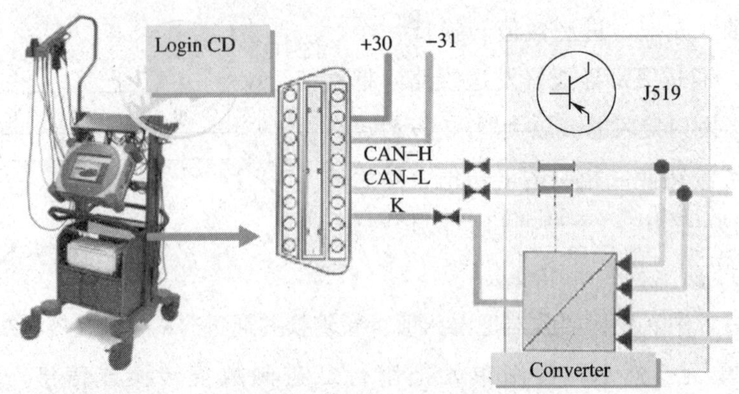

图 2—3—1　电路控制原理图

另外，车内小灯的开启、熄灭的控制方式是什么？有几种控制形式？

一、CAN 数据总线故障的类型

若装有 CAN－BUS 多路信息传输系统的车辆出现故障，维修人员应首先检测汽车多路信息传输系统是否正常。如果多路信息传输系统有故障，那么整个汽车多路信息传输系统中的有些信息将无法传输，接收这些信息的电控模块将无法正常工作，从而为故障诊断带来困难。对于汽车多路信息传输系统故障的维修，应根据多路信息传输系统的具体结构和控制回路具体分析。

一般来说，引起汽车多路信息传输系统故障的原因有三种：一是无法通信，该类型故障一般是由汽车电源系统引起的；二是汽车多路信息传输系统的链路故障；三是汽车多路信息传输系统的节点故障。

1．无法通信

汽车电源系统故障引起的汽车多路信息传输系统故障：汽车多路信息传输系统的核心部分是含有通信 IC 芯片的电控模块 ECM，电控模块 ECM 的正常工作电压为 10.5～15.0 V。如果汽车电源系统提供的工作电压低于该值，就会造成一些对工作电压要求高的电控模块 ECM 短暂地停止工作，从而使整个汽车多路信息传输系统短暂地无法通信。这种现象就如同用微机故障诊断仪在未启动发动机时就已经设定好要检测的传感器界面，当发动机启动时，往往微机故障诊断仪又回到初始界面。

2．链路故障

当汽车多路信息传输系统的链路（或通信线路）出现故障时，如通信线路的短路，断路以及线路物理性质引起的通信信号衰减或失真，都会引起多个电控单元无法工作或电控系统错误动作。判断是否为链路故障时，一般采用示波器或汽车专用光纤诊断仪来观察通信数据信号是否与标准通信数据信号相符。

3．节点故障

节点是汽车多路信息传输系统中的电控模块，因此节点故障就是电控模块 ECM 的故障。它包括软件故障即传输协议或软件程序有缺陷或冲突，从而使汽车多路信息传输系统通信出现混乱或无法工作，这种故障一般成批出现，且无法维修。硬件故障一般是由于通信芯片或集成电路故障，造成汽车多路信息传输系统无法正常工作。对于采用低版本信息传输协议、点到点信息传输协议的汽车多路信息传输系统，如果有节点故障，就将使得整个汽车多路信息传输系统无法工作。

二、CAN 总线故障诊断步骤

1. 了解该车型的汽车多路传输系统的特点，包括传输介质、几种子网及汽车多路信息传输系统的结构形式等。

2. 了解汽车多路信息传输系统的功能，如有无唤醒功能和休眠功能等。

3. 检查汽车电源系统是否存在故障，如交流发电机的输出波形是否正常（若不正常将导致信号干扰等故障）等。

4. 检查汽车多路信息传输系统的链路是否存在故障，采用替换法或跨线法进行检测。

5. 如果是节点故障，就只能采用替换法进行检测。

教学互动

说明车载网络诊断接口 16 脚各自的含义。

三、终端电阻的测量方法

测量终端电阻时，需要 CAN 系统断电 5 min 以上，测量方法如图 2—3—2 所示。

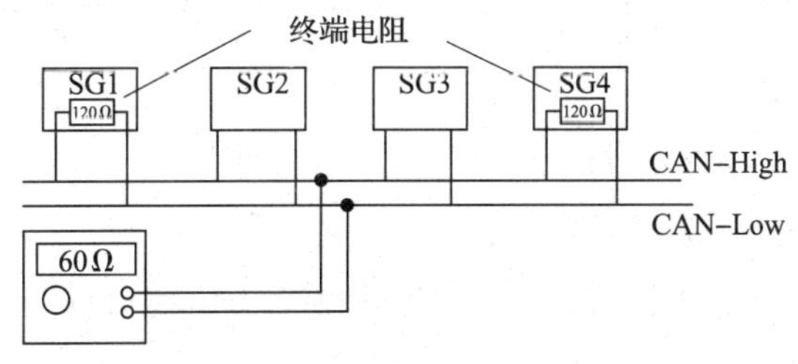

图 2—3—2　终端电阻的测量方法

检测带终端电阻的控制单元时，借助万用表测量其阻值，注意事项为：

1. 动力系统的电阻在 120 Ω 左右。

2. 在中间测量电阻时电阻处于变化中。

3. 舒适系统、信息系统的电阻无法测量。

提示：在测量终端电阻时候，要清楚各个控制系统的测量方法及电阻值。

四、CAN数据总线的波形检测方法

1. 以CAN驱动总线为例，对CAN系统的波形进行检测分析

（1）故障1：CAN数据总线的导线断路（CAN－Low线）。

故障显示：发动机控制单元CAN－Low线开路，如图2—3—3所示。

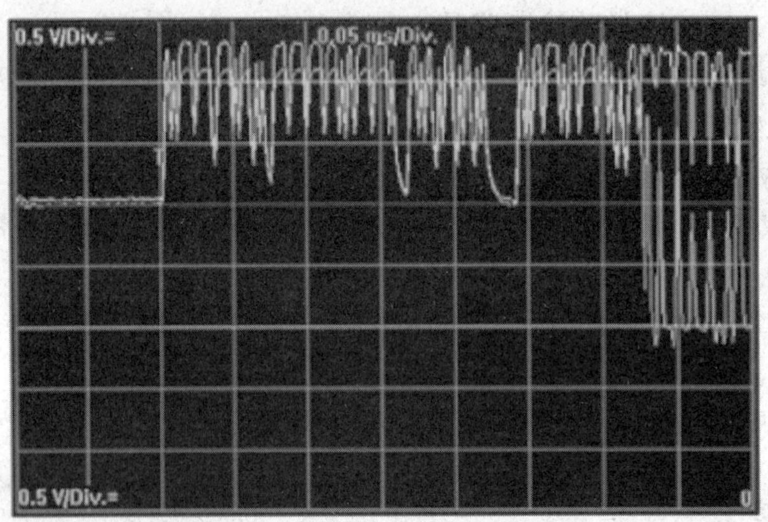

图2—3—3　CAN低线导线中的开路故障检测

这个故障的一个重要特征就是CAN－Low通道出现高于2.5 V的电压，在正常工况是没有这个电压的。这个信号无法通过正常的触发调节显示出来，因为这种故障不是会经常出现的，所以也就无法保证肯定会显示在屏幕上，于是就利用CAN－Low线在正常工况时电压不超过2.5 V进行触发。在触发电平为3 V时，触发器被调到通道B，如果CAN－Low线出现了断路，那么这条线上的电压有时会超过2.5 V。

故障查询的其他方法：

1）拔下相应控制单元的插头，检查触点是否弯曲。

2）再次插上插头，查询故障存储器。

3）如果还是显示有故障，就再次拔下通信有故障的控制单元插头；查看电路图，将与有故障的控制单元直接相连的控制单元插头拔下；对于CAN－Low线来说，检查插头内针脚之间的连接是否断路。

注意：如果CAN－High线断路，相应地就得先进行CAN－High线的检查。这时DSO上的故障图像就向下翻转并在低于2.5 V的区域触发器应调到通道A（1.7 V）。

（2）故障2：CAN－Low线对蓄电池短路。

故障描述：CAN－Low线的故障在于蓄电池电压，如图2—3—4所示。

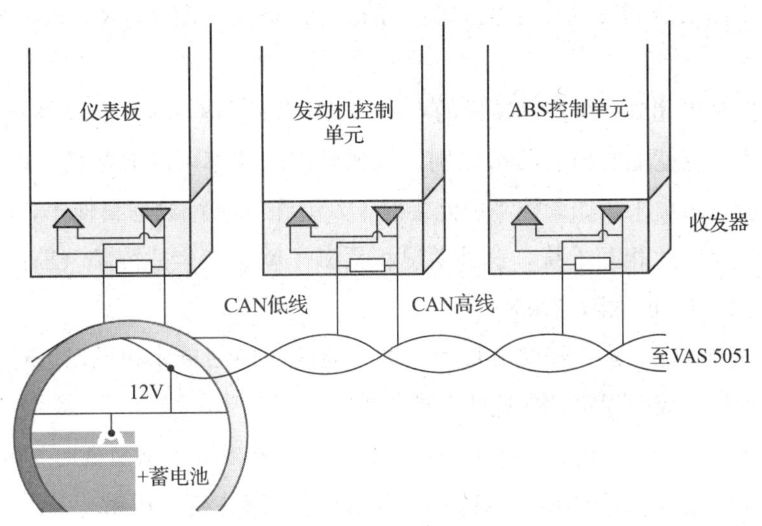

图 2—3—4　连接到蓄电池电压的 CAN 低线

读出的测量数据块表明：与所有 CAN 驱动总线上的控制单元通信中断。

故障查询的其他方法：

1）检查接线柱 30 和 15 的导线是否有短路处。

2）可能的话可目视检查导线是否有短路处。

3）分别拔下各控制单元，观察短路是否仍然存在。

4）尽可能将数据总线分成很多段，以便找出短路点。

（3）故障 3：一个或多个控制单元上的 CAN－High 线和 CAN－Low 线接混了（见图 2—3—5）。诊断内容为发动机控制单元无信号/通信。

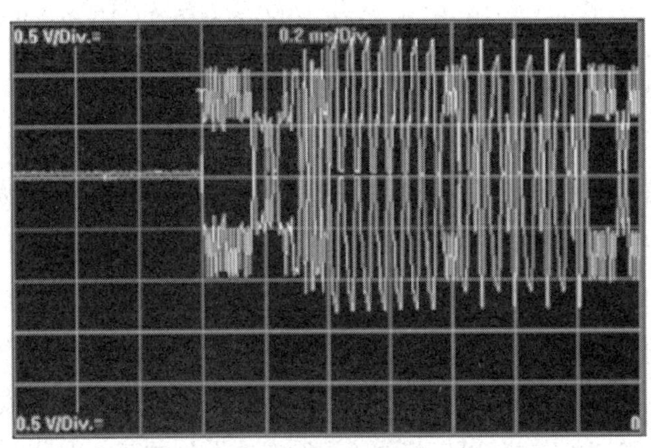

图 2—3—5　CAN 高线和 CAN 低线接混了

当线接混时，CAN－Low 线上会出现一条高于 2.5 V（静电平）的电压波形曲线，图 2—3—5 中也正是利用这个事实来显示的（在 DSO 左侧 CAN－Low 线电压高于 2.5 V）。

当一个控制单元或一组控制单元的 CAN－High 线与 CAN－Low 线接混时，暂时在显示器上不一定就能看出有什么差别，出现差别的频率可能非常低，以至于经过很长时间也不会显示出来。如果控制单元接混了，就无法进行数据交换了，CAN 信息中断导致控制单元彼此相互干扰，这种情况积累多了就会产生故障帧（Error－Frames，即 CAN 数据总线上的故障记录）。

故障查询的其他方法：仔细测量无法进行通信的控制单元和可以进行通信的控制单元之间的导线，故障肯定就在这两个控制单元之间。

注意：这种故障主要发生在安装新件或以前曾经修理过数据总线的导线的情况下。

2．以 CAN 舒适总线为例，对舒适系统进行波形分析、讲解

（1）故障 1：一条 CAN 导线对蓄电池正极短路，诊断结果为舒适数据总线单线模式，在测量数据块内显示所有控制单元都处于单线模式，如图 2—3—6 所示。

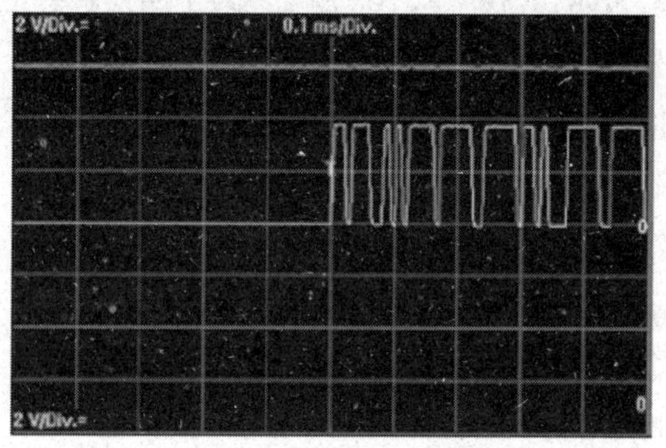

图 2—3—6　在 CAN 低线中对蓄电池正极短路的 CAN 高线信号

休眠模式与这种 CAN－Low 线对蓄电池电压短路的区别在于：CAN－High 线上的电平恒为 0 V，无明显波动。

确定故障位置：一般来说，分叉电缆柱上的短路故障是很不容易测量的，因此应先目视检查一下导线是否损坏，如果目视检查没有发现什么，那么下一步应拔下各控制单元的插头，检查针脚是否弯曲，插头内是否有金属丝屑或类似的东西。随后就应该用欧姆表来监控短路情况，以便确定是否是控制单元引起的短路。

如果仍未能查明情况，那么应逐个地断开电缆柱（例如可以先拔下插头以便断开与车门的连接）。用这种方法就可以将故障限制在电缆柱的某一部分上。

（2）故障 2：某条 CAN 导线对地短路，诊断结果为数据总线处于单线模式。

此处特殊的是接地的CAN－High信号，与导线断路不同，这里也没有正常的CAN信号，CAN－High信号一直为0 V，如图2—3—7所示。

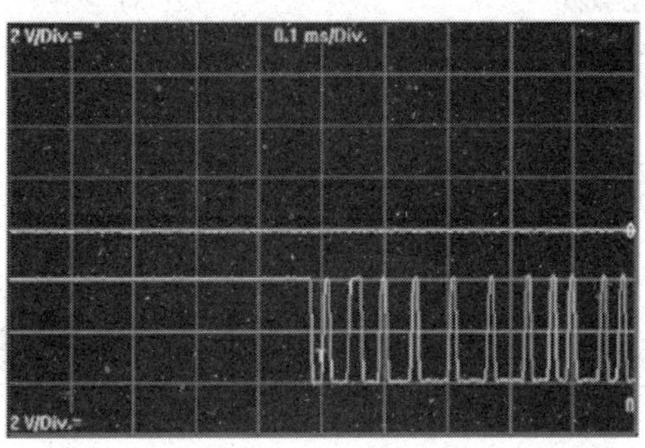

图2—3—7　当CAN高线信号对地短路时的CAN低线信号

（3）故障3：CAN－High线对CAN－Low线短路，如图2—3—8所示。诊断结果为数据总线处于单线模式。

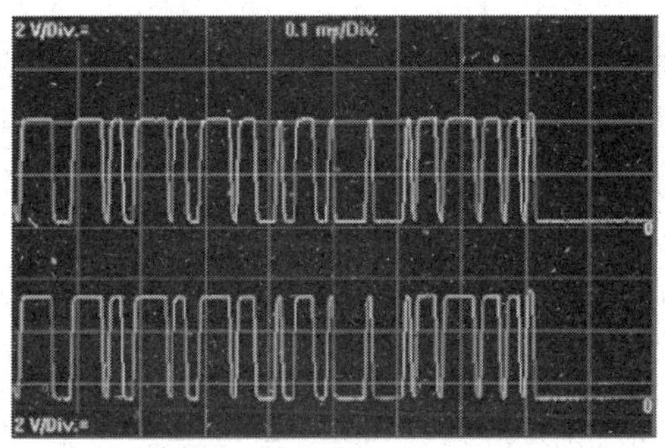

图2—3—8　从CAN高线到CAN低线的短路故障检测

这种故障情况很明显了，两条CAN导线电平是相同的。CAN收发器关闭CAN－Low线，只用CAN－High线工作。

3．总线传输系统自诊断

带有CAN数据总线的多路传输系统，支持自诊断功能，但是由于CAN数据总线不同于普通K线的传递方式，对诊断仪的要求很高，也就是说普通的诊断仪不能满足带有CAN数据传输系统的检测要求，但是支持带有CAN数据传输系统的诊断仪都能兼容具有K线传递的系统。

思考与练习

1. 简述汽车CAN系统中，各个控制系统电阻的测量方法。
2. 简述CAN系统常见的故障形式及可能的故障原因。

模块三 汽车电控舒适系统

课题一　汽车电控舒适系统概述

学习目标

- ◆ 了解汽车电控舒适系统的组成及功能。
- ◆ 熟悉汽车舒适系统的工作原理。
- ◆ 了解汽车电控舒适系统控制电路原理。

想一想

现代汽车一直在向高级自动化方向发展，衡量汽车舒适性的重要标准就在于车厢内自动化程度的高低。车厢内自动化内容主要包括座椅调节记忆位置组数、遥控行李箱盖、前灯自动清洗、前后电动窗防夹手、后视镜电动调节、GPS导航系统、车内灯光关闭延时、车内中控锁、前后电动窗天窗开合系统、座椅调节等系统，以上这些系统通常称为舒适系统（见图3—1—1）。想一想：现代汽车电控舒适系统都能实现哪些功能？其发展方向是什么？

图3—1—1　汽车电控舒适系统面板（部分）

一、电控舒适系统的组成及工作原理

电控舒适系统主要包括中央门锁控制系统、防盗报警系统、无线电遥控系统、电动车窗系统、电动天窗系统、电动后视镜系统、电动座椅系统等。

1. 中央门锁控制系统

中央门锁控制系统可以从车外的驾驶员侧车门、前排乘员侧车门和行李箱以及无线遥控或者从车内的驾驶员侧车门扶手内的中央集控门锁按钮来实现车门和行李箱的开锁/闭锁功能。

(1) 中央门锁控制系统的组成

PASSAT 领驭轿车的中央门锁控制系统主要由闭锁控制单元（门锁装置）、车门控制单元、车内闭锁开关、油箱盖开启开关、行李箱锁电动机、油箱盖开启电动机和中央闭锁系统警告灯组成。

(2) 中央门锁控制系统的功能

中央门锁控制系统具有以下功能：

1）中央门锁关闭，有/无保险作用。

2）中央门锁开启，单独打开车门或四个车门全开。

3）行李箱中央门锁开启。

4）汽车在发生撞击事故时，中央门锁开启。

5）开锁—闭锁功能。该功能可以通过中央集控门锁按钮（见图 3—1—2）来实现从车内将所有车门开启和闭锁的功能。

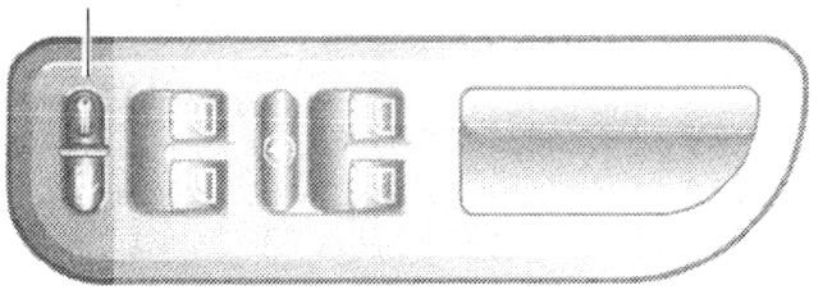

图 3—1—2　中央集控门锁按钮

(3) 门锁装置的工作原理

门锁装置可以通过机械锁上每扇车门，并且向车门控制单元发出瞬间锁状态的信号。

前车门的门锁装置内有 5 个微动开关，后车门的门锁装置内有 3 个微动开关。每个门锁装置中都有一个马达（电动机）来完成闭锁和保险。车门控制单元控制门锁装置，并且为它提供电源，如图 3—1—3 所示。

2. 防盗报警系统

防盗报警系统可以通过驾驶员侧及前排乘员侧的车门钥匙开关，车尾门锁芯上的钥匙开关或者无线电遥控来实现对发动机盖，车门，行李箱盖及车尾门，点火装置和内部空间的监控，其控制结构如图 3—1—4 所示。

当操作驾驶员侧及前排乘员侧的车门钥匙开关，车尾门锁芯上的钥匙开关或者无线电遥控动作后，防盗报警系统在 15 s 后激活，这一激活过程将通过闪烁灯短促地闪烁来显示；若非授权地打开系统监控的范围时，则防盗报警系统会报警。

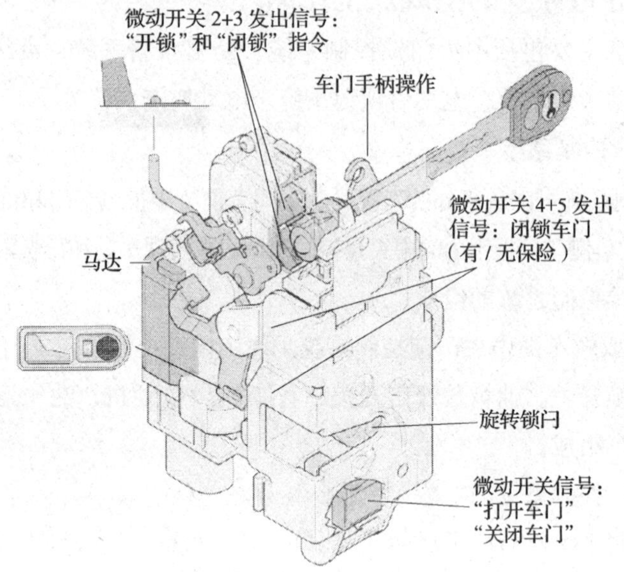

图 3—1—3　中央门锁装置的内部结构

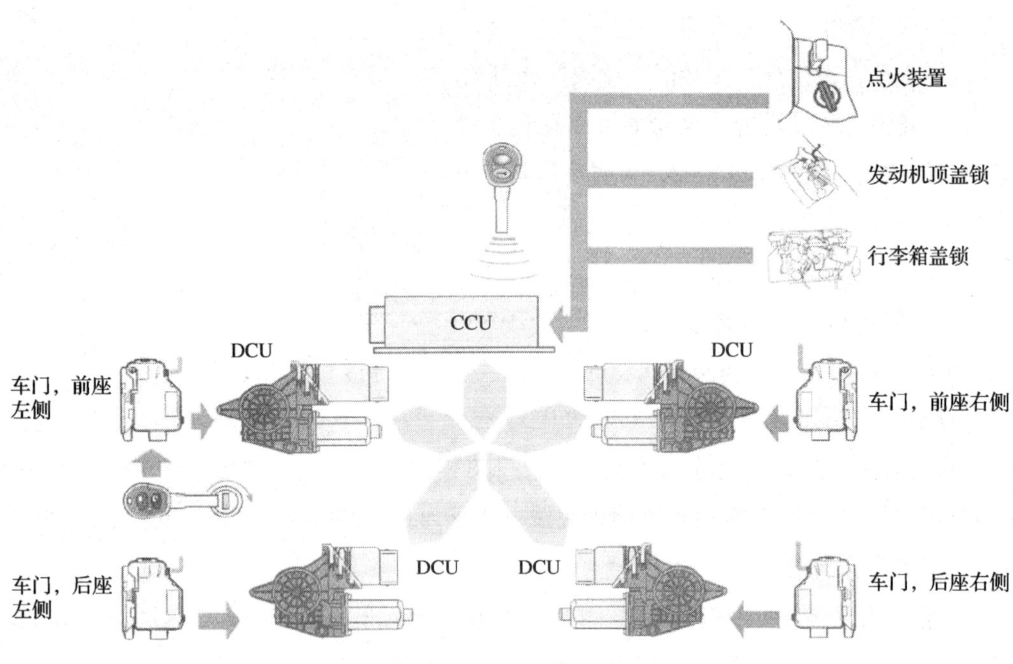

图 3—1—4　防盗报警系统控制结构图

3. 无线电遥控系统

（1）无线电遥控的作用范围

无线电遥控比一般的红外线遥控有更大的作用范围，其作用范围大约为 7 m，并且车钥匙指向任何方向都可以实现遥控功能。在良好的周围环境下（如建筑物内），作用范围可超过 10 m，如图 3—1—5 所示。

（2）无线电遥控系统的组成

无线电遥控由一个发射器和一个接收器组成，它对中央门锁控制系统及防盗报警系统起作用。

发射器集成在车钥匙内，由钥匙内的电池供电，可实现 5 000 次左右的操作。接收器与舒适系统控制单元集成一体，通过位于前座乘客的车辆 A 柱上的接收天线接收发射器所发出的信号，如图 3—1—6 所示。

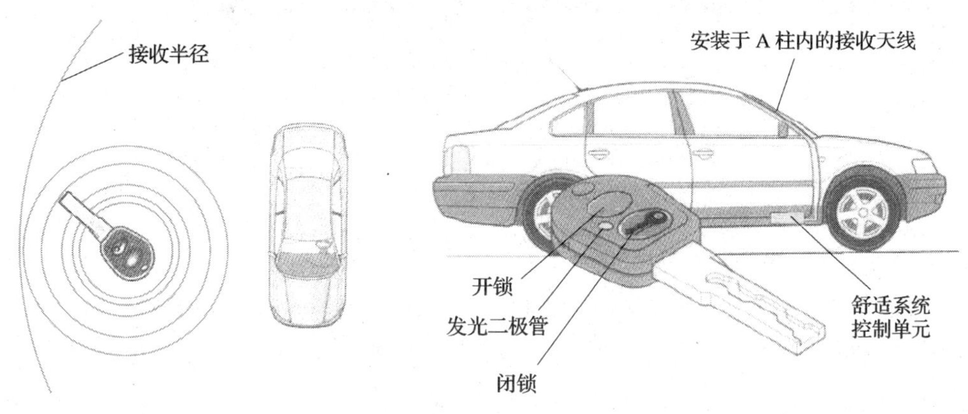

图 3—1—5　遥控器的作用范围　　　　图 3—1—6　无线电遥控系统的组成

（3）无线电遥控系统的工作原理

当按下遥控钥匙闭锁（或开锁）按钮时，遥控钥匙产生闭锁（或开锁）无线电信号，经接收天线发送至舒适系统控制单元。舒适系统控制单元将此信号进行接收、处理、分析、判断后将行李箱盖闭锁和启动防盗报警系统，同时向各车门控制单元发送车门闭锁信号，由各车门控制单元根据此车门闭锁信号执行门锁装置闭锁操作，如图 3—1—7 所示。

4．电动车窗系统

电动车窗系统可以通过车门上的控制开关来实现打开/关闭功能或者通过使用点火钥匙从车外打开/关闭车窗。

驾驶员还可以通过控制面板上的儿童安全开关（见图 3—1—8）关闭后门中电动车窗控制开关的功能。

PASSAT 领驭轿车的电动车窗不仅具有自动升降的功能，而且还具有防夹功能。自动升降功能的工作原理已在《电气设备构造与检修》中作具体介绍，故此处仅介绍防夹功能的工作原理。

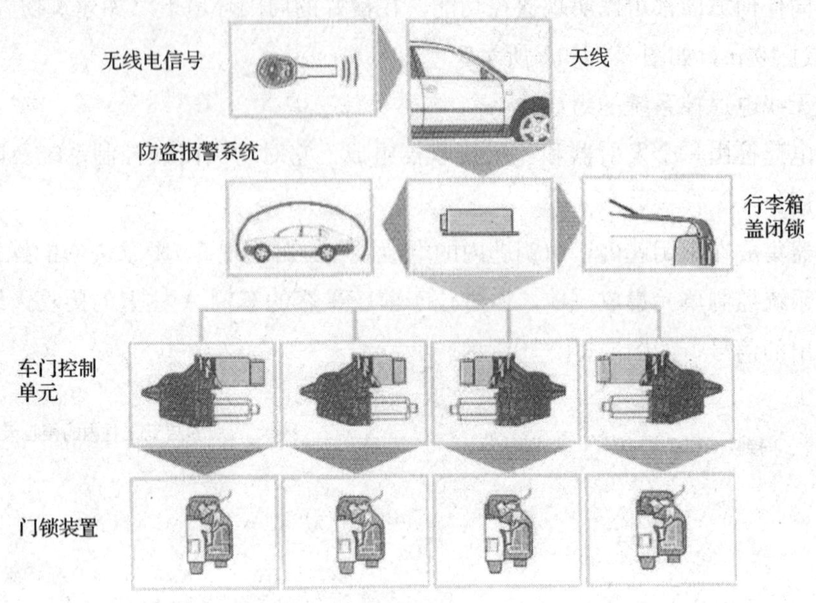

图 3—1—7　无线电遥控系统的工作原理

如图 3—1—9 所示，具有防夹功能的车窗马达中有一个霍尔传感器，它可以检测到车窗关闭过程中是否有东西卡住车窗。霍尔传感器安装在门控制单元的印制电路上，与马达的轴处于同一高度。一个环行磁铁安装在霍尔传感器上。当车窗在关闭过程中遇到阻碍时，霍尔传感器检测到马达转速发生变化后向车门控制单元发出马达转速变化信号，车门控制单元由此识别出车窗遇到阻碍，控制车窗马达反向旋转，车窗反向移动，从而实现车窗的防夹功能。

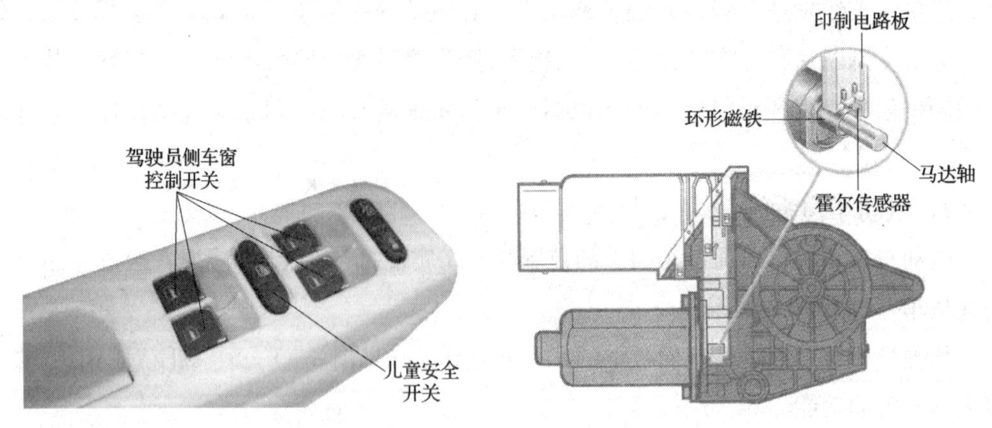

图 3—1—8　电动车窗控制开关　　图 3—1—9　电动车窗的防夹原理

5．电动天窗系统

电动天窗系统不仅可以通过电动天窗控制旋钮实现天窗打开、关闭和通风的功能，还可以通过中央门锁（点火钥匙）关闭天窗。

当用点火钥匙关闭天窗时，必须在关闭所有车窗后将点火钥匙置于“关闭中央门锁”的位置；若所有车窗均已关闭，点火钥匙置于“关闭中央门锁”的位置上方，保持 1 s 以上。此时，如图 3—1—10 所示，点火钥匙向车门控制单元发出闭锁指令信号，车门控制单元通过数据总线将指令信号传递给舒适系统控制单元后，又由舒适系统控制单元通过普通的电气系统将指令信号传递给天窗控制单元。天窗控制单元接收到此信号后，启动天窗马达，将天窗关闭。当点火开关关闭后，由舒适系统控制单元向天窗控制单元供电，保证天窗控制单元正常工作。

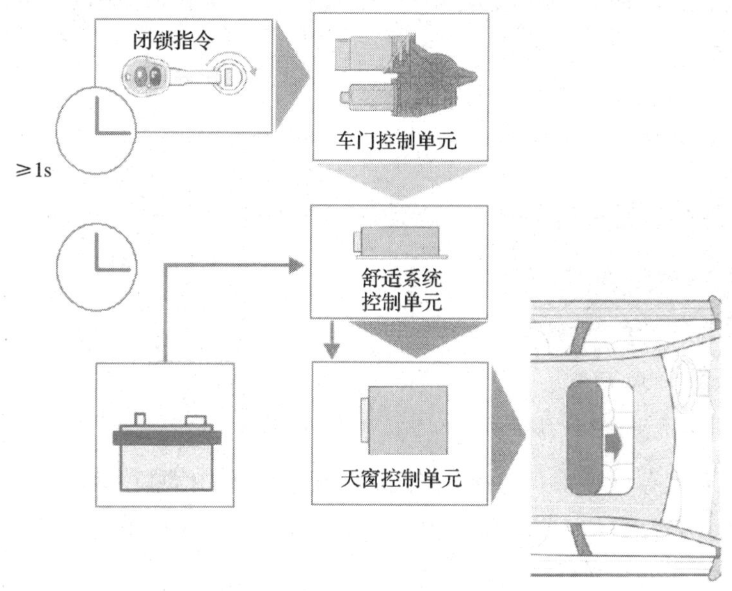

图 3—1—10 电动天窗的控制原理

6．电动后视镜系统

如图 3—1—11 所示，电动后视镜调整开关位于主驾驶室门把手附近。

如图 3—1—12 所示，通过选择开关，驾驶员可以选择所需调整的后视镜。当在“L”位置时两边的后视镜同时被调整；在“R”位置时，仅能调整前座乘客侧的后视镜。通过调节开关，驾驶员可以将后视镜调整至所需的角度。

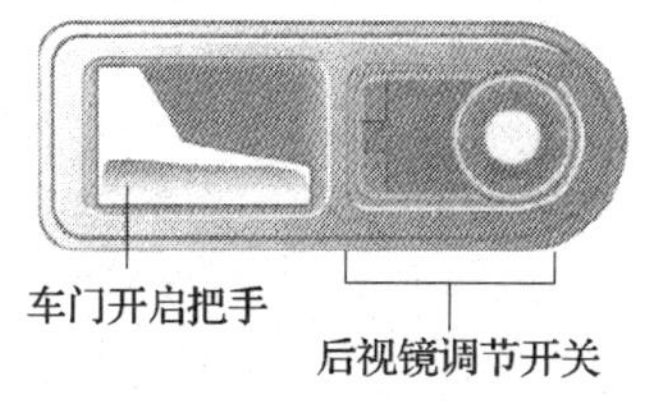

图 3—1—11 电动后视镜调整开关位置

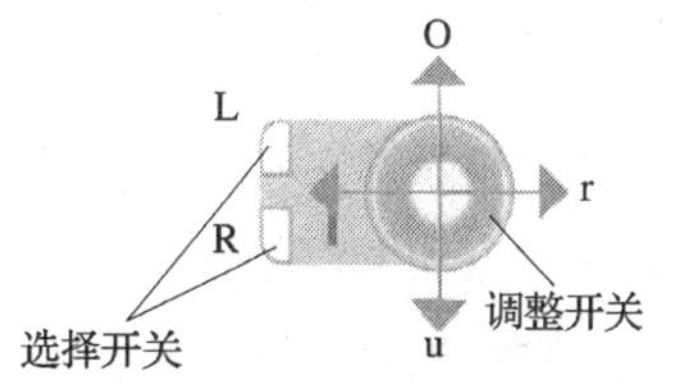

图 3—1—12 电动后视镜开关功能

7. 电动座椅系统

PASSAT 领驭轿车中装配了座椅和后视镜位置记忆系统。在该系统中，通过操作记忆按钮或者无线电遥控实现三种不同驾驶位置时驾驶座椅和后视镜的位置随驾驶位置的改变而改变，如图 3—1—13 所示。

该系统主要由调节开关、记忆按钮、记忆系统控制单元及座椅调节马达和后视镜调节马达组成。

记忆系统控制单元位于驾驶员位置下面，它通过 CAN 数据总线与舒适系统进行数据交换。通过操作调节开关和记忆按钮或者无线电遥控可以实现以下功能：

（1）纵向位置调整 1、座位靠背调整 2、座位斜度调整 3、座位高度调整 4，如图 3—1—14 所示。

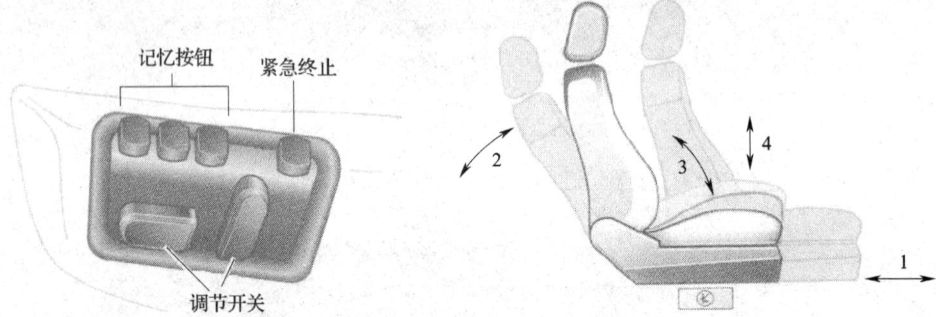

图 3—1—13　记忆系统操作开关　　　图 3—1—14　座椅位置调节

（2）座位位置存储好后，进行后视镜调至某一位置的信息存储。

（3）通过座位操作板上的存储器键（记忆按钮）调用座位及后视镜位置信息。

（4）使用遥控调用存储好的座位及后视镜位置信息。

（5）倒车后视镜调整。

（6）紧急终止按钮终止自动调整。

二、汽车电控舒适系统控制电路原理

舒适系统的工作原理如图 3—1—15 所示。

当点火钥匙插入驾驶员侧的门锁时，产生闭锁命令，门锁中的微动开关把闭锁指令传送至车门控制单元，车门被锁闭；驾驶员侧的车门控制单元通过数据总线将门锁指令传送给其他的车门控制单元，其他车门控制单元将车门锁闭；同时，舒适系统控制单元也将产生如下控制：

1. 将行李箱盖锁闭，尾门上保险。
2. 关闭车窗和天窗。
3. 启动防盗报警系统。
4. 在延迟一段时间后，关闭所有车内灯。

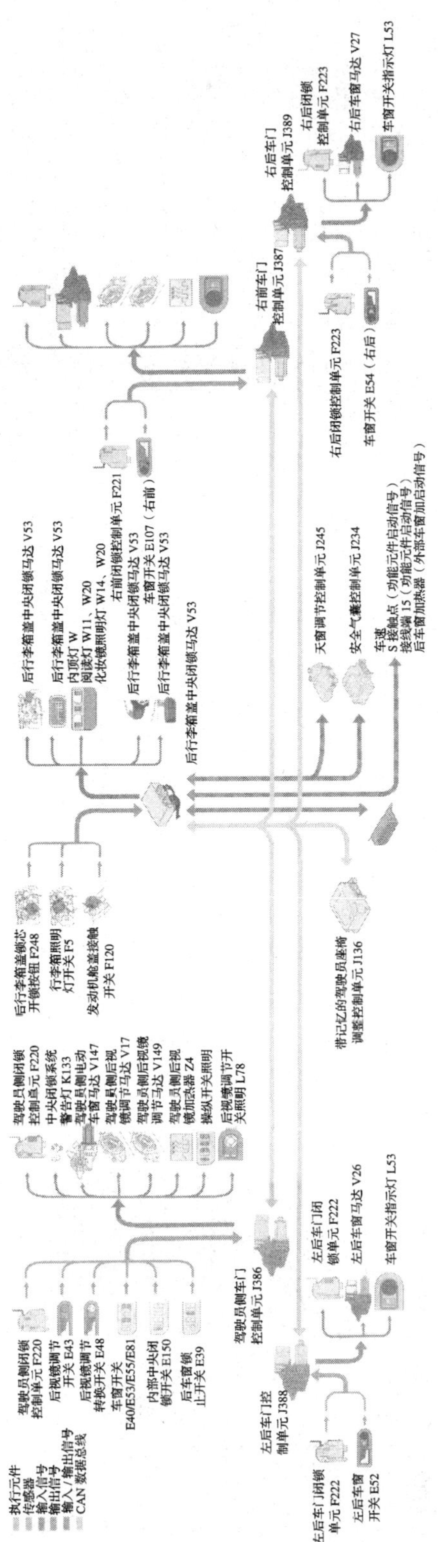

图 3—1—15　舒适系统的工作原理图（此图为折叠两面图）

思考与练习

1. 简述汽车舒适系统的组成部分及各自的功能。
2. 简述电动座椅的记忆功能。

课题二　中央门锁控制系统

学习目标

◆ 了解中央控制电动门锁的功能。

◆ 熟悉汽车中控门锁系统的结构与工作原理。

◆ 掌握汽车中控门锁系统故障的检测与维修方法。

◆ 掌握汽车中控门锁主要控制装置的拆装方法。

想一想

中央控制门锁机构如图 3—2—1 所示。现有 2002 款赛欧汽车（装有 C16 NE 型发动机）在正常行驶停车后，中控门锁突然失灵，按下发射器的闭锁按钮，驾驶员侧的中央门锁不动作，而其他三个门锁落锁后又自动打开，不能落锁。出现该故障时应该如何检修？汽车中控门锁失效后，有没有机械结构对车门进行锁定？

图 3—2—1　中央控制门锁机构

一、中央控制电动门锁的功能

汽车中控门锁系统具有钥匙联动开闭车门和钥匙占用预防功能。根据不同车型、等级和使用地区，门锁装置具有各种不同的功能。

1．中央控制

当驾驶员锁住车门时，其他车门均同时锁住；驾驶员也可通过门锁开关打开所有门锁。

2．速度控制

当车速达到一定数值时，能自动将所有的车门锁定（有的车型无此功能）。

3．单独控制

为了方便，除中央控制外，乘员仍可利用车门的机械式弹簧锁住车门。

4．两级开锁功能

在钥匙联动开锁功能中，一级开锁操作，只能以机械方法打开钥匙插入的车门。两级开锁操作，则同时打开其他车门。一般来说，所有车门可以通过前右或前左侧门上的钥匙来同时关闭和打开。

5．钥匙占用预防功能

若已经执行了锁门操作，而钥匙仍然插在点火开关内，则所有的车门会自动打开。

6．安全功能

当钥匙已经从点火开关中拔出而且车门也锁住时，车门不能用门锁控制开关打开。

7．电动车窗不用钥匙的动作功能

驾驶员和乘员的车门都关上，点火开关断开后，电动车窗仍可动作 60 s。

8．自动功能

一些高级车型中，在用钥匙或遥控器将门锁打开或锁止时，电动车窗会自动打开或关闭。

9．后车门儿童安全锁止功能

该功能可以防止车内儿童擅自打开车门。只有当中央门锁系统在“开锁”状态时，儿童安全锁闩才能退出。有的车锁是当儿童安全锁闩拨到锁止位置时，在车内用内锁扣不能开门，而在车外用外锁扣可以开门。

10．防盗功能

中央门锁系统可配合防盗系统，实现汽车防盗。

二、中央门锁结构与控制原理

中央控制门锁的结构如图 3—2—2 所示，主要包括门锁开关、门锁执行机构、门锁控制器等部分。

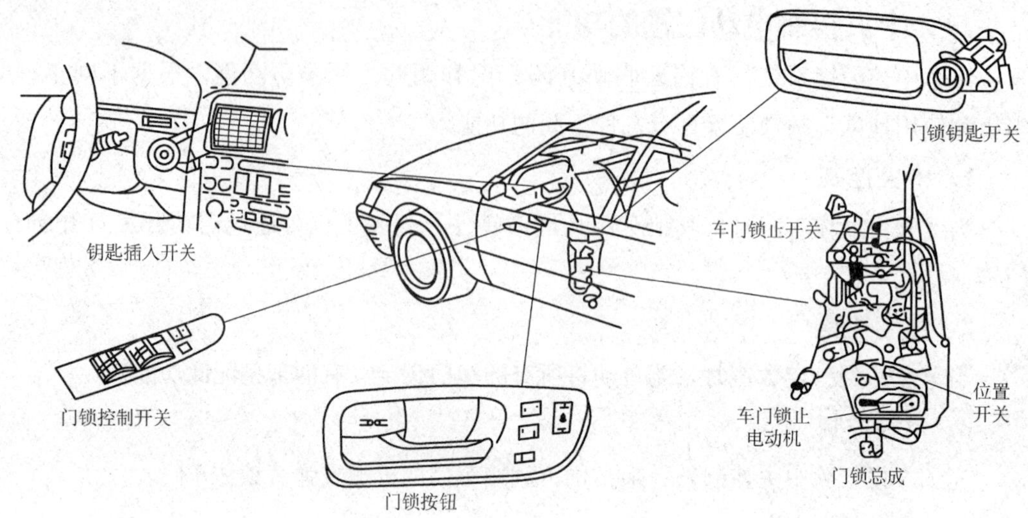

图 3—2—2　中央控制门锁系统结构

1. 门锁开关

门锁控制器的工作状况是由门锁开关控制的。门锁开关主要包括以下种类：

（1）中央控制门锁开关

中央控制门锁开关安装在左前门和右前门的内侧扶手上，如图 3—2—3 所示，是在车内用来控制车门的开启与锁止的。

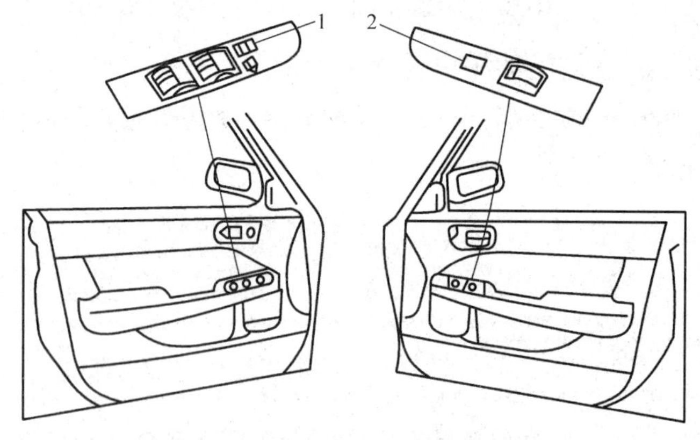

图 3—2—3　中央控制门锁开关

1—左门锁控制开关　2—右门锁控制开关

（2）钥匙控制开关

钥匙控制开关装在左前门和右前门的外侧门锁上，如图 3—2—4 所示。当从车外用车门钥匙开车门或锁车门时，钥匙控制开关便发出开门或锁门的信号给门锁控制 ECU，实现车门打开或锁止。车门钥匙的功能是实现在车门外面锁车或打开车门锁，同时车门钥匙也是点火开关、燃料箱、行李箱等全车设置锁的地方共用的钥匙。

（3）遥控车门的上锁与解锁

遥控车门上锁或解锁系统是指不把钥匙插入钥匙孔而进行远距离操纵的系统。在夜间或黑暗中，不用探明门钥匙孔即可方便地开门或关门。

从车主身边发出的微弱电波信号由车辆天线接收，ECU识别送信代码，使上锁/解锁的执行元件（电磁线圈或电动机）进行工作。发射机如图3—2—5所示，在钥匙板上与送信电路组成一体。由于发射机采用单芯片集成电路而使体积小型化，在电路部分的相反一侧装有一般市场上出售的纽扣形锂电池。应注意发射开关每按一次，就进行一次发送，在接收机一侧，就接收一次上锁或解锁指令。电池寿命以通常频率使用一般为两年以上。

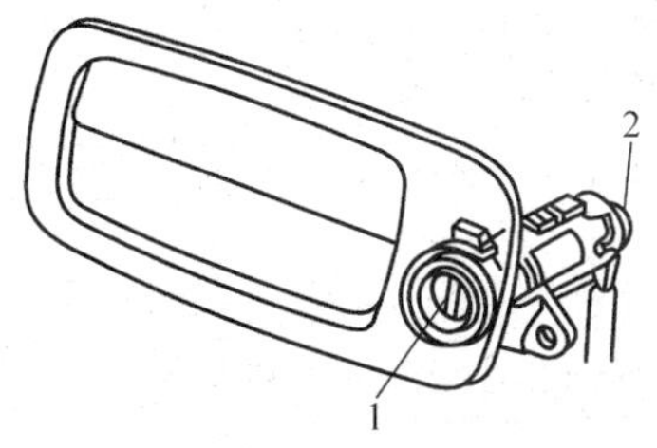

图3—2—4　钥匙控制开关

1—车门钥匙孔　2—钥匙控制开关

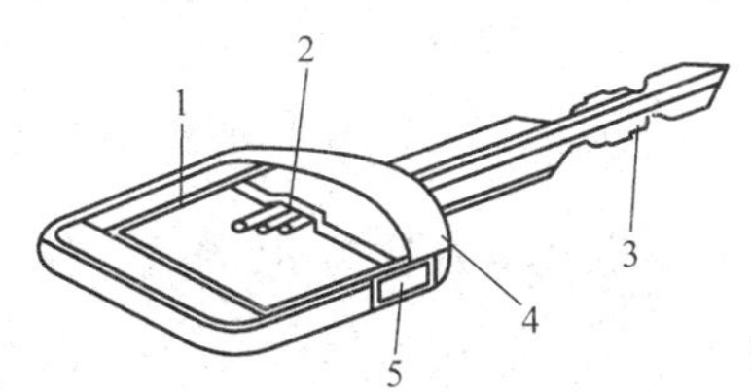

图3—2—5　发射机（与钥匙板组成一体）

1—集成电路　2—水晶振子　3—钥匙

4—钥匙板（天线）　5—发射开关

（4）门控开关

门控开关是用来检测车门的开闭情况的。车门打开时，门控开关接通；车门关闭时，门控开关断开。

大多数汽车的中央控制门锁系统在驾驶室车门上装有门锁总开关。驾驶员操纵此开关，其他几个车门将锁止，包括后车门和行李箱都将同时锁止或同时打开。

另外，除驾驶员侧车门外，其他车门上也单独设置门锁开关，独立地控制一个车门，便于单独操作。有些汽车的中央控制门锁系统由门锁杆兼作门锁开关，不另设门锁开关。当提起驾驶员侧车门的门锁杆时，则可使其他门锁都打开；当压下门锁杆时，其他门锁也同时锁定，其功能与门锁开关相同。

2．门锁执行机构

门锁执行机构的任务是在外电路的控制下，使其通电极性发生改变，从而改变运动方向，带动门锁连杆机构完成开锁和闭锁的功能。门锁执行机构主要有电磁线圈式、双向空气压力泵式和双向直流电动机式三种类型。

（1）电磁线圈式门锁执行机构

双线圈门锁执行机构的结构如图3—2—6所示，它有两个电磁线圈，一个是锁门线圈，另一个是开门线圈，与门锁操纵机构相连的柱塞能在两线圈中自由移动。当给锁门线圈通正向电流时，柱塞在电磁力的作用下左移，将门锁锁定；当给开门线圈通反向电流时，柱塞在电磁力的作用下右移，将门锁开启。

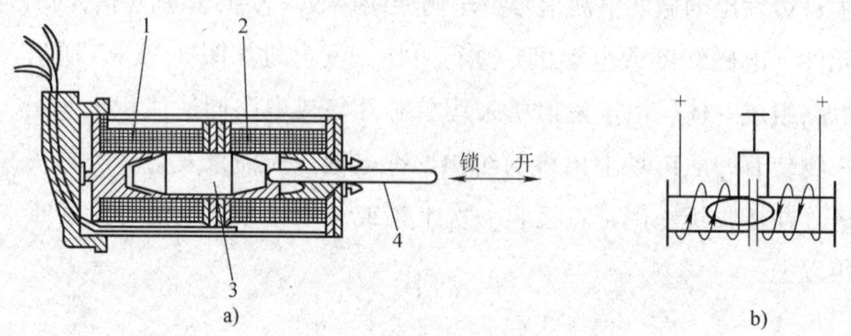

图 3—2—6 双线圈门锁执行机构结构及工作原理

1—锁门线圈 2—开锁线圈 3—柱塞 4—操纵杆

（2）双向空气压力泵式门锁执行机构

双向空气压力泵式门锁执行机构如图 3—2—7 所示，它是利用双向空气压力泵产生压力或真空，通过膜盒来完成门锁的开、关动作的。

（3）双向直流电动机式门锁执行结构

双向直流电动机式门锁执行结构如图 3—2—8 所示，它主要由双向电动机、导线、继电器、门锁开关及连杆操纵机构等组成。

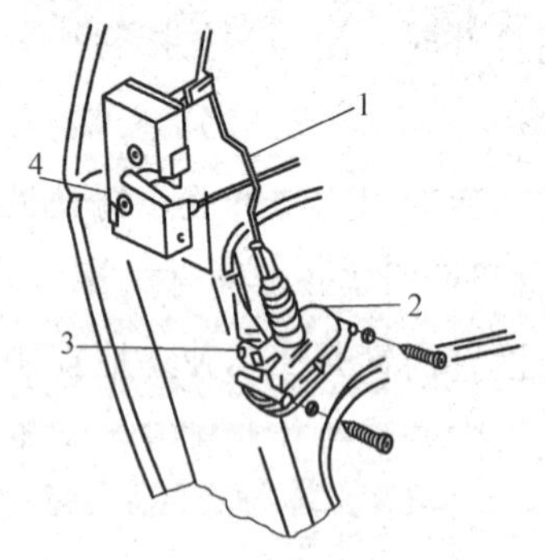

图 3—2—7 双向空气压力泵式执行机构

1—连接杆 2—膜盒 3—门锁开关 4—门锁

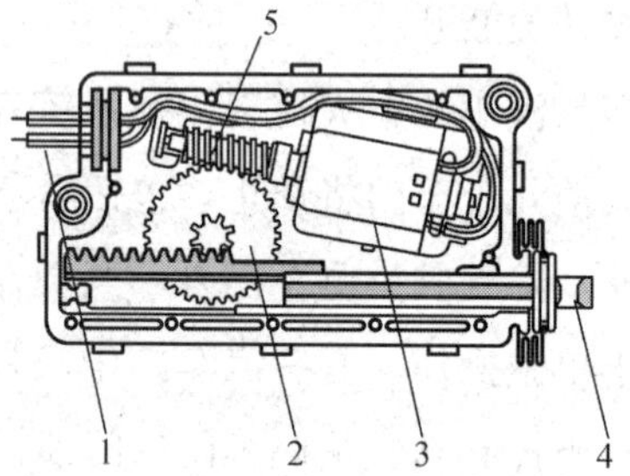

图 3—2—8 双向直流电动机式门锁执行机构

1—线束 2—齿条 3—执行电动机 4—执行杆 5—齿条

在门锁总成中（装在车门侧）由锁杆控制转动，决定门锁的开/关状态。位置开关用于检测锁杆是否进行门锁的开/关；门锁开关用于检测锁止机构是否进行门锁的开/关；车门开关用于直接检测车门的开/关。此外，锁杆随着门锁电动机的通电，作正向或逆向旋转。把钥匙插入钥匙孔中可以手动方法进行操作，也可按动车厢内的按钮进行多种操作。

当门锁电动机运转时，通过门锁操纵连接杆操纵门锁动作。电动机控制后门锁连杆操纵机构，如图 3—2—9 所示。电动机的旋转方向由经过电动机电枢的电流方向决定。锁门时，电动机电枢流通的是正向电流，电动机正向旋转；开锁时，电动机电枢流通的为反向电流，电动机反向旋转。这样利用电动机的正转或反转，就可完成车门的闭锁和开锁动作。

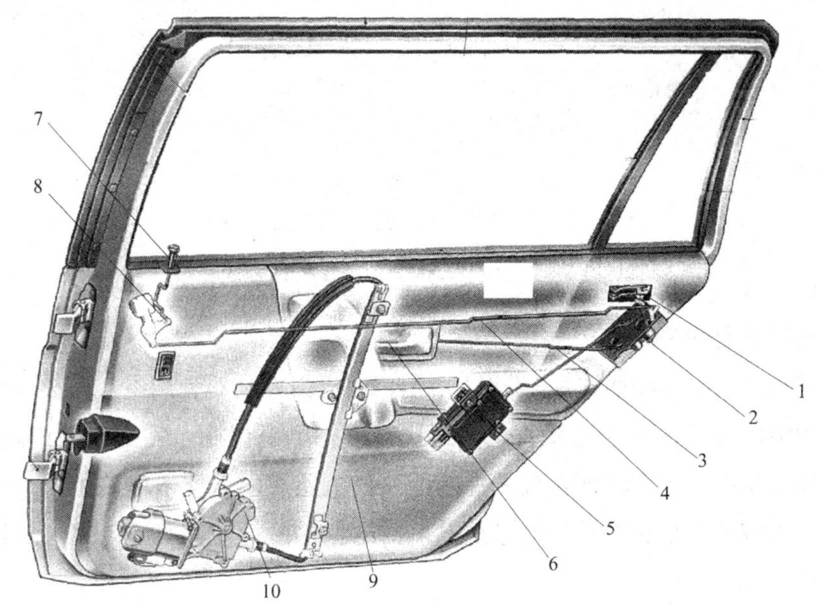

图 3—2—9　电动机控制后门锁连杆操纵机构

1—门拉手开启机构　2—门锁　3—内拉手拉杆　4—门锁按钮拉杆　5—门锁　6—门锁开启内拉手
7—门锁按钮　8—门锁按钮角度杠杆　9—车门　10—玻璃升降器

直流电动机式中央门锁结构的驱动力是由可逆转的直流电动机提供，由电动机带动齿轮齿条副，进而驱动锁体总成，实现锁紧或开启车门。这种门锁体积小，耗电少，动作较迅速，现被广泛采用。

3. 门锁控制器

为门锁执行机构提供锁/开脉冲电流的控制装置称为门锁控制器，常用形式有以下三种：

（1）晶体管式门锁控制器

晶体管式门锁控制电路如图 3—2—10 所示。该门锁控制器内部有两个继电器，一个管锁门，一个管开门。继电器由晶体管开关控制，它利用电容器的充放电过程控制一定的脉冲电流持续时间，使执行机构完成锁门和开门动作。

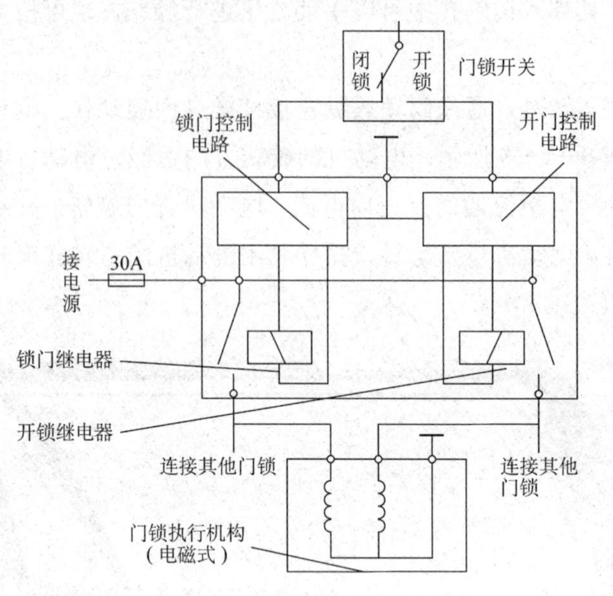

图 3—2—10　晶体管式门锁控制电路

（2）电容式门锁控制器

电容式门锁控制电路如图 3—2—11 所示。该门锁控制器利用电容充放电特性，使开锁或闭锁继电器线圈产生电磁力，接通执行机构电磁线圈，完成开锁或闭锁动作。平时电容器充足电，工作时把它接入控制电路使电路放电，使两电路中的一个通电而短时吸合。电容器完全放电后，通过继电器的电流中断而使其触点断开，门锁系统不再工作。

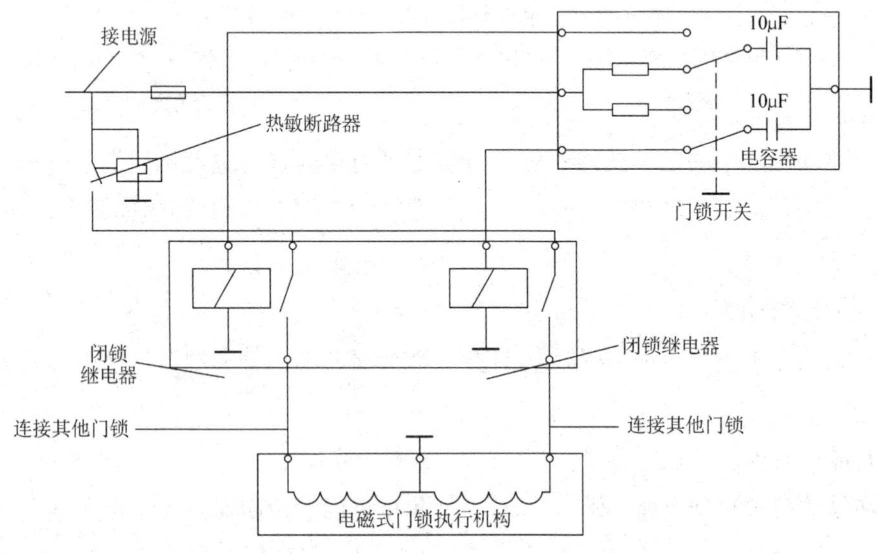

图 3—2—11　电容式门锁控制电路

(3) 车速感应式门锁控制器

车速感应式门锁控制器如图 3—2—12 所示。在中央控制门锁系统中加载了车速为 10 km/h 的感应开关，当车速在 10 km/h 以上时，若车门未上锁，驾驶员不需动手，则门锁控制器自动将门上锁。如果个别车门要自行开门或锁门可分别操作。

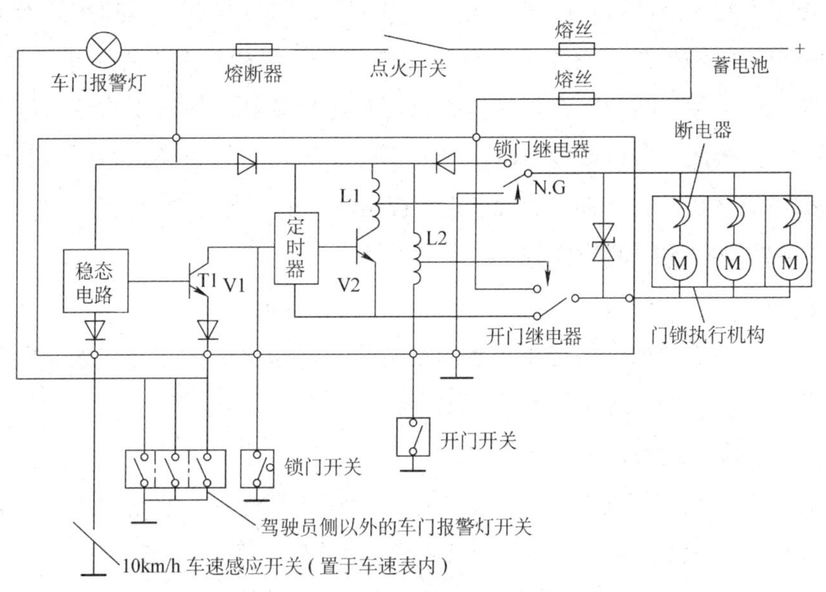

图 3—2—12　车速感应式门锁控制电路

三、中央控制门锁故障分析与检修

1. 中央控制电动门锁的故障分析

中央控制电动门锁系统的常见故障有：操作门锁控制开关，所有门锁均不动作；操作门锁控制开关，不能开门（或锁门）；操作门锁控制开关，个别门锁不能动作；速度控制失灵（如果有速度控制）。

(1) 操作门锁控制开关，所有门锁均不动作

该故障一般出在电源电路中。首先检查熔断器是否熔断，熔断器熔断应予更换。若更换熔断器后又立即熔断，则说明电源与门锁执行器之间的线路有搭铁或短路故障，可用万用表查找出搭铁部位，予以排除。

若熔断器良好，则检查线路接头是否松脱、搭铁是否可靠、导线是否折断。可在门锁控制开关电源接线柱和定时器或门锁继电器电源接线柱上测量该处的电压，判断输入电动门锁系统的电源线路是否良好。

(2) 操作门锁控制开关，不能开门（或锁门）

该故障是因为开门（或锁门）继电器、门锁控制开关损坏而导致的，可能是继电器线圈断路，触点接触不良，开关触头烧蚀或导线接头松脱。

（3）操作门锁控制开关，个别门锁不能动作

该故障仅出在相应车门上，可能是连接线路断路或松脱，门锁电动机（或电磁铁式执行器）损坏，门锁连杆操纵机构损坏等。

（4）速度控制失灵

当车速高于规定车速时，门锁不能自动锁定。该故障是由于车速传感器损坏或车速控制电路出现故障所致。首先应检查电路中各接头是否接触良好，搭铁是否良好，电源线路是否有故障。然后检查车速传感器，车速传感器的检查可采用试验的方法进行，也可采用代换法，即以新传感器代换被检传感器。若故障消除，则说明旧传感器损坏；若故障仍存在，则应进一步检查速度控制电路中各元件是否损坏。

2. 中央控制电动门锁的检修

（1）门锁控制开关的检修

根据开关的工作原理，用万用表测量开关在不同位置时的工作状态，以判断开关的好坏，然后作相应的修理。

（2）门锁控制继电器的检修

一般地说，门锁控制继电器是由电子电路控制的继电器，它包括控制电路和继电器两个部分，为门锁执行器提供脉冲工作电流，也称作门锁定时器。

门锁控制继电器的检修，可根据其工作原理，测量其输出状态，从而判断是否有故障，然后作相应的处理。

（3）门锁执行器的检修

门锁执行器有电磁线圈机构、直流电动机等类型。不论是哪种类型的执行器，都可以用直接通电的方法检查其工作状态是否有开锁和闭锁两种状态，从而判断其是否损坏。

四、主要控制装置的拆装与检修

1. 车门锁启动器

（1）驾驶员侧车门锁启动器的检修

1）拆下驾驶员侧车门板。

2）从驾驶员侧车门锁启动器上拆开 2 芯插头，如图 3—2—13 所示。

3）按照表 3—2—1，将此插头的 1 号与 2 号端子分别接蓄电池的正（+）、负（－）极，检查该启动器的工作状态是否符合要求，如果不符，应作进一步检查或更换新件。

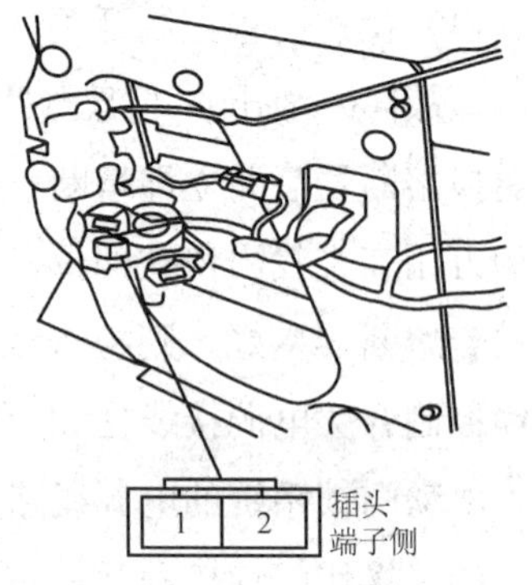

图 3—2—13　车门锁启动器的 2 芯插头（驾驶员侧）

表 3—2—1　　驾驶员侧车门锁启动器的检测

端子	1	2
锁定	＋	－
开启	－	＋

（2）前排乘员侧车门锁启动器的检修

1）拆下前排乘员侧车门板。

2）从前排乘员侧车门锁启动器上拆开如图 3—2—14 所示的 2 芯插头。

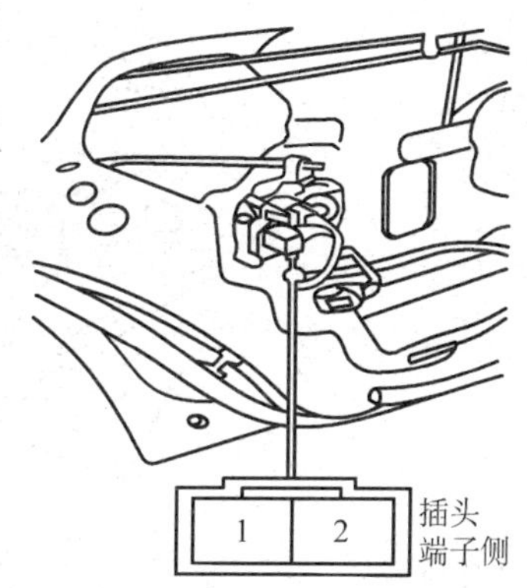

图 3—2—14　车门锁启动器的 2 芯插头（前排乘员侧）

3）按照表 3—2—2，将此插头的 1 号和 2 号端子分别接蓄电池的正（＋）、负（－）极，检查该车门锁启动器的工作状态是否符合要求，如果不符，应作进一步检查或更换新件。

表 3—2—2　　前排乘员侧车门锁启动器的检测

端子	1	2
锁定	＋	－
开启	－	＋

2．车门锁按钮开关

（1）驾驶员侧车门锁按钮开关的检修

1）拆下驾驶员侧车门板。

2）从驾驶员侧车门锁启动器上拆开 3 芯插头，如图 3—2—15 所示。

3）该按钮开关处于锁定位置时，端子 1 和 2 应连通；处于开启位置时，端子 2 和

3 应连通。否则，应更换按钮开关。

（2）前排乘员侧车门锁按钮开关的检修

1）拆下前排乘员侧车门板。

2）从前排乘员侧车门锁启动器上拆开如图 3—2—16 所示的插头。

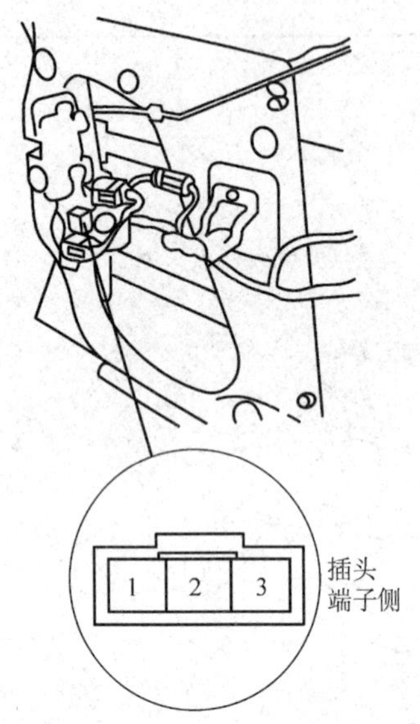

图 3—2—15 车门锁按钮开关的 3 芯插头（驾驶员侧）

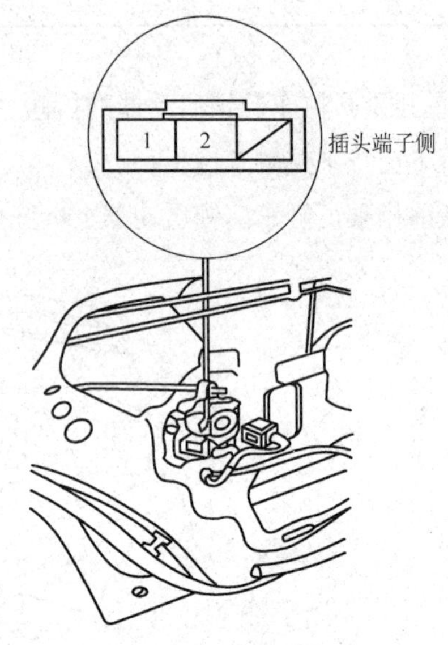

图 3—2—16 车门锁按钮开关插头（前排乘员侧）

3）该按钮开关处于开启位置时，端子 1 和 2 应连通。否则，应更换按钮开关。

3．车门锁开关

（1）车门钥匙开关的检修

1）拆下被测车门的车门板。

2）从车门钥匙开关上拆开如图 3—2—17 所示的 3 芯插头。

3）该按钮开关处于锁定位置时，端子 2 和 3 应连通；处于开启位置时，端子 1 和 2 应连通。否则，应更换开关。

（2）车门锁开关的检修

1）拆下被测车门的车门板。

2）再拆下车门锁上的固定螺钉，然后取下车门锁开关及其插头，如图 3—2—18 所示。

3）检查车门锁开关分别位于锁定、断开和开启位置时，其端子 1、2、3 的状态是否如表 3—2—3 所示。

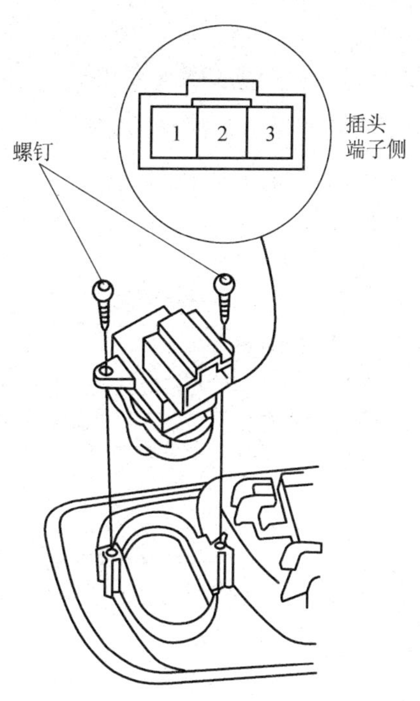

图 3—2—17　车门钥匙开关的 3 芯插头

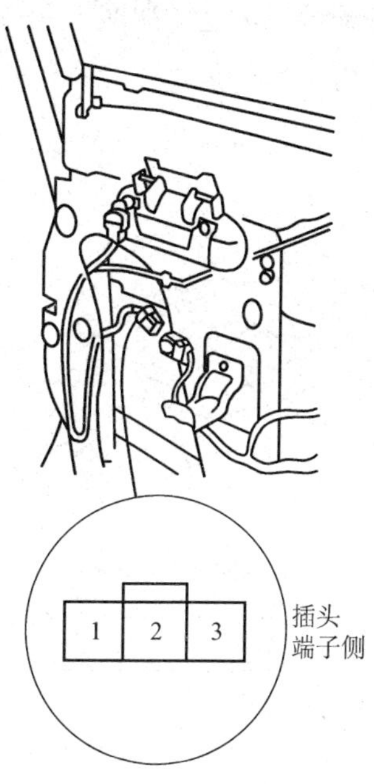

图 3—2—18　车门锁开关及其 3 芯插头

表 3—2—3　　车门锁开关的检测

端子	1	2	3
锁定	○	○	
断开			
开启		○	○

4. 行李箱控制装置

（1）行李箱开启电动机/锁闩开关的检修

1）打开行李箱盖。

2）如图 3—2—19 所示，从行李箱锁闩上拆开其 6 芯插头。将 6 芯插头的端子 3 接蓄电池的正极，端子 4 瞬时与蓄电池的负极相连（以免损坏行李箱锁闩开关启动器），此时行李箱锁闩应处于开启状态。

3）打开行李箱盖，检查上述 6 芯插头的端子 2 与 6 之间应为导通，其余各端子之间均应为不导通。否则，应作进一步检查或更换新件。

(2) 行李箱钥匙开关的检修

1) 打开行李箱盖。如图 3—2—20 所示，从行李箱钥匙开关上拆开其 2 芯插头。

2) 开启行李箱钥匙开关时，端子 1 与 2 之间应为导通；而当锁定行李箱钥匙开关时，端子 1 与 2 之间应为不导通。否则，应作进一步检查或更换新件。

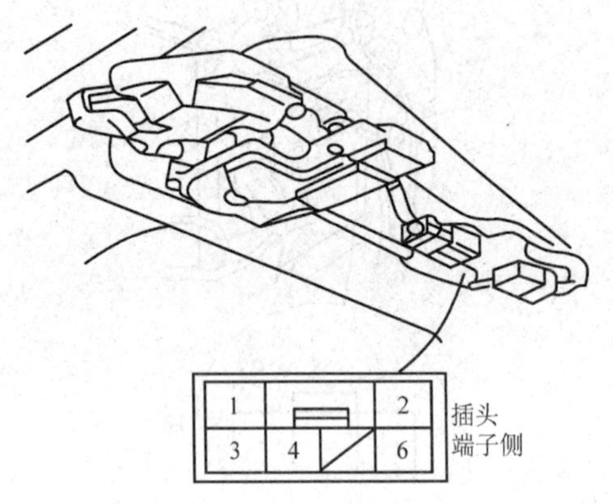

图 3—2—19　行李箱锁闩开关及 6 芯插头

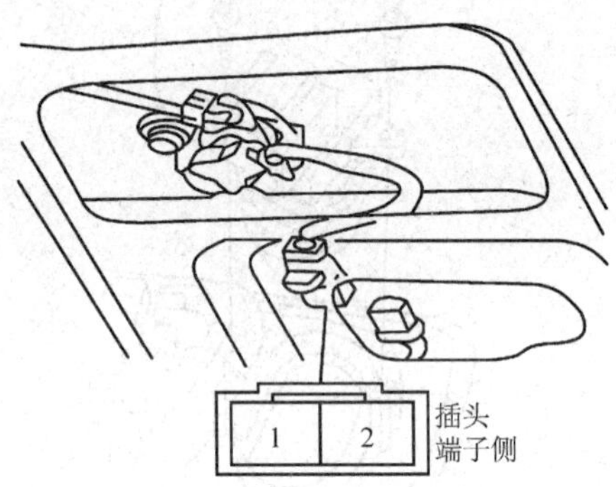

图 3—2—20　行李箱钥匙开关及 2 芯插头

思考与练习

1. 简述汽车中央控制电动门锁的功能。
2. 简述直流电动机式中央门锁的工作原理。
3. 如何对中央控制电动门锁的故障进行检修？

课题三　电动车窗系统

学习目标

◆ 了解电动车窗系统的组成、各部分的功能及结构特点。

◆ 掌握车窗的工作原理。

◆ 能够正确测试车窗系统的控制电路。

为了方便驾驶员和乘员开启车窗，现代轿车一般采用电动车窗系统。电动车窗系统通过电动机来控制车窗玻璃（见图 3—3—1）的升降，操纵方便，同时可减轻驾驶员和乘员的劳动强度。电动车窗发生不能正常升降的故障时，应该如何诊断与检修呢？

图 3—3—1　电动车窗的外形

一、电动车窗的功能

1. 电动车窗的功能

现代汽车的每个车窗都装有一个电动机，通过开关控制它的电流方向，可使车窗升或降。

2. 车窗玻璃电动升降机的限力保险功能（防夹功能）

（1）限力保险（FLI）可减少电动车窗引起的伤害，如果有两个工作点使打开和关闭操作同时进行，就以打开操作在前。

（2）限力保险（FLI）功能的作用范围是指车门上框下的 4～200 mm，如图 3—3—2 所示。

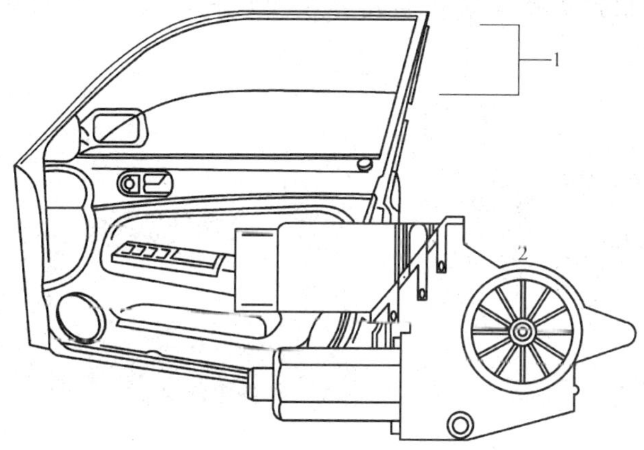

图 3—3—2　FLI 功能作用范围

1—FLI 功能作用范围　2—电动车窗电动机

二、电动车窗的组成

汽车电动车窗一般由电动车窗升降器、电动车窗开关、电动车窗断路保护器、车门控制单元等组成。

1. 电动车窗升降器

电动车窗升降器的操作是通过门上的控制板完成的。通过驾驶员侧的安全开关可切断后门车窗玻璃的电动车窗升降器开关。

电动车窗升降器的结构如图 3—3—3 所示。当电动车窗升降器中的直流永磁电动机接通额定电流后，转轴输出转矩，经蜗轮蜗杆减速后，再由缓冲联轴器传递到卷丝筒，带动卷丝筒旋转，使钢丝绳拉动安装在玻璃托架上的滑动支架在导轨中上下运动，达到车窗玻璃升降的目的。

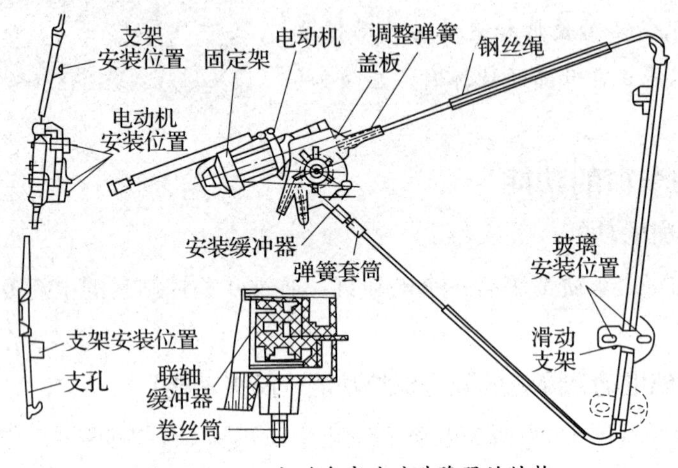

图 3—3—3　电动车窗玻璃升降器的结构

2. 电动车窗开关

电动车窗开关根据需要安装在驾驶员处（见图 3—3—4）和其他车门处（见图 3—3—5）。

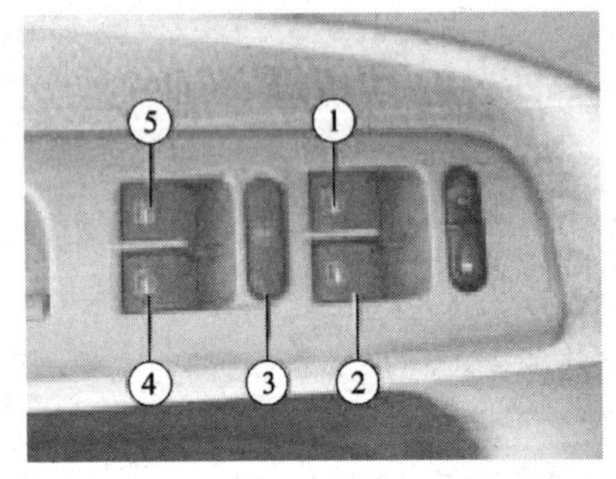

图 3—3—4　驾驶员处电动车窗开关

1—驾驶员侧车窗开关　2—前排乘员侧车窗开关　3—保险开关　4—后排乘员右侧车窗开关　5—后排乘员左侧车窗开关

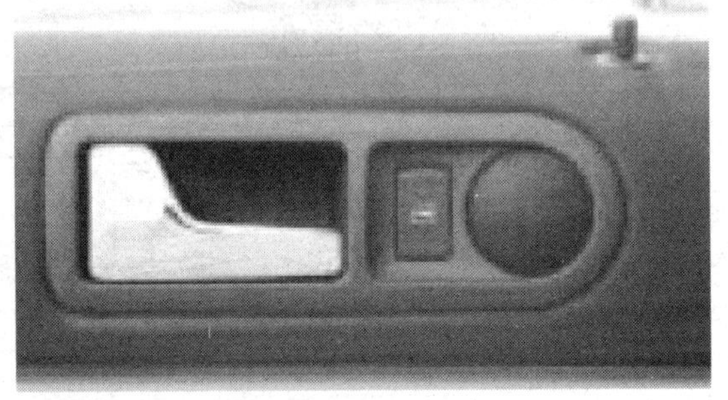

图 3—3—5　前排乘员车门和后排左、右车门的电动车窗开关

3. 电动车窗断路保护器

为防止电动机超载，在电动车窗系统的电路中或电动机内一般要设有断路保护器（热敏断路开关）。断路保护器的作用是避免电动机因超载而烧坏。如果车窗玻璃处于

全开状态或完全关闭状态时，控制开关继续接通，或者玻璃在升降过程中被卡死，就都容易发生电流过大现象，使电动机通电时间过长而烧坏。

电动车窗升降系统中断路保护器的触点一般为双金属片式结构，当车窗升降系统电路电流过大时，双金属片因温度上升产生翘曲变形而使触点张开，切断电路。当电路断开后，双金属片冷却，变形消失，触点再次闭合。

4．车门控制单元

车门控制单元安装在电动车窗的电动机上，如图 3—3—6 所示。如果一个控制单元发生故障，那么其功能不再有效。

a)

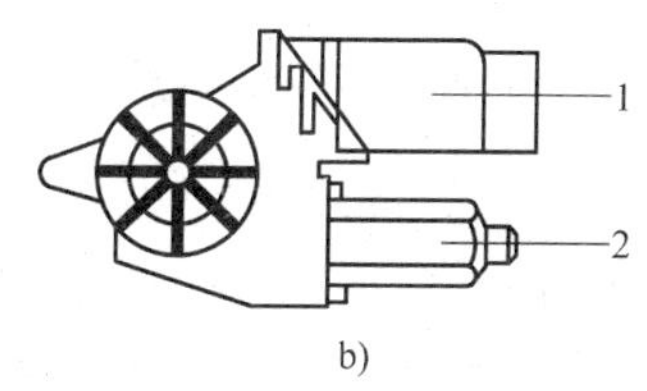

b)

图 3—3—6　车门控制单元

a）外形图　b）结构图

1—车门控制单元　2—电动车窗电动机

三、电动车窗的工作原理

1．升降器的换向

车窗升降器接近止点时，首先克服弹簧张力，此时电动机电流增大，加热电动机里的双金属开关；当到达止点时，电流进一步加大，直至双金属片进一步变形乃至中断供电，实现停止。当反向启动时与之相反，到止点断电。

2．限力保险功能原理

限力保险功能是通过一个已经安装在印制电路板上的霍尔传感器实现的。霍尔传感器能检测车窗玻璃关闭过程中是否有东西卡住车窗玻璃，安装在门控制单元的电路上，如图 3—3—7 所示，与电动机轴在同一高度。一个环形磁铁搭接在霍尔传感器上，如果车窗玻璃在关闭过程中遇到阻碍，霍尔传感器就能感测速度变化，并将信号输入车门控制单元，车门控制单元由此识别出车窗玻璃受到阻碍，于是车窗反向移动。但是系统无法区别车窗是被卡住还是发生机械式停滞。因此，车窗玻璃关闭时有停滞，便会退回重来。如果车窗卡住了，FLI 就被关闭，其工作过程见表 3—3—1。

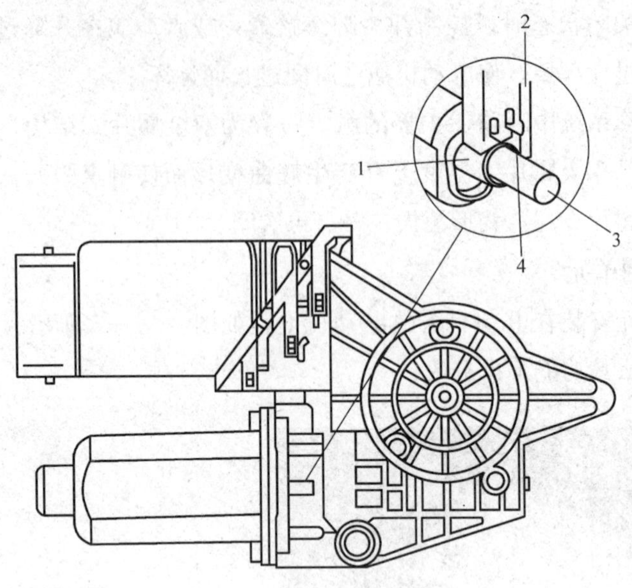

图 3—3—7　霍尔传感器安装位置

1—环形磁铁　2—印制电路板　3—电动机　4—霍尔传感器

表 3—3—1　　车窗玻璃电动升降机的工作过程

指　令	执行情况
1. 关闭	(1) 车窗玻璃被卡住 (2) FLI 使车窗玻璃退回 (3) 车窗玻璃退回原位置
2. 关闭	(1) 车窗玻璃再被卡住 (2) 退回功能不再生效 (3) 车窗玻璃停在适当位置
3. 关闭	(1) 车窗玻璃无 FLI 功能 (2) 在进行过程中，电动机功率达到最大 (3) 车窗关闭而不考虑任何停滞

四、电动车窗的检修

1. 电动车窗检修注意事项

(1) 插拔插头时，应先断开点火开关。

(2) 拆装电动车窗时，一定要注意正确的安装位置，其所有的螺栓连接孔为椭圆孔，定位前车窗升降一定不要发生干涉。

(3) 对门窗电动机进行通电试验，当电动机停止运转时，应立即断开电源。

(4) 小心拆装车门装饰板。

2．电动车窗系统的故障检查

（1）若两个后分开关都不能使侧窗运动，则应检查断路开关和总开关的工作情况。

（2）若一个车窗只能向一个方向运动，则应检查由分开关到总开关的控制导线是否导通。

（3）若所有车窗都不能升降或有时不能升降，则应检查、清洁和紧固接铁线（在驾驶员侧车门内壁板后面，或在驾驶员侧仪表板下面）。此外，熔断器或断电器烧坏，也会使所有车窗不能工作。

（4）若一个车窗在两个方向都不能运动，则可能是车窗电动机有故障。如链带卡住时，电动机内的断路器会自动断开，以保护电路、开关和电动机。为检查玻璃是否卡住，可上下、前后、左右轻轻摇动玻璃，只要玻璃能向所有方向稍微运动，电动机就应能使玻璃升降。

3．电动车窗系统的故障自诊断

舒适系统控制单元位于驾驶员座椅的地毯下，而控制单元中的故障存储器自诊断插座位于中央通道处。控制单元识别出的故障和失效会存储在断电也不丢失的存储器中。因为线路中的暂时性故障，会被标记为“SP”。

对于车窗不能升降的故障，大众车系的汽车可以通过连接故障诊断仪 V. A. S 5051 进行故障检测，并通过读取故障代码和故障代码表（见表 3—3—2）分析故障原因，并排除故障。例如，读取的故障代码为“00932”，查表 3—3—2，分析该故障原因可能为：导线或插接器故障；在驾驶员侧车门上的中央门锁无供电电压；车窗升降器的机械部分卡住；驾驶员侧车窗电动机损坏；未进行自动开和关的设置等。据此可逐一进行检查。

表 3—3—2　　大众车系电动车窗故障代码表

诊断仪显示	故障描述	可能的故障原因	故障排除
0000	没有识别到故障	如果在修理后出现该信息，则自诊断结束	
00668	车辆电源接线柱信号太小	—蓄电池电压过低或放电过多 —导线或插接器故障	—对蓄电池进行充电 —按电路图检查导线和插接器
00912	左前电动车窗开关信号错位 对正极短路	—导线或插接器损坏 —按钮安装不正确，操作时发卡 —左前电动车窗开关损坏	—更换导线和插接器 —检查开关 —读取测量数据块 002 显示组的显示区

续表

诊断仪显示	故障描述	可能的故障原因	故障排除
00913	右前电动车窗开关信号错位 对正极短路	—导线或插接器损坏 —按钮安装不正确，操作时发卡 —右前电动车窗开关损坏	—更换导线和插接器 —检查开关 —读取测量数据块 002 显示组的显示区
00914	左后电动车窗开关信号错位 对正极短路	—导线或插接器损坏 —按钮安装不正确，操作时发卡 —左后电动车窗开关损坏	—更换导线和插接器 —检查开关 —读取测量数据块 002 显示组的显示区
00915	右后电动车窗开关信号错位 对正极短路	—导线或插接器损坏 —按钮安装不正确，操作时发卡 —右后电动车窗开关损坏	—更换导线和插接器 —检查开关 —读取测量数据块 002 显示组的显示区
00932	驾驶员侧车窗电动机未调整或调整不正确	—导线或插接器故障 —在驾驶员侧车门上的中央门锁无供电电压 —车窗升降器的机械部分卡住 —驾驶员侧车窗电动机损坏 —未进行自动开和关的设置	—按电路图检查导线和插接器 —检查驾驶员侧控制单元的供电电压或到车门的插头 —检查车窗升降器的机械部分 —更换驾驶员侧车窗电动机 —进行自动开和关的设置
00933	前排乘员侧车窗电动机未调整或调整不正确	—导线或插接器故障 —在驾驶员门上的中央门锁无供电电压 —车窗升降器的机械部分卡住 —前排乘员侧车窗电动机损坏 —未进行自动开和关的设置	—按电路图检查导线和插接器 —检查驾驶员侧控制单元的供电电压或到车门的插头 —检查车窗升降器的机械部分 —更换前排乘员侧车窗电动机 —进行自动开和关的设置

（1）拆装驾驶员侧车窗升降开关

说明：驾驶员侧车门的车窗升降开关不能单独拆卸，只能与车门控制单元一同更换。

1）拆卸

①拆下驾驶员侧车门把手外皮。

②向上将车门把手外皮与控制单元拆下。

③拔下供电插头。

④如图 3—3—8 所示，松开箭头所示的紧固螺栓，取下控制件。

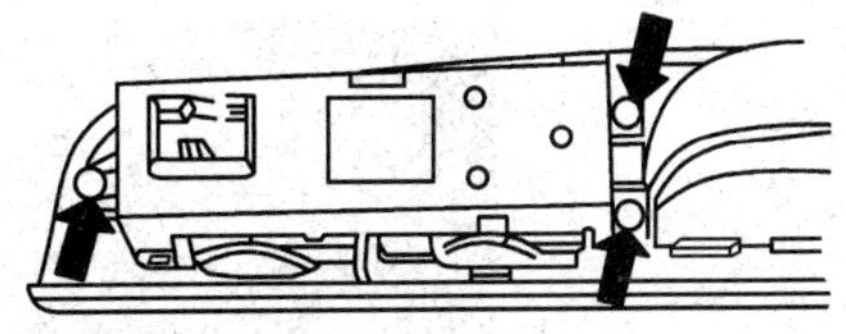

图 3—3—8　拆装驾驶员侧车窗升降开关

2）安装

可按与拆卸相反的顺序进行安装。

（2）车窗电动机的检测

1）拆下驾驶员侧车门板。

2）断开车窗电动机上的 4 芯插头。

3）在端子 1 与 2 之间加蓄电池电压，检查电动机的运转情况。两端子分别接电源的正、负极，电动机应运转并使车窗玻璃上升和下降。如果电动机不转或运转不平稳，就说明电动机有故障，应予以更换。

思考与练习

1. 电动车窗玻璃在上升过程中遇到阻力会下落，这是什么功能？该功能是如何实现的？

2. 简述电动车窗的组成及工作原理。

3. 简述电动车窗的检修方法和步骤。

课题四　电动天窗系统

学习目标

◆ 了解汽车电动天窗系统的功能和特点。

◆ 熟悉汽车电动天窗系统的组成、结构及工作原理。

◆ 掌握电动天窗系统的故障排除方法。

想一想

在汽车内，如果打开侧窗，虽然通风畅快了，但车外的尘土、噪声便会统统灌进车内。若是冬夏两季，享受车内暖风或冷气时，窗外的寒气或热浪扑面吹来，不仅破坏空调的效果，而且也达不到有序换气的目的。汽车天窗（见图 3—4—1）是改善车厢内通风换气状况的有效措施。如果在打开或者关闭天窗时发出异响，或电动天窗不动作，那么该如何进行处理？

图 3—4—1　汽车天窗

一、电动天窗的功能

点火开关打开后，天窗通过旋转开关来开和关，或者通过推拉开关来倾斜和关闭。在点火开关关闭后，天窗仍然可以开或关，直到驾驶员侧车门或前排乘员侧车门打开。

1. 自动关闭功能

当关闭点火开关大约 4 s 后，天窗会自动关闭。在天窗完全关闭前按动按钮（任何方向），此功能会被取消，玻璃会停留在开启位置上。如果想关闭天窗，无须打开点火开关，只需按动关闭按钮（开关前部）即可，操作方式可以是手动的或是全自动的。

2. 防夹功能

天窗在全自动关闭过程中，遇到障碍物后会自动返回，直到障碍物消失为止。在点火开关关闭后，天窗的自动关闭过程中，此项功能依然有效。

二、电动天窗的特点

1. 天窗前部的控制模块可使天窗玻璃停留在全闭、倾斜通风和外倾打开位置，并使天窗具有自动关闭和防夹的功能。

2. 在天窗电动机内，设定有一个压力感应装置，当天窗在移动过程中遇到过大的阻力或者是在超负荷状态下，压力感应器会在 6 s 内自动断电，以便保护天窗各部件的完好与不受损坏。

3. 电动天窗开关为双位摇杆型，电动操作天窗。

4. 每当天窗在经历过安装或熔丝被移动等断电事件后，都必须重新做一次编程，否则天窗的全自动操作、自动关闭和防夹功能等都将暂时无法实现，而只能用手动操作的方式来控制天窗。

5. 天窗上框架内侧，近玻璃板处装配有密封条，用以对玻璃板和天窗上框架之间的间隙进行密封。

6. 天窗上框架翻边的沟槽内装有密封胶条，用以对天窗上框架和车顶盖之间的间隙进行密封。

三、电动天窗的组成

电动天窗主要由天窗组件、滑动机构、驱动机构和控制系统等组成，如图 3—4—2 所示。

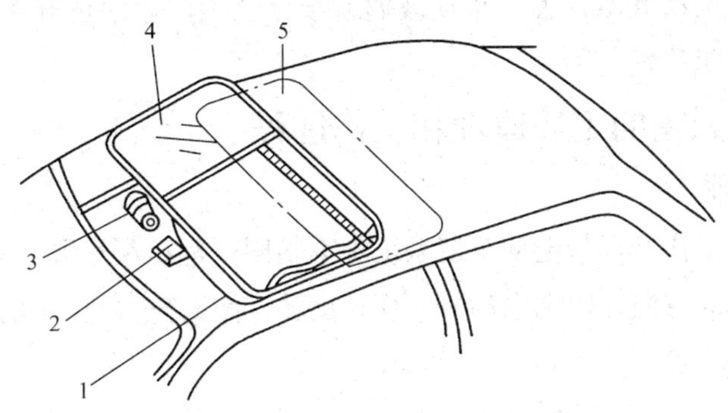

图 3—4—2　电动天窗的组成

1—滑动螺杆　2—ECU　3—电动机及驱动齿轮　4—天窗玻璃　5—遮阳板

1. 天窗组件

天窗组件包括天窗框架、天窗玻璃、遮阳板、导流槽、排水槽等部分。

2. 驱动机构

驱动机构主要由电动机、传动机构、滑动螺杆等组成，如图 3—4—3 所示。工作时，电动机驱动传动机构，使得天窗滑移开启或倾斜开启。驱动电动机正转使车顶玻璃向前滑动，驱动电动机反转使车顶玻璃向后滑动。

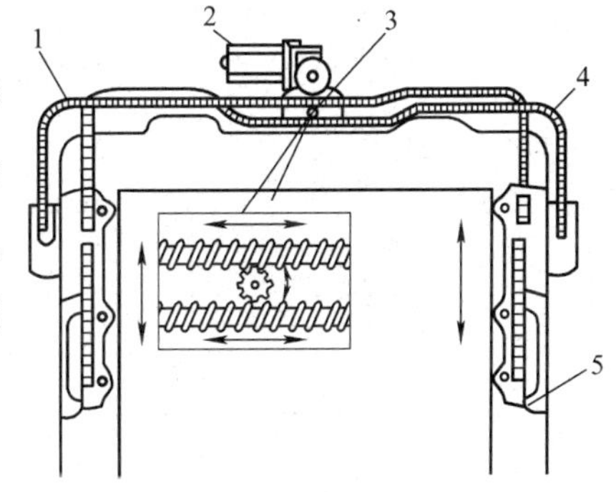

图 3—4—3　电动天窗驱动机构

1、4—滑动螺杆　2—电动机

3—驱动齿轮　5—后枕座

3. 控制系统

控制系统包括天窗控制开关、电控单元（ECU）、继电器、限位开关等。

（1）天窗控制开关有滑动开启和倾斜开启两种功能。滑动开关有滑动打开、滑动关闭和断开三个位置；倾斜开关也有斜升、斜降和断开三个位置。

（2）电控单元和中央控制单元之间为电气相连，具有以下功能：通过中央门锁可方便地关闭电动天窗；点火开关关闭后或车门未开时，应具有上述功能。用车钥匙关闭电动天窗，必须在关闭所有车窗后将钥匙位于“中央门锁锁止”的位置。如果所有的车窗都关闭，那么车钥匙必须在“中央门锁锁止”的位置上保持 1 s 以上。出于安全考虑，电动天窗不能由无线电遥控关闭。

（3）限位开关

限位开关依靠凸轮来检测车顶玻璃所处的位置。限位开关安装在车顶玻璃在全关闭位置前约 200 mm 时停止的位置，车顶玻璃到达此位置便会立即停止滑动。一旦放松限位开关或再次推动滑动开关，车顶玻璃就会完全关闭。限位开关检测车顶玻璃在滑动过程中的全关闭位置。

四、电动天窗的工作原理和工作过程

1．工作原理

电动天窗的工作原理与电动车窗系统基本相同，都是利用开启和关闭两个继电器，改变电动机电流的方向，驱动电动机实现正反转，使天窗实现不同状态下的工作。

2．工作过程

电动天窗的工作过程如图 3—4—4 所示。

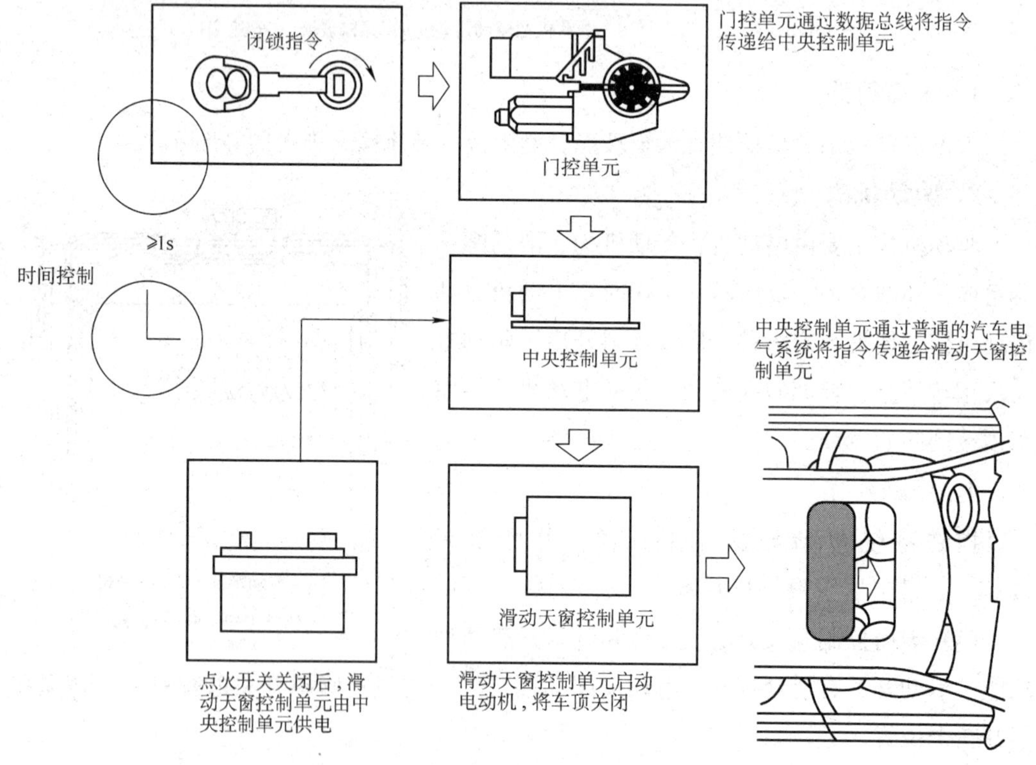

图 3—4—4　电动天窗的工作过程

五、电动天窗的故障排除方法

电动天窗若出现不动作故障，则可实施如下的检查：

1．保险元件的检查方法

检查保险元件是否熔断。如保险元件已熔断，在更换新保险元件之前，还要检查电路中是否有短路之处。

2．电源继电器的检查方法

电源继电器是天窗主继电器，主要应检查其内线圈是否有断路现象。当线圈中有电流通过时，应检查其常开触点是否能通过闭合接通。

3．天窗控制开关和限位开关的检查方法

对于天窗控制开关和限位开关，主要是检查它们的通、断性能，当其接通时应能可靠地闭合；当其断开时应能可靠地分离。

4．天窗驱动电动机的检查方法

可将天窗驱动电动机从配线连接器上分离，直接对其施加正向或反向蓄电池电压，看其运转状况。如果直接通电后驱动电动机不转，或虽转但电动机发热严重，或驱动齿轮旋转方向与规定方向不符，就都说明电动机有问题，应对其进行修理或更换新件。

5．天窗控制继电器的检查方法

先对天窗控制继电器周围相关配线及连接器进行检查，确认无误后，再用万用表测量其相应端子与地之间、相应端子之间的导通情况。如果与所要求的状态不符，就说明天窗控制继电器内部有问题，应更换新件。

思考与练习

1．简述电动天窗的功能和特点。

2．简述电动天窗的工作过程。

3．如何检查电动天窗电动机？

课题五　电动后视镜系统

- 了解电动后视镜的功能。
- 熟悉电动后视镜的组成和结构。
- 熟悉电动后视镜的工作原理。
- 掌握电动后视镜的拆装和检查方法。

想一想

图 3—5—1 汽车电动后视镜

汽车电动后视镜如图 3—5—1 所示，驾驶员只需坐在座椅上通过电控旋钮就可以方便快捷地对左右后视角度进行随意调节，避免了边开车边将手伸出车外调整后视镜的危险。一旦出现后视镜不能调节或电动调整装置失灵的情况，用于驾驶员侧车门或前排乘员侧车门以及后排车门上的电动车窗升降器的开关照明灯会闪烁，以此来指示故障。如果点火后车门衬板内的全部照明部件都闪烁大约 15 s，就应进行维修了。

想一想：电动后视镜的转向功能是如何实现的呢？如何拆装和检查电动后视镜系统呢？

一、电动后视镜的功能

1. 自动防眩目功能

自动防眩目后视镜（见图 3—5—2）通过光敏二极管感知后方车辆的灯光强度，自动调节后视镜镜面颜色的深浅，从而使后方车辆的刺眼灯光反射到驾驶员眼中时变得柔和。

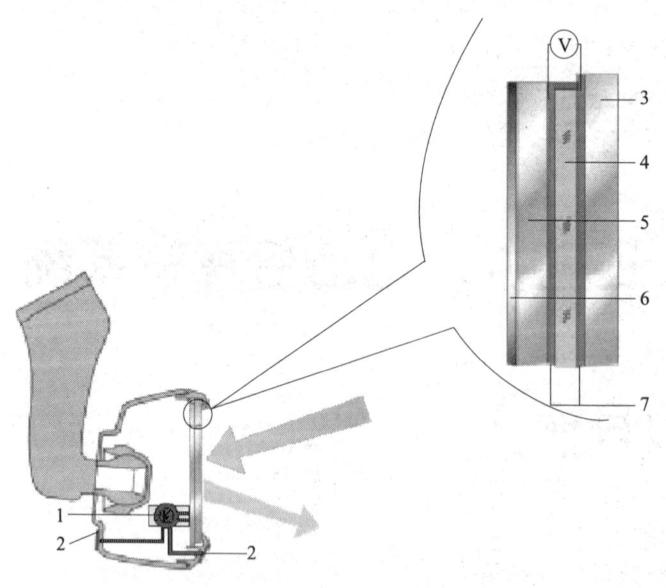

图 3—5—2 自动防眩目后视镜

1—电控单元 2—光敏传感器 3—玻璃板 4—电解层 5—玻璃板 6—银反射层 7—导电层

2．外后视镜的记忆功能

带有驾驶员座椅记忆功能的车辆还具有外后视镜的记忆功能。外后视镜的调节位置与驾驶员座椅的调节位置一起自动存储。应该首先调整好驾驶员座椅位置，外后视镜的位置再根据驾驶员座椅的位置进行调节。

3．后视镜加热功能

后视镜加热功能是指当汽车在雨、雪、雾等天气行驶时，后视镜可以通过镶嵌于镜片后的电热丝加热，确保镜片表面清晰。

二、电动后视镜的组成和结构

电动后视镜一般由调整开关、后视镜调整电动机、后视镜加热装置等组成。两侧的电动后视镜电路由两个永磁电动机和霍尔集成电路组成。通过控制两个电动机的开关，可以获得二顺二反四种电流，即可使镜面产生上、下、左、右四种运动，以获得不同方位的位置调整。每个后视镜都有一个加热器，在后窗除霜器电路接通的同时，后视镜也能被加热以进行除霜。

电动后视镜的外形如图 3—5—3 所示，主要由镜面玻璃、电动机、调整开关、传动机构、执行机构和壳体等组成，其车内调整开关如图 3—5—4 所示。

图 3—5—3　电动后视镜的外形

图 3—5—4　电动后视镜的车内调整开关

三、电动后视镜的工作原理

后视镜内的霍尔集成电路产生模拟电压，对后视镜所在位置进行检测，而两个永磁电动机均可正反转，一个用于控制镜面垂直方向的倾斜度，另一个用于控制镜面水平方向的倾斜度。

电动后视镜电路图如图 3—5—5 所示。图中 X 是来自点火开关的电源线；电动机 V33 - 1 调整右外侧后视镜左右摇摆角度；V33 - 2 调整右外侧后视镜上下摇摆角度；V34 - 1 调整左外侧后视镜左右摇摆角度；V34 - 2 调整左外侧后视镜上下摇摆角度；所有的电动机由组合开关 M 控制。后视镜加热电路如图 3—5—6 和图 3—5—7 所示。

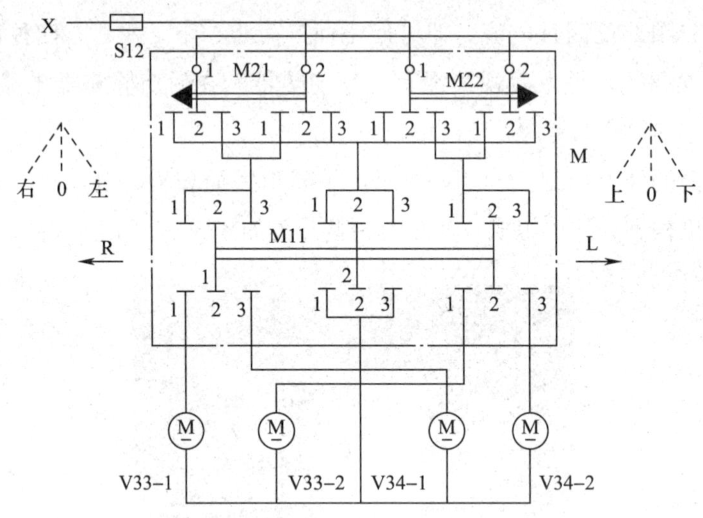

图 3—5—5　桑塔纳 2000 轿车电动后视镜电路图

S12—熔丝　M—电动后视镜开关　M11、M21、M22—电动后视镜分开关

V33 - 1、V33 - 2—右镜左右、上下电动机　V34 - 1、V34 - 2—左镜左右、上下电动机

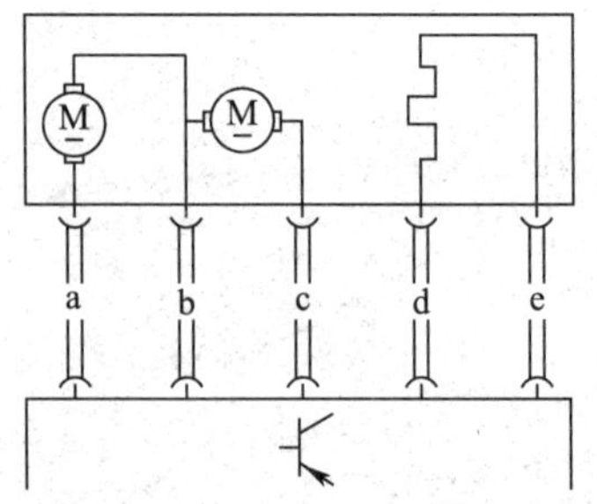

图 3—5—6　后视镜加热器电路

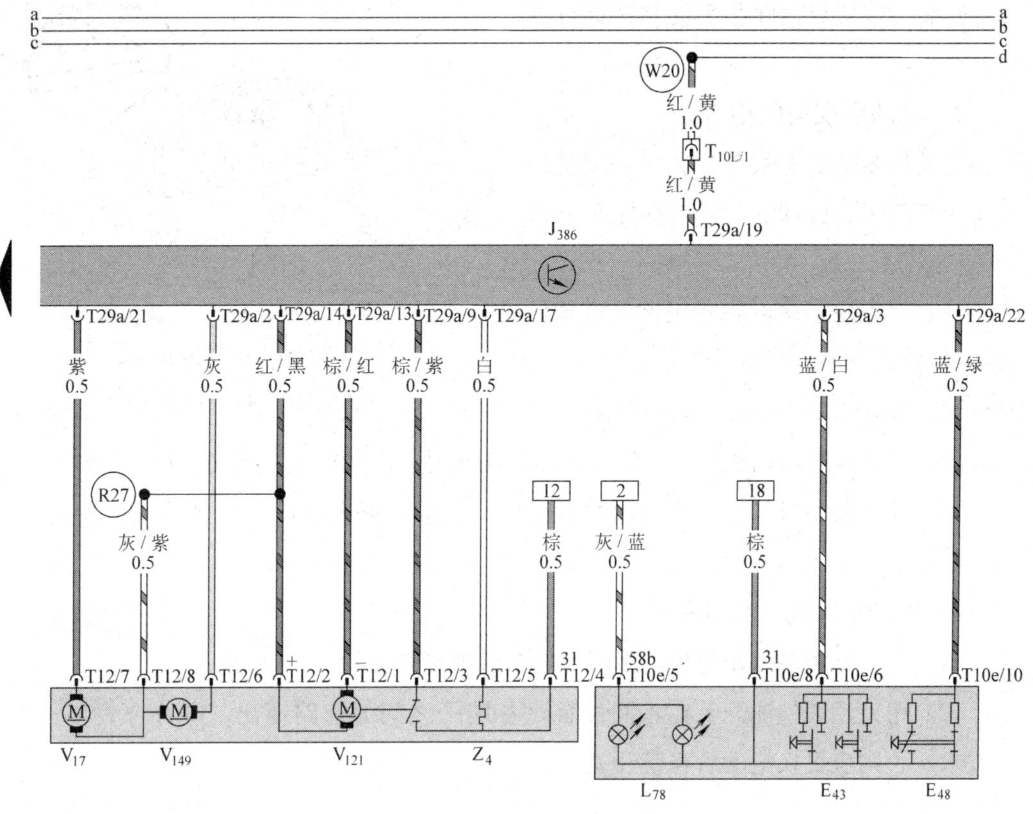

图 3—5—7　后视镜调节开关及驾驶员后视镜的加热器

E_{43}—后视镜调节开关　E_{48}—后视镜调节转换开关　J_{386}—驾驶员侧车门控制单元　L_{78}—后视镜调节开关照明

T10e—10 针插头，在后视镜调节开关上　T10L—10 针插头，黑色，在左 A 柱处　T12—12 针插头

T29a—29 针插头　V_{17}—驾驶员侧后视镜调节电动机　V_{121}—驾驶员侧后视镜复位电动机

V_{149}—驾驶员侧后视镜调节电动机　Z_4—驾驶员侧后视镜加热器

(R27)—连接线，在驾驶员侧车门线束内　(W20)—正极连接线，在后线束内

四、电动后视镜的拆装与检查

1．电动后视镜的拆装

如图 3—5—8 所示，按照如下步骤拆卸电动后视镜：

（1）拆除负极蓄电池导线。

（2）拆除内部装饰。

（3）拆除前车门边框。

（4）断开电动后视镜插头。

（5）拆除螺钉和后视镜固定夹片。

（6）拆除电动后视镜。

安装时按照与拆除相反的顺序进行即可。

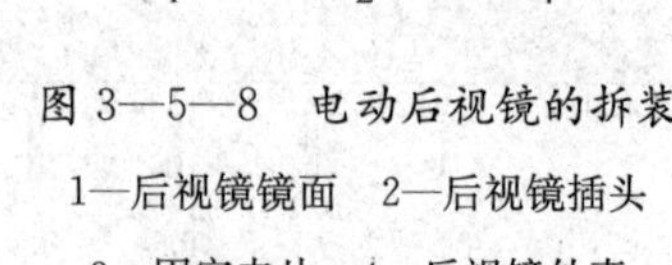

图 3—5—8　电动后视镜的拆装

1—后视镜镜面　2—后视镜插头

3—固定夹片　4—后视镜外壳

2．电动后视镜的检查

电动后视镜如有故障，直接表现是后视镜不能被操纵，此时可以进行如下检查：

（1）首先检查熔丝和断电器（过载保护），然后用万用表测试开关总成。

（2）如果开关完好，那么应用 12 V 电源的跨接线检查电动机的工作情况，接线换向时，电动机也应反向转动。

（3）如果电动机工作正常，而后视镜仍不运动，那么应检查连接后视镜控制开关和车门或仪表板金属件的搭铁情况。

3．电动后视镜开关的检测

（1）拆下驾驶员侧车门板，并断开电动后视镜开关的 10 芯插头。

（2）用万用表检测开关在不同位置时各端子之间的通路情况，应符合表 3—5—1 的要求，否则应更换电动后视镜开关。

表 3—5—1　　电动后视镜开关的检测标准

开关所在位置	端子间连通情况	开关所在位置	端子间连通情况
左上	1 与 4 通、2 与 7 通	右下	1 与 8 通、2 与 4 通
左下	1 与 7 通、2 与 4 通	右左	1 与 8 通、2 与 10 通
左左	1 与 7 通、2 与 9 通	右右	1 与 10 通、2 与 8 通
左右	1 与 9 通、2 与 7 通	按下折回开关	1 与 5 通
右上	1 与 4 通、2 与 8 通		

4．电动后视镜控制装置的检查

电动后视镜控制装置的检查方法如下：

（1）拆下驾驶员侧车门板，并断开电动后视镜控制装置的 7 芯插头。

（2）检查插头和插座的连接是否良好、可靠，若有弯曲，松动或锈蚀，应予以修理或更换。

（3）按表 3—5—2 的要求对 7 芯插头进行检测，并根据故障原因进行修复；若所有端子的检查均为正常，但电动后视镜的故障依然存在，则应更换电动后视镜控制装置。

表 3—5—2　　　　电动后视镜 7 芯插头各端子的检查要求

端子	检测方法	正常结果	故障原因
4	检查对地之间的通路情况	通路	1. 接地不良 2. 导线断路
5	检查对地电压	蓄电池电压	1. 前排乘员侧仪表下熔断器/继电器盒中 13 号（7.5 A）熔断器断路 2. 导线断路
3	接通点火开关和折回开关，检查对地电压	蓄电池电压	1. 前排乘员侧仪表下熔断器/继电器盒中 4 号（7.5 A）熔断器断路 2. 电动后视镜开关中的折回开关故障 3. 导线断路
1	用跨接线短接端子 1 与 5 和端子 2 与 4	右后视镜折回	1. 右折回动作器故障 2. 导线断路
2	用跨接线短接端子 2 与 5 和端子 1 与 4	右后视镜伸出	1. 右折回动作器故障 2. 导线断路
6	用跨接线短接端子 6 与 5 和端子 7 与 4	左后视镜折回	1. 左折回动作器故障 2. 导线断路
7	用跨接线短接端子 7 与 5 和端子 6 与 4	左后视镜伸出	1. 左折回动作器故障 2. 导线断路

思考与练习

1. 简述电动后视镜的功能和组成。
2. 简述电动后视镜的拆装步骤。
3. 简述电动后视镜的检查和调整步骤。

课题六　电动座椅系统

学习目标

◆ 了解汽车电动座椅的功能。

◆ 掌握汽车电动座椅的组成、结构和工作原理。

◆ 熟悉电动座椅控制电路图，掌握电动座椅的检修方法。

想一想

汽车座椅的主要功能是为驾驶员提供便于操作、舒适而又安全的驾驶位置；为乘员提供不易疲劳、舒适而又安全的乘坐位置。即汽车座椅必须满足便利性和舒适性两大要求。为了提高驾驶员和乘员的舒适性，许多轿车安装了电动座椅（又称自动座椅），即用电动机操作的座椅，如图 3—6—1 所示。如今，电动座椅都能实现哪些功能呢？它是如何实现双向电动调节的？若出现类似“电动座椅不能调节，座椅记忆紊乱”等故障现象，应如何诊断与排除呢？

一、电动座椅的功能

现代轿车的前排电动座椅，可进行座椅前后位置、座椅靠背位置、座椅倾斜位置、座椅高度位置共计 8 个方向的调节，如图 3—6—2 所示。

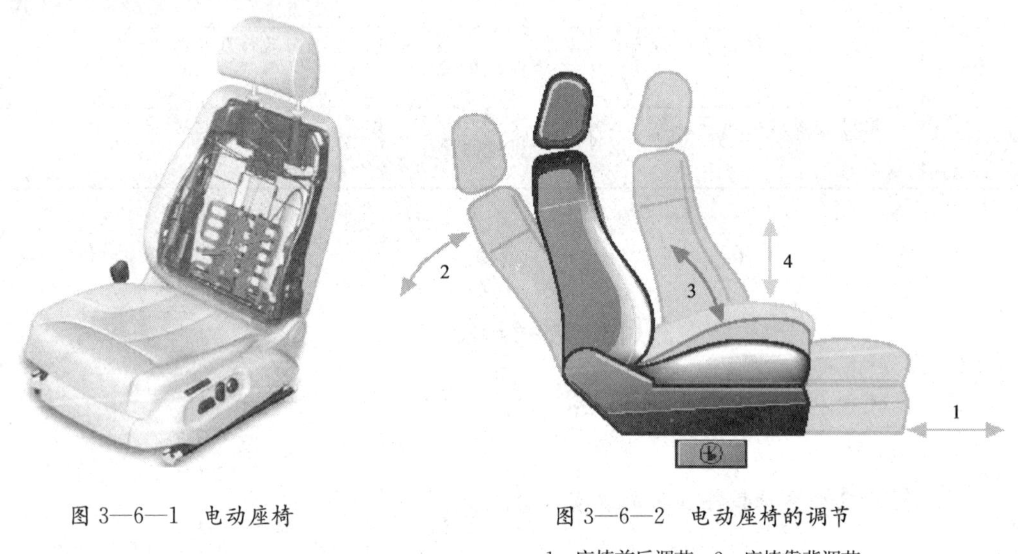

图 3—6—1 电动座椅

图 3—6—2 电动座椅的调节

1—座椅前后调节 2—座椅靠背调节
3—座椅倾斜调节 4—座椅高度调节

当接通调整可调座椅位置的控制开关后，电子控制装置对输入的开关指令进行解析、处理后，输出相应的指令驱动相应的电动机进入工作状态。

1．座椅前后调节

向外拉动手柄并推动座椅。到达合适位置后，放开手柄，继续推动座椅，直到锁止机构啮合。

2．座椅靠背调节

使身体略微离开靠背，转动手轮。

3．座椅倾斜调节

旋转手轮，腰椎范围内的垫枕头部分可以更多或更少地向外隆起。这样可以特别有效地支撑脊柱的自然曲率，防止（尤其是远途时）座椅使人感到疲惫。

4．座椅高度调节

通过座椅外侧手柄的“泵动”，可以平行地升起或下降。

二、电动座椅的组成

电动座椅结构主要由座椅开关、电动机、传动装置等组成。电动机采用永磁双向直流电动机。若要实现 8 个方向的调整，则需要 4 个电动机来完成。座椅电动机的安装位置如图 3—6—3 所示。

三、座椅和后视镜位置记忆系统

大众车系可选装座椅和后视镜位置记忆系统，记忆单元最多可存储 3 种不同驾驶位置的驾驶座椅和后视镜的位置。该系统是一个独立的系统，并有其自诊断地址码“36—座椅调节，驾驶员侧”；记忆控制单元安装在驾驶员侧座椅的下面，并通过 CAN 数据总线与舒适系统控制单元相连接；断电后，如拆下蓄电池，重新接上电源，所有存储数据都不会丢失；可通过诊断仪器对控制单元进行故障查询、故障清除和读取测量数据块。

1．系统操作开关

（1）记忆系统的操作面板在驾驶员位置的左侧，如图 3—6—4 所示。

（2）驾驶员座椅位置调节是通过后视镜调整开关进行的。

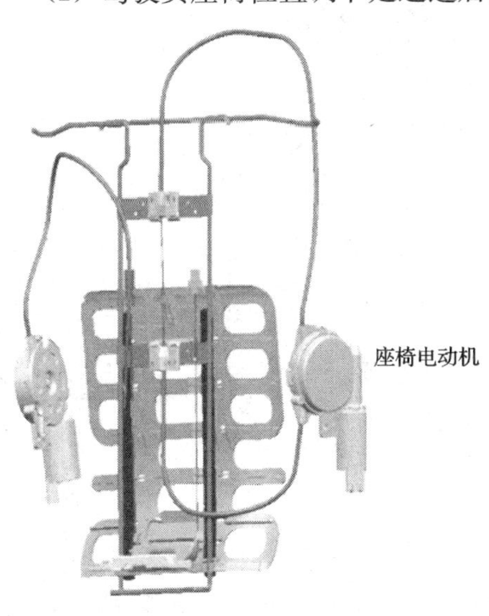

图 3—6—3　电动座椅的电动机安装位置

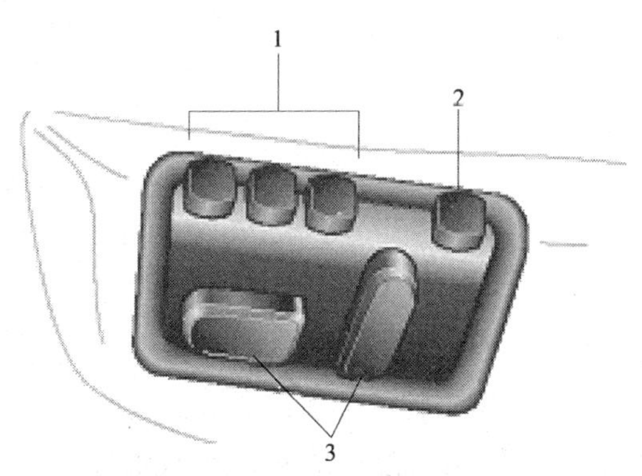

图 3—6—4　记忆系统操作面板

1—记忆按钮　2—紧急停止开关　3—调节开关

（3）座椅及后视镜位置可通过存储器键或车辆钥匙清除存储信息并再提取信息。

2．记忆位置的恢复

（1）使用记忆按钮或无线电遥控可恢复以前存储的座椅位置。

（2）只有当发射无线电信号的汽车点火钥匙内存有位置记忆时，才可恢复位置记忆。

（3）座椅和后视镜位置的控制单元必须将各种不同的汽车钥匙代码分配给不同的座椅和后视镜位置。

四、电动座椅的工作原理

调节电动机通过控制开关改变各电动机通电方向即可实现其正反转，即实施座椅前端上下、后端上下和前后移动等方向的调节。

流过电动机的电流方向决定了电动机的旋向，而电流的流向则由控制开关控制。不调节时，所有开关的触点均断开，电动机两端同时搭铁。进行方向调节时，按下相应的开关，调节电动机电路接通，进行座椅的姿态调整。松开开关，座椅即保持调整好的位置不变。电动座椅的工作过程如图 3—6—5 所示。

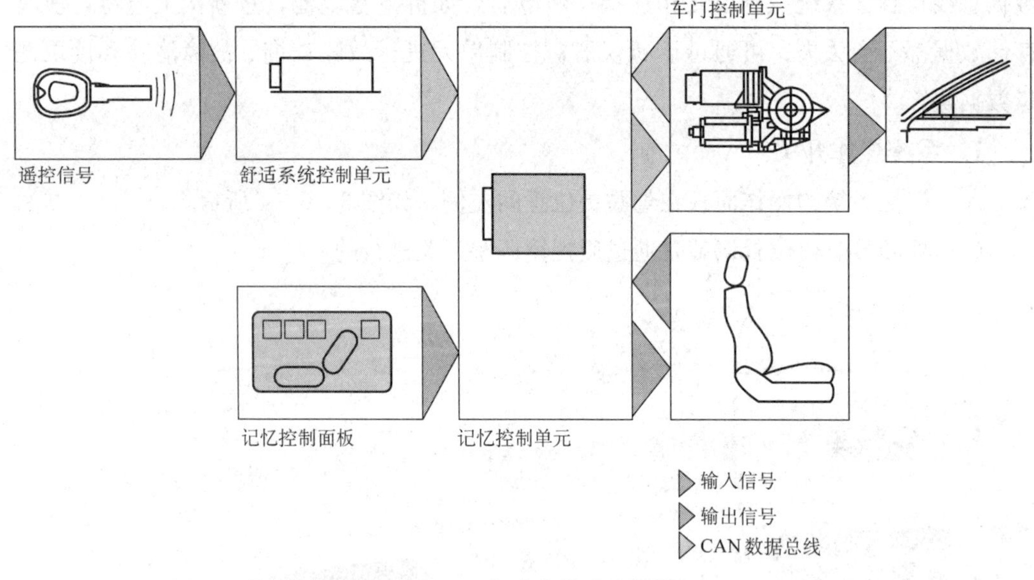

图 3—6—5　电动座椅的工作过程

五、电动座椅电路的检修

1．认识电动座椅电路图

驾驶员侧座椅的各项调节电路图如图 3—6—6 和图 3—6—7 所示。

2．座椅和后视镜记忆系统的检查

对于“电动座椅不能调节，座椅记忆紊乱”的故障，可以利用 V. A. S 5051 型故障诊断仪读取故障代码来分析故障原因。首先进入舒适系统地址码“46”，查询故障代码为“01173——驾驶员侧座椅前后高度调节电动机/舒适系统数据总线故障”。

宝来、捷达等车型的电动座椅故障代码见表3—6—1。

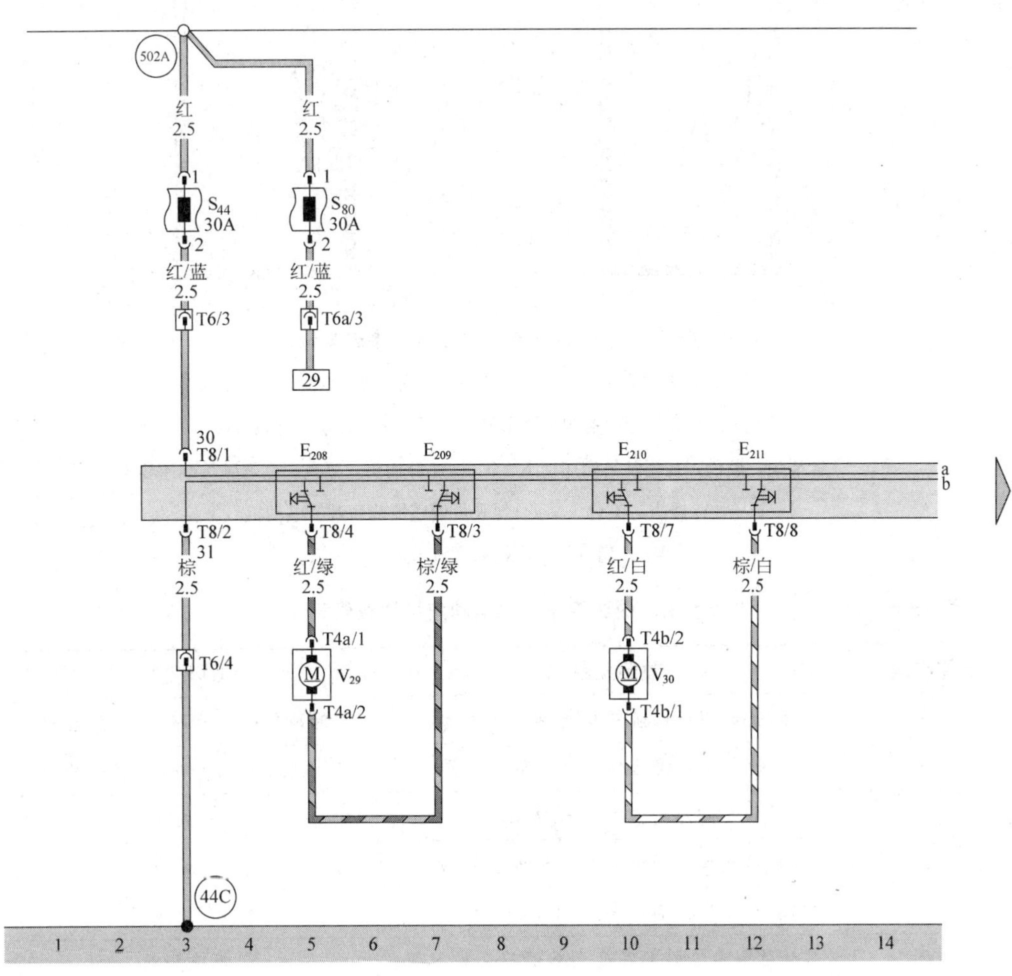

图3—6—6　驾驶员侧座椅高度调节、座椅倾斜调节电路图

E_{208}—驾驶员侧座椅前高度调节开关（向上）　E_{209}—驾驶员侧座椅前高度调节开关（向下）

E_{210}—驾驶员侧座椅后高度调节开关（向上）　E_{211}—驾驶员侧座椅后高度调节开关（向下）

S_{44}—左座椅调节熔丝1，30 A，在附加继电器板上　S_{80}—右座椅调节熔丝2，30 A，在附加继电器板上

T4a—4针插头，黑色，在驾驶员座椅下　T4b—4针插头，黑色，在驾驶员座椅下

T6—6针插头，红色，在驾驶员座椅下　T6a—6针插头，红色，在驾驶员座椅下

T8—8针插头，黑色　V_{29}—驾驶员座椅前高度调节电动机

V_{30}—驾驶员座椅后高度调节电动机　502A—正极连接点，在继电器板上

44C—接地点，在左A柱处

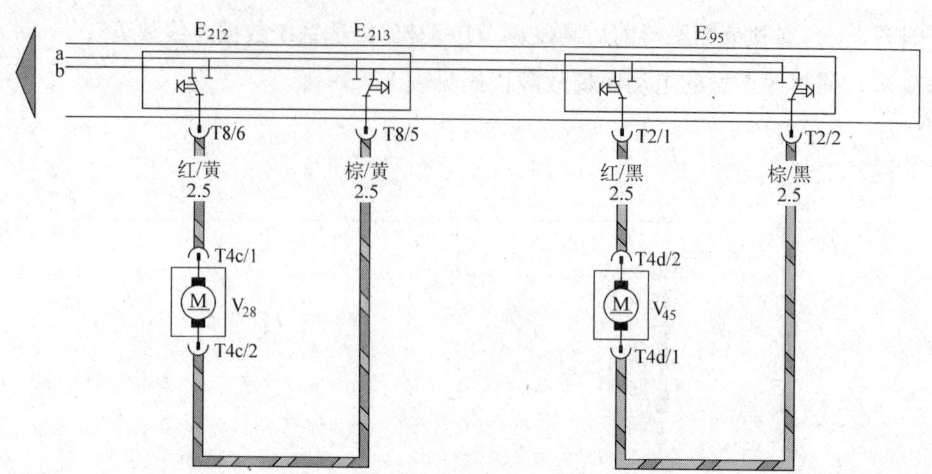

图 3—6—7　驾驶员侧座椅前后和靠背调节电路图

E_{95}—驾驶员侧座椅靠背调节开关　E_{212}—驾驶员侧座椅向前调节开关

E_{213}—驾驶员侧座椅向后调节开关　T2—2 针插头，黑色

T4c—4 针插头，黑色，在驾驶员侧座椅下　T4d—4 针插头，黑色，在驾驶员侧座椅下

T8—8 针插头，黑色　V_{28}—驾驶员侧座椅前后调节电动机

V_{45}—驾驶员侧座椅靠背调节电动机

表 3—6—1　　宝来、捷达等车型的电动座椅故障代码

故障代码	故障元件	故障内容
00994	驾驶员侧座椅前部高度调节传送器	对地短路、开路/对正极短路
00995	驾驶员侧座椅后部高度调节传送器	对地短路、开路/对正极短路
00998	驾驶员侧座椅靠背调节电动机 V_{45}	有故障
00999	驾驶员侧座椅前部高度调节电动机 V_{29}	有故障
01000	驾驶员侧座椅后部高度调节电动机 V_{30}	有故障
01002	驾驶员侧座椅前部高度上升调节开关 E_{208}	对地短路
01003	驾驶员侧座椅前部高度下降调节开关 E_{209}	对地短路
01004	驾驶员侧座椅后部高度上升调节开关 E_{210}	对地短路
01005	驾驶员侧座椅后部高度下降调节开关 E_{211}	对地短路
01006	驾驶员侧座椅向前调节开关 E_{212}	对地短路
01007	驾驶员侧座椅向前调节开关 E_{213}	对地短路
01008	记忆功能断开开关 E_{190}	开关不在停止位置
01009	驾驶员侧座椅前后调整	对地短路、开路/对正极短路
01010	驾驶员侧座椅靠背传感器 G219	开路/对正极短路
01173	驾驶员侧座椅前后高度调节电动机	有故障

输入数据诊断接口地址码“19”，查询到了故障含义为数据总线单线模式的故障代码。连接故障诊断仪 VAS5051 观察舒适系统总线的波形。由于数据诊断接口以星型方式与舒适系统控制单元、4 车门控制模块及电动座椅控制单元连接，因此在将 4 个车门及电动座椅控制单元的插头断开后，测量总线波形仍是以 CAN 高位线单线运行。

3．电动座椅的检修

若电动机运转但座椅不动，则首先检查座椅是否已经达到极限位置。如果不是，就应检查电动机与变速器和相关的传动部分是否磨损过大或卡住，必要时要进行更换。

若电动机不转，则应检查电路中是否有断路，熔丝是否烧毁，搭铁情况是否良好。然后再进行电动机的检查。

(1) 座椅开关的检查

首先拔出控制开关的连接器，然后检查各端子的导通情况，使用万用表检测电动座椅插头端子之间是否导通，如果不导通应更换控制开关。分别对滑动开关工作情况、前垂直开关工作情况、后垂直开关工作情况、倾斜开关工作情况进行检查，见表 3—6—2，如果检查结果与规定工作状况不符，就应更换开关。

表 3—6—2　　电动座椅插头端子的导通情况

开关位置＼端子		1	2	3	4	5	6	7	8	9	10	11	12
滑动开关	前								○	○			
						○	—	—	—	—	○		
	断					○	—	—	—	○			
									○	○			
	后					○	—	—	—	○			
									○	—	○		
前垂直开关	上升										○	—	○
					○	—	—	—	—	—	—	○	
	断				○	—	—	—	—	—	—	○	
					○	—	—	—	—	—	—	—	○
	下降										○	○	
					○	—	—	—	—	—	—	—	○
后垂直开关	上升		○	—	—	—	—	—	—	—	○		
							○	○					
	断		○	—	—	—	—	○					
	下降						○	—	—	—	○		
			○	—	—	—	—	○					
倾斜开关	上升				○	—	—	—	—	—	○		
								○	—	○			
	断				○	—	—	—	—	○			
								○	—	○			
	下降				○	—	—	—	—	○			
								○	—	—	○		

注：○为导通。

（2）电动机的检查

将蓄电池的正、负极导线分别与电动机端子相连，检查电动机是否旋转。反向连接电极，检查电动机应按反方向旋转，如果运转情况与规定不符，就应更换电动机。

（3）PTC 热敏电阻的检查

驾驶员侧 PTC 热敏电阻的检查如图 3—6—8 所示。

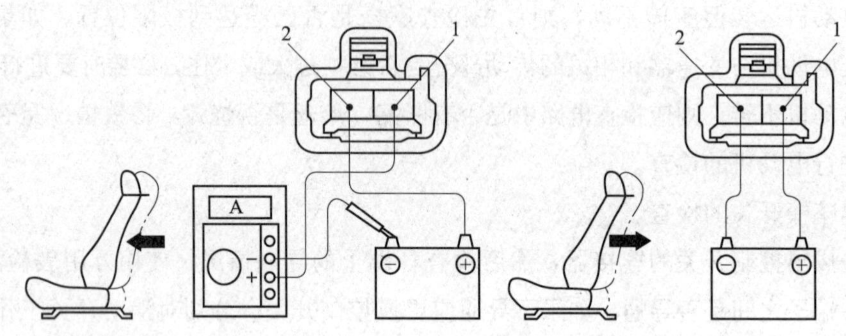

图 3—6—8　驾驶员侧 PTC 热敏电阻的检查

1、2—端子

1）从前座椅上分离开电动座椅调节器。

2）将蓄电池的正极用导线与端子 2 相连，将电流表的正极用导线与端子 1 相连，电流表负极用导线与蓄电池负极相连，然后移动座椅前端的位置。

3）继续施加电压，检查电流强度，在 4～90 s 内应降至 1 A 以下。

4）从端子上拆下导线。

5）约 60 s 后，将蓄电池的正极用导线与端子 1 相连，负极用导线与端子 2 相连，检查座椅，应开始向后移动。

6）如果运作情况与规定不符，就应更换电动机。

思考与练习

1. 简述座椅开关的检查方法。
2. 简述座椅电动机的检查方法。
3. 简述 PTC 热敏电阻的检查方法。
4. 简述座椅和后视镜记忆系统的检查方法。

模块四 汽车组合仪表系统

课题一　汽车组合仪表系统概述

学习目标

◆ 了解汽车组合仪表的类型。

◆ 熟悉汽车组合仪表各组成部分的功能。

◆ 熟悉汽车组合仪表系统的结构。

想一想

一汽大众奥迪A6轿车采用“Highline”仪表，如图4—1—1所示，包括转速表、多功能显示屏及导航系统显示单元。汽车组合仪表系统可为驾驶员提供各种各样的汽车行驶参数信息、警示信息和提示信息等。你所知道的汽车组合仪表的作用是什么？都能显示哪些信息呢？

图4—1—1　奥迪A6组合仪表

一、汽车组合仪表的类型

德国大众车系组合仪表的类型见表 4—1—1。

表 4—1—1　　大众车系组合仪表的类型

型号或生产厂家	类型	适用车型
Lowline	带转速表及数字式时钟	宝来
Midline	带转速表及多功能显示屏	宝来
Highline	带转速表、多功能显示屏及导航系统显示单元	奥迪 A6，宝来
Magneit—Marelli	带转速表及数字式时钟	奥迪 A6，帕萨特
VDO	带转速表及多功能显示屏	奥迪 A6，帕萨特

奥迪 A6 Highline 型组合仪表如图 4—1—2 所示，该组合仪表有 LCD 多功能显示屏，多功能显示屏上显示下述内容：

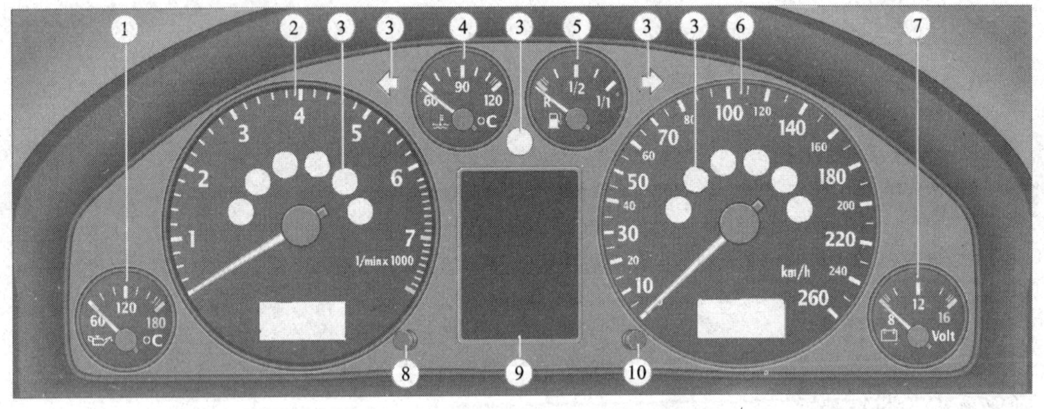

图 4—1—2　奥迪 A6 Highline 型组合仪表

1—发动机机油温度表　2—带数字时钟和日期显示功能的转速表　3—警报及指示灯　4—冷却液温度表　5—燃油表　6—车速表及里程显示器、日行驶里程表　7—电压表　8—调整/检测按钮　9—中央显示屏（带有保养周期指示、警报及指示、车外温度、自动变速箱选挡杆位置、电控无级变速 multitronic 选挡杆位置、驾驶员信息系统）　10—日行驶里程回零按钮、保养周期指示器清屏按钮

1. 带收音机频率显示和电话数据显示的自检系统。
2. 外部温度显示。
3. 车载计算机显示。
4. 自动变速器的挡位显示。

该组合仪表包括机油温度表、发动机转速表、冷却水温表、燃油表、车速里程表及电压表在内共 6 个仪表，在车速里程表上有一个 LCD 显示屏，其上显示行驶里程和日行驶里程，在发动机转速表上有数字时钟显示，指示灯集成在车速里程表和转速表内及仪表板的其他位置，另外还有两个复位按钮。组合仪表由一个控制单元控制，具有很强的自诊断功能，如有故障发生，故障代码会存入组合仪表的故障存储器里，以供故障诊断与排除。

二、汽车组合仪表各组成部分的功能

1. 仪表

（1）发动机机油温度表

此仪表用于显示发动机机油的温度。

只要发动机机油还处于低温状态，就不要让发动机以最大功率运行。如果转速指针进入红色区域，则应降低发动机转速。

如果指针一直在红色区域内，那么必须立即停车并关闭发动机，检查发动机油油位。如果机油油位正常，且启动发动机后发动机机油压力警告灯不闪烁，就可以在避免发动机高转速的情况下继续行驶到就近的维修服务站。

（2）转速表

转速表用于显示发动机每分钟的转速。

发动机转速低于 1 500 r/min 时，应切换到相邻的较低挡位。转速表中红色区域的起始点表示所有挡位下允许的最高发动机转速（发动机已磨合且已达到工作温度）。在到达这个区域之前，应切换到相邻的较高挡位，将选挡杆推至“D”位置或松开油门踏板。

（3）带日期显示的数字时钟

该车装备了一个石英钟或无线电时钟和日期显示，如图 4—1—3 所示。

图 4—1—3　时钟、日期及无线电接收信号显示

（4）冷却液温度表

如果指针位于刻度盘的左边，就表示发动机尚未达到运行温度，此时要避免发动机高转速、油门全开，不要让发动机高负荷运行。

在正常行驶方式下，如果指针在刻度盘的中间范围内摆动，就表示发动机已达到运行温度，在发动机负荷较大且车外温度较高的情况下，指针也可能会向右偏转。只要显示屏内的警告灯 不闪烁，就不必介意；如果该警告灯闪烁，就表示不是冷却液温度过高就是冷却液液位过低。

如果指针在右侧显示区内且较靠右，就说明冷却液温度过高，应立即停车，关闭发动机并让发动机冷却下来。

（5）燃油表

燃油表仅在点火开关已打开时才工作。

油箱容量约为 70 L，带 8 缸发动机的汽车约为 82 L。当指针到达备用油标记处时，组合仪表显示屏符号 会亮起，此时油箱中还剩有约 9 L 燃油，此时，应及时加油，切勿行车到油箱燃油耗尽。接近没油时，供油不规律，会导致发动机缺火，这样未燃烧的燃油将进入排气装置中，其结果是致使尾气催化净化器过热并损坏。

（6）带里程表的车速表

如图 4—1—4 所示，此仪表用于显示车速和已走过的里程。已走过的里程以 km 为单位，在有些车型中里程以英里为单位。

里程表的下面一行用于显示汽车总行驶里程，以 km 或英里为单位，里程表的上面一行用于显示里程表最后一次复位后走过的里程，借此可以测量短距离里程，可按压复位按钮把上面的里程表复位为零。

如果组合仪表中有故障，在日行驶里程表的显示区内就会持续显示 dEF，应尽快让奥迪服务站排除此故障。

（7）电压表

电压表用于显示车载电网的电压。额定值为 12～14 V。如果发动机运转时电压显示降到 12 V 以下，则应检查供电系统蓄电池和发电机，发动机启动期间电压显示可能降到 8 V 以下。

（8）调整/检测按钮

如图 4—1—5 所示，通过检测按钮可以执行以下功能：

1）打开数字时钟和里程表。在点火开关已关闭时，通过按压按钮把带日期显示的数字时钟和里程表打开数秒钟。

2）调用至下一保养项目到期时的剩余里程数。打开点火开关后，短促按压此按钮即可显示至下一保养项目到期时的剩余里程数，此显示可在发动机关闭或运转但车速不超过 5 km/h 的情况下进行。

3）检查显示内容。在点火开关已打开时，按压检测按钮两次即可依次调用汽车自检系统内的符号，此显示可在发动机关闭或运转但车速不超过 5 km/h 的情况下进行。

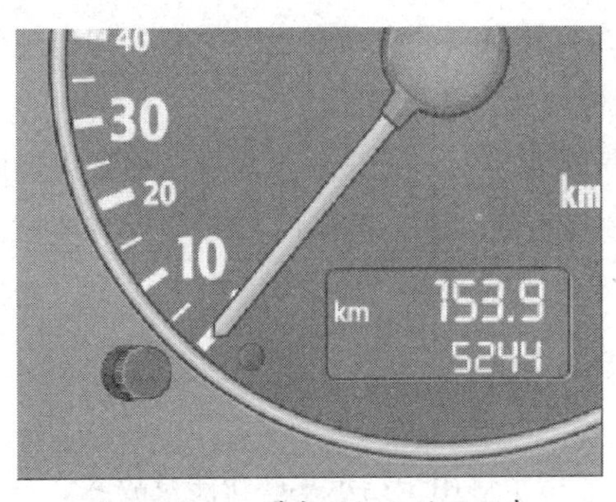

图 4—1—4　带复位按钮的里程表

图 4—1—5　带调整、检测按钮的转速表

4）调出驾驶指南。例如，“SWITCH OFF ENGINE，CHECK OIL LEVEL”指示应关闭发动机，检查机油油位。显示屏中的显示约 5 s 后消失。

5）设置限速警告。按压按钮即可在行驶中设置限速警告的警告限值。

（9）保养周期指示器

如图 4—1—6 所示，保养周期指示器用于提醒下一次保养即将到期，其功能包括：

图 4—1—6　保养周期指示器

1）显示剩余里程数。打开点火开关后短促按压按钮“①”即可显示至下一保养项目的剩余里程数，此查询可在发动机关闭或运转但车速不超过 5 km/h 的情况下进行。剩余里程数在每次打开点火开关后都会更新（保养后行驶 500 km 时开始更新）。

如果对新汽车或做过保养之后的汽车查询剩余里程数，那么在前 500 km 内显示屏中总是显示“SERVICE IN 15 000 KM”（离保养还有 15 000 km）来表示到期日。

2）保养提醒。从某一保养项目到期前的 2 000 km 开始，打开点火开关后显示屏中将出现以下信息“SERVICE IN 2 000 km”（离保养还有 2 000 km），大约 5 s 后，显示屏切换为常规显示，剩余里程数在每次接通点火开关后都会更新，一直更新到某一保养到期日。

3）保养项目。如果某一保养已到期，那么打开点火开关后显示屏中会立即出现信息“Service!”（保养到期!），大约 5 s 后显示屏切换为常规显示。

4）显示复位。进行汽车保养的服务站在完成保养后，把该显示复位。如果未经服务站进行保养，就必须先关闭点火开关，在按住按钮“②”的同时打开点火开关，显示屏中显示“SERVICE!”。然后，按住按钮①直至显示的“SERVICE!”熄灭。如果 5 s 内未按压复位按钮，便会退出显示复位模式。

2. 指示灯

如图 4—1—7 所示为带指示灯的组合仪表，指示灯用于指示某些功能及故障。

图 4—1—7　带指示灯的组合仪表

指示灯及其所指示的功能或故障见表 4—1—2。

表 4—1—2　　指示灯及其所指示的功能或故障

指示灯符号	名称	指示的功能或故障
EPC	发动机功率电子控制（Electronic Power Control）	此指示灯用于监控汽油发动机的发动机功率电子控制系统，在打开点火开关进行功能检查时亮起，如果在行驶时此指示灯亮起，就表示发动机功率电子控制系统出现故障，必须立即检查发动机
⇦1⇨	拖车转向信号装置	带拖车行驶时，若接通转向信号装置，则此指示灯也一起闪烁。若拖车或牵引车上有一个转向信号灯不能工作，则该指示灯不会闪烁
	停车灯/行车灯	在停车灯或行车灯已接通时亮起

续表

指示灯符号	名称	指示的功能或故障
	水平高度调节系统	打开点火开关后进行功能检查时，指示灯亮起数秒钟，如果功能检查后此指示灯仍闪烁，就说明汽车长期停放后，其后部已降下，这是正常现象。当水平高度调节系统已关闭时，此指示灯熄灭 如果指示灯一直亮着，就说明水平高度调节系统有故障或在后轴轴线方向车身严重倾斜，水平高度调节系统有故障时会导致离地间隙减小且行驶舒适性降低，应立即排除此故障
	电控行车稳定系统（ESP）	此指示灯用于监控电控行车稳定系统，具有以下功能： 1. 行驶中 ESP 工作时此指示灯闪烁 2. 打开点火开关时此指示灯亮起约 2 s，表示在进行功能检查 3. 在 ESP 出现故障时此灯亮起 4. ESP 已关闭时此灯亮起 5. 因为 ESP 装置与 ABS 一起工作，所以 ABS 有故障时，此灯也会亮起
	电子防盗锁止系统	打开点火开关时，系统自动查询汽车钥匙的数据指示灯，短促亮起表示正在对数据核对以进行确认。如果使用了非法的点火钥匙，那么此指示灯将转为持续闪烁状态，这样汽车将无法启动
	远光灯	在远光灯已接通时或在执行远光灯瞬时接通功能时，该指示灯亮起
	转向信号装置	根据转向信号灯的接通方向，左侧或右侧指示灯闪烁。在接通了闪烁报警装置时，两个指示灯同时闪烁。如果有一个转向信号灯不能工作，那么指示灯闪烁频率大约快一倍
	发动机电控系统	指示灯亮起表示发动机电控系统内出现故障，应尽快排除故障
AIR BAG	安全气囊系统	该指示灯用于监控安全气囊系统和安全带预紧系统。指示灯在打开点火开关时，亮起几秒钟。如果指示灯一直不熄灭或者在行驶时亮起、闪烁，就表示存在系统故障；如果打开点火开关时此指示灯不亮起，也表示有系统故障

续表

指示灯符号	名称	指示的功能或故障
	制动防抱死系统	此指示灯用于监控ABS和电子差速锁EDS。在打开点火开关或启动发动机期间，指示灯会亮起几秒钟，自动检测过程完毕后此指示灯熄灭。当打开点火开关时，指示灯不亮起，亮起数秒钟后仍不熄灭或在行驶中亮起，表示ABS系统内有故障
	手制动器	在手制动器已拉紧且点火开关已打开时，指示灯会亮起，如果松开手制动器，那么此指示灯应熄灭
	发电机	此指示灯用于显示发电机故障或汽车电气设备故障。指示灯在打开点火开关时亮起，如果发动机已经启动，那么此指示灯应熄灭。如果指示灯在行驶中亮起，那么一般情况下仍可以把汽车开到就近的服务站，因为此时汽车由蓄电池供电，所以应当关闭那些非必需的电气设备
	安全带警告灯	打开点火开关后，指示灯会亮起数秒钟以提醒驾驶员系上安全带

3．驾驶员信息系统（FIS）

FIS是汽车的信息中心，它以便捷的方式告诉驾驶员本车的当前运行状态，例如可以查看至下一次保养的剩余里程数，以便提前采取保养措施等。此外根据装备情况，该系统还可为驾驶员提供收音机、电话、电子通信系统和导航的数据。如图4—1—8所示为带车载计算机的驾驶员信息系统，为行车安全、舒适、经济性等各方面都提供了必要的保障。

（1）复位按钮

复位按钮位于车窗玻璃刮水拨杆上，如图4—1—9所示。多次短促按压车窗玻璃刮水拨杆上的复位按钮即可依次选择以下功能：

图4—1—8　带车载计算机的驾驶员信息系统

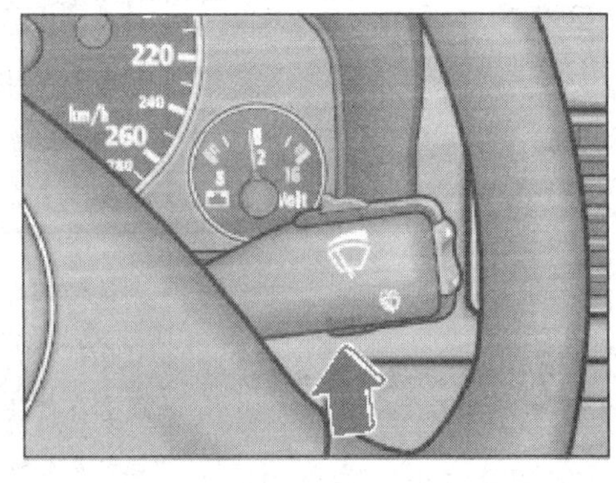

图4—1—9　车窗玻璃刮水拨杆上的复位按钮

1）车外温度/车载计算机/汽车自检系统。

2）导航/电子通信系统。

3）关闭显示屏。

（2）收音机显示

如果汽车自检系统显示没有优先等级为 2 的故障，在收音机设备（依收音机装备情况而定）已打开，“OK”字样消失后，就将显示所选电台的名称或电台的发射频率等附加信息，如图 4—1—10 所示。

（3）车外温度显示

如图 4—1—11 所示，打开点火开关后显示屏中将显示车外温度，在带有自动变速箱的汽车上，只有挂入行驶挡位后显示屏上才会出现此信息。

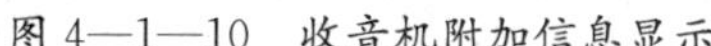
图 4—1—10　收音机附加信息显示

图 4—1—11　车外温度显示

当温度为－5～＋5℃时，在温度显示前面会出现一个冰晶符号，借此提醒驾驶员要小心结冰路面。在汽车停住或车速很低时所显示的温度可能因发动机热辐射而略高于实际车外温度。

（4）车门和尾门警告

汽车起步时，此符号提醒驾驶员车门或尾门处于开启状态。在点火开关已打开时，如果至少有一个车门或尾门未关闭，就会出现车门和尾门警告。此符号还显示哪个/哪些车门未关好，如图 4—1—12 所示，右前车门、左后车门和尾门未关好。在尾门处于开启状态时，汽车示意图内行李箱部位闪烁。

一旦所有车门和尾门完全关好，车门和尾门警告就会熄灭，然后重新显示所选择的 FIS 功能。

（5）汽车自检系统

如图 4—1—13 所示，FIS 信息在组合仪表中部的显示屏内显示，在带有自动变速箱的汽车上，只有挂入某一行驶挡位后显示屏中才会出现这些信息。打开点火开关时以及行驶期间，该系统检查汽车的某些功能和汽车组件是否正常。如果打开点火开关后被检测的功能正常，那么“OK”字样会显示数秒钟；如果有功能故障或需要必要的保养措施，那么将以声音信号的方式发出，同时在显示屏中以红色或黄色符号指示灯显示。红色符号表示有危险，而黄色符号则表示警告。在某些情况下除红色符号亮起外，还会向驾驶员显示一些附加说明。

图 4—1—12　车门和尾门警告

图 4—1—13　汽车自检系统

1）红色符号（优先等级 1）。存在这类故障时，相应的符号指示灯会闪烁且依次发出三声警告信号。这些符号表示有危险，应停住汽车并关闭发动机，检查有故障的功能并排除故障，这可能需要专业人员提供帮助。

如果存在若干个优先等级为 1 的故障，那么这些符号会依次出现，每个显示时间约 2 s，依次循环，直至故障排除。红色符号指示灯及其所指示的故障见表 4—1—3。

表 4—1—3　　红色符号指示灯及其所指示的故障

指示灯符号	名称	指示的故障
	制动系统故障	如果显示屏中该符号闪烁，就说明制动系统有故障，应尽快排除故障。停车后，应首先检查制动液液位，在 ABS 失灵时，ABS 指示灯  (ABS) 与制动系统故障符号一起亮起
	冷却系统故障	如果显示屏中该符号闪烁，就表示不是冷却液温度过高就是冷却液液位过低，此时切勿继续行驶，否则有损坏发动机的危险
	发动机机油压力故障	如果显示屏中该符号闪烁，就表示机油压力过低。此时，应立即停车并关闭发动机，检查发动机机油油位。如果发动机机油油位过低，应补加发动机机油。假如发动机机油油位正常，但该符号仍然闪烁，应进一步检修，不要继续行驶，也不要让发动机怠速运行

续表

指示灯符号	名称	指示的故障
	发动机机油压力故障	该符号是机油压力警告显示，并不是机油油位显示，所以应定期检查机油油位，最好每次加油时检查一次
	轮胎压力过低	如果出现轮胎压力过低的符号，就说明至少有一个轮胎的压力过低，应停车检查轮胎，必要时更换车轮 该符号总是与一条附加文本一起出现，例如“T. PRESSURE REAR RIGHT”（右后轮胎压力）

2）黄色符号（优先等级 2）。存在这类故障时，相应的符号指示灯会亮起且发出一声警告信号。这些符号表示警告，应尽快检查相应的功能。

如果存在若干个优先等级为 2 的故障，那么这些符号将依次出现，每个符号显示时间约 2 s，依次循环，直至故障排除。黄色符号指示灯及其所指示的故障见表 4—1—4。

表 4—1—4　　黄色符号指示灯及其所指示的故障

指示灯符号	名称	指示的故障
	刹车灯损坏	如果符号闪烁或字样“BRAKE LIGHT”（刹车灯）亮起，就应检查刹车灯灯泡、导线连接、刹车灯开关等，进行更换或维修
	近光灯或尾灯损坏	如果该符号亮起，就应检查近光灯灯泡、尾灯灯泡、导线连接等，适当进行更换或维修
	前制动摩擦片磨损过度	如果该符号亮起，就应检查前制动摩擦片。为安全起见，也要检查后制动摩擦片
	燃油存量过低	如图 4—1—14 所示，如果该符号是初次亮起，就表示本车油箱中的燃油存量尚有 7～8 L，应尽快加油
	清洗液液位过低	如图 4—1—15 所示，如果该符号亮起，就应加注清洗液至车窗玻璃清洗装置和大灯清洗装置
- +	蓄电池电压不正确	如果该符号亮起，就应检查三角皮带、调节器、蓄电池的状态等，还要注意发电机指示灯。车载电网内的电压也可以从电压表上看到
MIN	检查发动机机油油位	如果该符号亮起，就应尽快检查发动机机油油位，必要时补充机油
SENSOR	发动机机油传感器损坏	如果该符号亮起，就应检查机油油位传感器。在此之前，为安全起见应在每次加油时检查一下机油油位

续表

指示灯符号	名称	指示的故障
Km/h	限速警告	如果该符号亮起，就说明当前车速已超过设定的车速，此时应减速行驶
	大灯照明距离调节故障	如果该符号亮起，就表示动态大灯照明距离调节有故障，应检修动态大灯照明距离调节机构
	轮胎压力警告	如果该符号亮起，就应检查并校正轮胎压力，该符号总是与对应车轮的外文缩写一起出现，例如右前车轮的缩写为“FR”

图 4—1—14　燃油存量过低

图 4—1—15　清洗液液位过低

三、汽车组合仪表系统的结构

1．传感器

如图 4—1—16 所示，大众轿车使用的仪表系统由组合仪表 6 和相应的传感器组成。其中组合仪表不能解体，如需要可在更换周期内更换组合仪表；燃油表传感器 G 如图 4—1—17 箭头所示安装在油箱内的供油单元上，用于传感油箱中燃油存量；外部温度传感器 G17 如图 4—1—18 箭头所示安装在外侧护栅后部的保险杠左前部，用于传感外界空气温度；车速传感器 G22 如图 4—1—19 箭头所示安装在左驱动法兰旁（不论是手动变速器还是自动变速器），用于传感变速器输出轴的转速（与车速成比例）；机油油面/温度传感器 G266 安装在发动机油底壳上，用于传感发动机机油在油底壳内的液面高度和温度；冷却液温度传感器 G2 随发动机不同，安装位置也不同，它用来传感发动机冷却液的温度。

2．组合仪表上的多孔插座连接

奥迪 A6 轿车上所有警报灯均为发光二极管，如果一个警报灯损坏，就必须更换组合仪表。奥迪 A6 轿车的 Highline 型组合仪表的插头布置如图 4—1—20 所示。

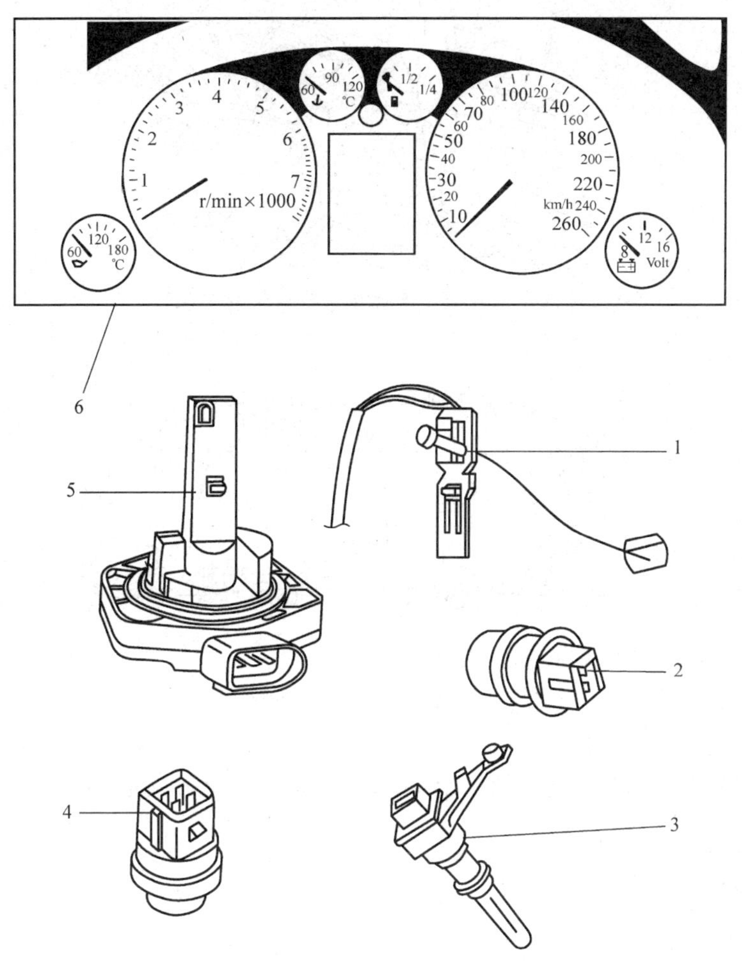

图 4—1—16　组合仪表及传感器

1—燃油表传感器 G　2—外部温度传感器 G17　3—车速传感器 G22
4—冷却液温度传感器 G2　5—机油油面/温度传感器 G266　6—组合仪表

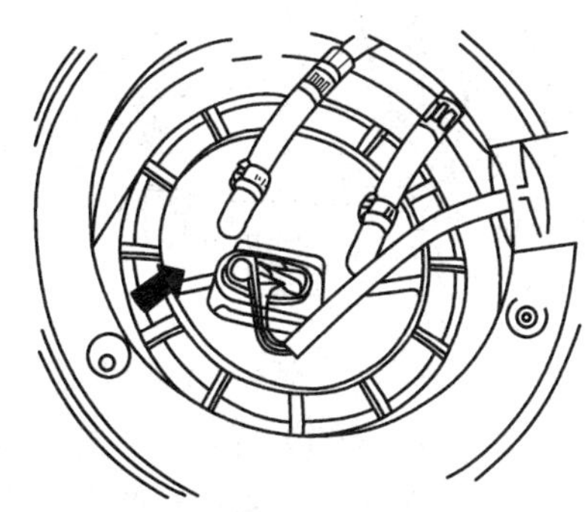

图 4—1—17　燃油表传感器 G 的安装

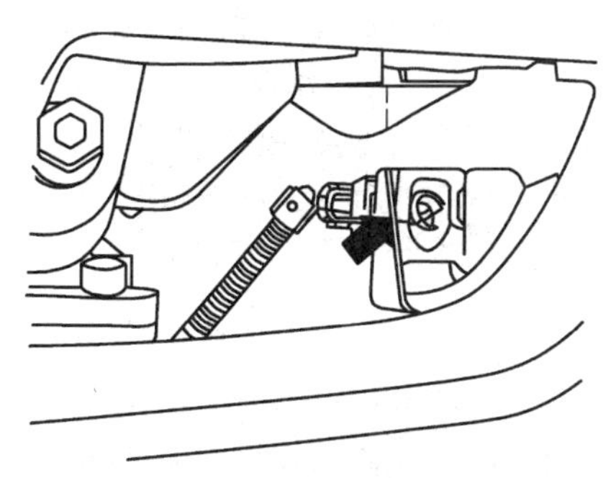

图 4—1—18　外部温度传感器 G17 的安装

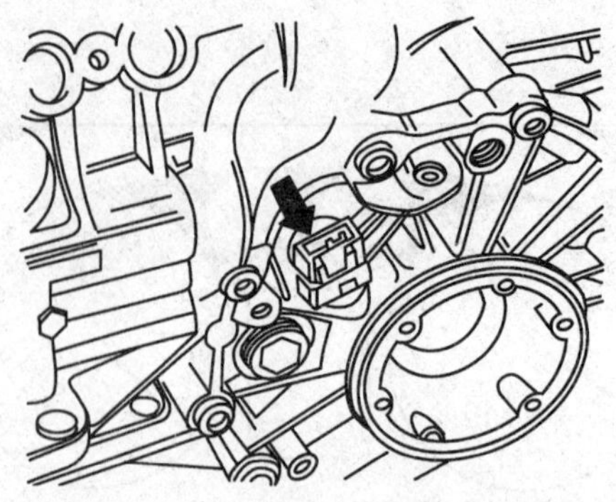

图 4—1—19　车速传感器 G22 的安装

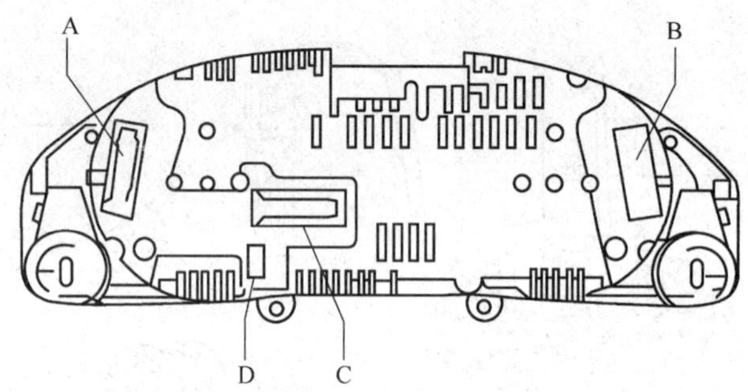

图 4—1—20　组合仪表的插头布置

A—多孔插头（32 针，绿色）　B—多孔插头（32 针，蓝色）

C—多孔插头（32 针，灰色）　D—遥控时钟多孔插头（4 针，黑色）（奥迪 A6 中国型不接）

3. 组合仪表上的插头布置

（1）多孔插头（32 针，蓝色），如图 4—1—21 所示。

（2）多孔插头（32 针，绿色），如图 4—1—22 所示。

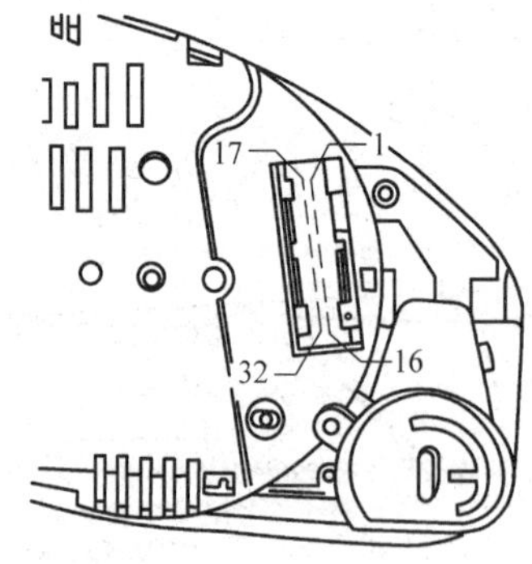

图 4—1—21　奥迪 A6 组合仪表上的 32 针插头（蓝色）布置

1—接线柱　16—挂车转变信号　17—远光灯

32—ESP/ASR（车辆电子稳定程控/防滑调节）

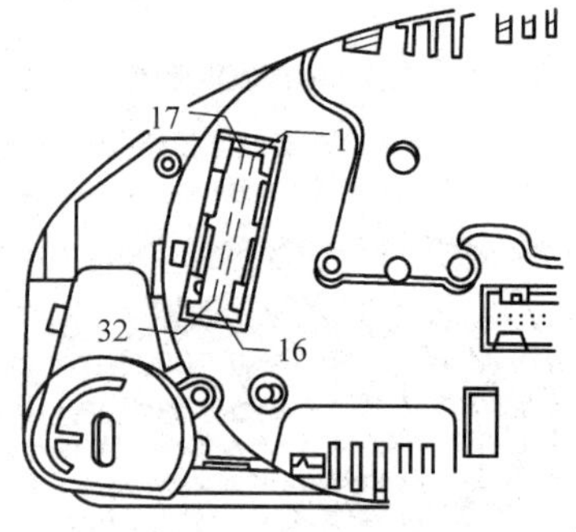

图 4—1—22　奥迪 A6 组合仪表上的 32 针插头（绿色）布置

1、16—未使用　17—脉冲转发器

32—前照灯照程控制

（3）多孔插头（32针，灰色），如图4—1—23所示。

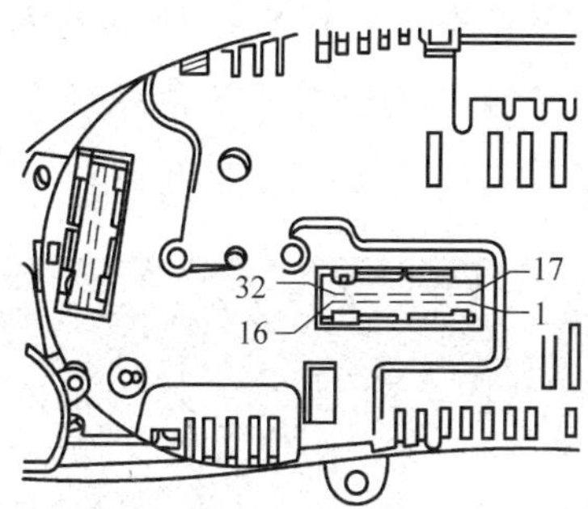

图4—1—23　奥迪A6组合仪表上的32针插头（灰色）布置

（生产厂代码为VDO的是垂直布置的）

1—菜单控制开关（菜单）　16—尾灯/近光灯（灯泡监控）　17—车载计算机，左　32—未使用

思考与练习

1. 汽车组合仪表系统有哪些类型？
2. 汽车组合仪表系统包括哪些仪表和按钮？
3. 结合实训车型，说明汽车组合仪表系统中各传感器的位置和功能。

课题二　汽车组合仪表系统的检修

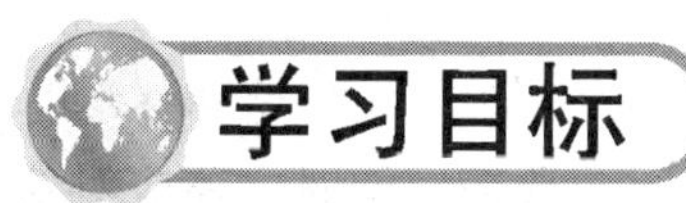

学习目标

◆ 了解汽车组合仪表的维修注意事项。

◆ 掌握汽车组合仪表的拆装方法。

◆ 掌握汽车组合仪表系统的编码及匹配方法。

想一想

2011年5月，王先生在斯柯达销售4S店买了辆昊锐汽车，自购买此车之后的两年多时间里，一直按相应的公里数去4S店定时保养车辆。2012年5月，此车的仪表盘突然不显示公里数了，经过4S店的检测，确定是仪表盘的质量问题，当时4S店给免费

更换了仪表盘。但是，到了2013年11月25日，此车的仪表盘再次出现了问题：仪表盘上转速表的右半部分背景灯闪烁不定，再次去4S店检测时，维修人员说仪表盘再次出现了问题，由于仪表盘是一个整体的部件，不能维修只能更换，并要对新更换的仪表作匹配，完工后，系统无故障，如图4—2—1所示。

图4—2—1　汽车仪表更换后的外观

目前，汽车已经普遍采用了第四代防盗系统，在更换仪表盘的过程中，都需要注意哪些问题呢？

一、汽车组合仪表的维修注意事项

1. 组合仪表一般是整体不可拆的，若某仪表有故障，则必须整体更换。

2. 进行任何维修工作之前都应解除安全气囊系统，否则，不允许施加电能至转向管柱上的任何部件。

3. 在拆卸有故障的组合仪表之前，应使用V. A. G1551或V. A. G1552故障诊断仪查询故障代码存储器，读取维护间隔显示的数值，查询收放机电子防盗系统编码。如果不能读出数据，就必须从车辆的维护计划和里程显示中记录数据。

4. 对于新换的组合仪表，必须使用V. A. G1551或V. A. G1552故障诊断仪设置与旧组合仪表中相关车速里程表读数和维护间隔显示等相同的数据。同时，还应对新的组合仪表进行编码操作。

二、汽车组合仪表的拆装方法

组合仪表不可分解，不需拆下转向盘，为清楚起见，以下图中均未画出转向盘。拆卸组合仪表前，应先查询故障存储器。另外，用V. A. G1551检查技术维护周期显示和里程表显示，并记下显示值。

1. 组合仪表的拆卸

（1）将转向盘连同调整装置全部拉出并向下调整。

（2）向上压护板的侧面并将护板从仪表板上取下，如图4—2—2所示。

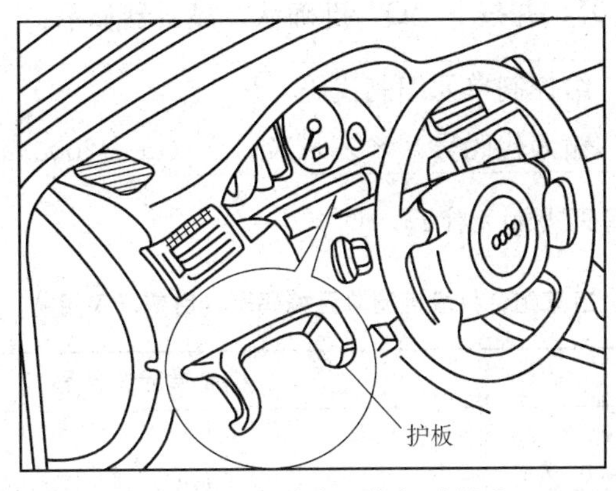

图 4—2—2　向上压护板的侧面

(3) 松开两个十字头螺钉，如图 4—2—3 所示，切断组合仪表后部的电线扎带。松开插头上的卡爪，并拔下插头。

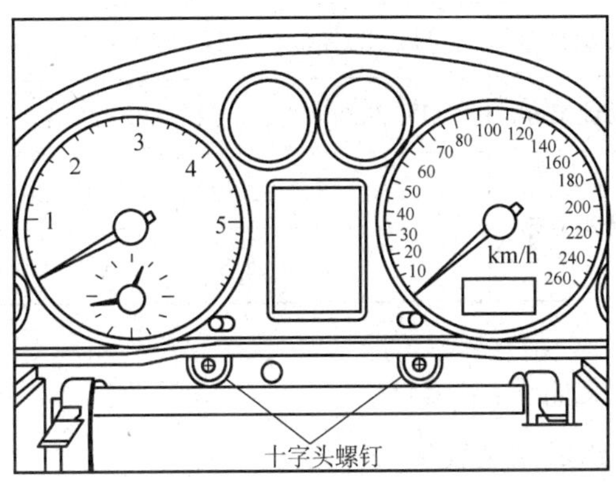

图 4—2—3　松开两个十字头螺钉

2. 组合仪表的安装

安装按与拆卸相反的顺序进行。

插好插头并将线束固定到组合仪表后的夹紧装置上。

安装后应检查组合仪表的功能。如果功能正常，就应编制组合仪表代码，进行保养周期匹配、里程显示匹配、维护周期显示和里程表显示自适应、燃油消耗显示匹配及数据总线控制单元编码等。

三、宝来组合仪表控制单元编码

该功能用于给控制单元编码，涉及的内容包括选装设备、出口国别、保养周期、里程脉冲数等。

1. 使用故障诊断仪 V. A. G1551 或 V. A. G1552，在快速数据传输模式下输入地址码 17（组合仪表系统）。

2. 输入功能代码 07，并按下“Q”键确认，显示器显示：

给控制单元编制代码
输入代码号××××× (0—32000)

按仪表控制单元编码表输入代码，见表 4—2—1。

表 4—2—1 宝来组合仪表控制单元编码表（目前已采用的）

车型			控制单元零件号	编码
1.6 L	手动	无多功能显示	1J5 920 806 C，1J5 920 806 B	01102
	自动			
1.8 L	手动	无多功能显示	1J5 920 806 B1，1J5 920 826 A1，1JD 920 826	01102
		有多功能显示		05102
	自动	无多功能显示	1J5 920 806 Cl，1J5 920 826 A1，1JD 920 826	01102
		有多功能显示	1J5 920 806 Cl，1J5 920 826 A，1JD 920 826	05102
1.8 T	手动	有多功能显示	1J5 920 826 A，1JD 920 826	05122
	自动		1J5 920 826 A1，1JD 920 826	

各代码的组成及含义如下：

（1）代码 01102 的组成（见表 4—2—2）

表 4—2—2 代码的组成

第 1～2 位	第 3 位	第 4 位	第 5 位	含义
01				选装设备代码—制动衬块磨损指示
	1			欧盟（EU）
		0		保养里程代码—15（10^3 km）
			2	里程脉冲数代码—1.6 L/74 kW 手动变速器

（2）代码表

选装设备代码与国别代码，见表 4—2—3 第 1～3 位；保养里程代码，见表 4—2—3 第 4 位；里程脉冲数代码，见表 4—2—3 第 5 位；保养周期代码，见表 4—2—4。

表 4—2—3　　　　选装设备与国别、保养里程、里程脉冲数代码表

<table>
<tr><th>第 1~2 位</th><th>第 3 位</th><th>含义</th><th>第 4 位</th><th>含义</th><th>第 5 位</th><th>含义</th></tr>
<tr><td rowspan="4">00
01

02
04
16</td><td rowspan="4"></td><td rowspan="4">无选装设备
制动摩擦衬片磨损指示
安全带警报
清洗液警报
导航系统</td><td rowspan="5">0

1

2

3</td><td rowspan="5">保养里程不可变且无机油油面/温度传感器 G266 的车；产品序列号（PR 号）：QG0
保养里程可变且有机油油面/温度传感器 G266 的车；产品序列号（PR 号）：QG1
保养里程不可变且有机油油面/温度传感器 G266 的车；产品序列号（PR 号）：QG2
不带保养间隔显示的车（美国、加拿大）</td><td>1</td><td>1.4 L/55 kW 带手动变速器</td></tr>
<tr><td>3</td><td>1.6 L/74 kW 带手动变速器</td></tr>
<tr><td>3</td><td>1.9 L/50 kW SDI 带手动变速器</td></tr>
<tr><td>4</td><td>1.9 L/81 kW TDI 带手动变速器 0.2 M</td></tr>
<tr><td rowspan="3"></td><td rowspan="3">1
2
3
4
5
6
7</td><td rowspan="3">欧盟（EU）
美国（US）
加拿大（CDN）
英国（GB）
日本（JP）
沙特阿拉伯（SA）
澳大利亚（AUS）</td><td>4</td><td>所有发动机带 6 挡手动变速器（包括四轮驱动）</td></tr>
<tr><td rowspan="2">1
2
3
4</td><td rowspan="2">4345
3528
4134
3648</td><td>4</td><td>所有发动机带 5 挡自动变速器</td></tr>
<tr><td>2</td><td>其他发动机/变速器组合</td></tr>
</table>

注：1. 如果可编码的选装件不止一种，那么各编码加在一起才是最后的编码。

2. 里程脉冲数编码是由车上的发动机/变速器组合决定的。

3. 里程脉冲数是一个恒定值，用于计算车速及里程。

4. 可用“自适应”读出里程脉冲数（仅指 VDO）。

表 4—2—4　　　　保养周期代码表

<table>
<tr><th rowspan="2">通道</th><th colspan="4">代　　码</th></tr>
<tr><th>0</th><th>1</th><th>2</th><th>3</th></tr>
<tr><td>43</td><td>15</td><td>30（汽油）50（柴油）</td><td>15</td><td>未使用</td></tr>
<tr><td>44</td><td>365</td><td>730</td><td>365</td><td>未使用</td></tr>
<tr><td>45</td><td>未使用</td><td rowspan="2">2（汽油）
4（柴油）</td><td rowspan="2">1</td><td>未使用</td></tr>
<tr><td>42</td><td>未使用</td><td>未使用</td></tr>
</table>

续表

<table>
<tr><th rowspan="2">通道</th><th colspan="4">代　　码</th></tr>
<tr><th>0</th><th>1</th><th>2</th><th>3</th></tr>
<tr><td>45</td><td>未使用</td><td colspan="2" rowspan="4">实际存储值保持不变</td><td>未使用</td></tr>
<tr><td>46</td><td>未使用</td><td>未使用</td></tr>
<tr><td>47</td><td>未使用</td><td>未使用</td></tr>
<tr><td>48</td><td>未使用</td><td>未使用</td></tr>
<tr><td>40</td><td colspan="3" rowspan="2">实际存储值保持不变</td><td>未使用</td></tr>
<tr><td>41</td><td>未使用</td></tr>
</table>

3. 按屏幕提示的按键输入“01102”，屏幕显示：

给控制单元编制代码	
输入代码 01102	（0—32000）

4. 按屏幕提示的按键确认输入，屏幕显示（示例）：

1J020820A A4—KOMBIINSTR，VDO VIO	
编码 01042	WSC00000

5. 按屏幕提示的按键，此时屏幕显示发动机防盗编码“IMMO—IDENTNR：VWZ7Z0 V00×××××”（视具体车辆而定）。

6. 当屏幕显示“06 结束输出”，确认后结束编码。

四、组合仪表的匹配（10 功能）

1. 仪表的存储及匹配

（1）匹配并保存

1）保养周期显示（SIA）匹配。

2）更换组合仪表后的里程表匹配。

3）保养周期显示（SIA）复位。

4）燃油储量匹配。

5）油耗显示校正。

6）导航系统显示单元语言种类编码（仅指 Midline 及 Highline 型组合仪表）。

（2）匹配表

可用相应通道号选择相应功能，见表 4—2—5。

表 4—2—5　　组合仪表匹配表

匹配通道号	匹配（自适应）功能	车型
02	保养周期显示的复位	宝来、奥迪 A6
03	燃油消耗显示校正	宝来、帕萨特、奥迪 A6
04	驾驶员信息语言选择（仅指 Highline 及 Midline 型组合仪表）	
09	里程显示匹配	
10	适用于更换机油维护（OEL）、里程计数器的维护	帕萨特
11	适用于里程检查（INSP）、计数器的维护及间隔数据	
12	适用于时间（单位：10 日间隔）、检查（INSP）、里程计数器维护数据	
16	里程脉冲数（仅指 VDO）	宝来
18	停车加热系统匹配	奥迪 A6
30	燃油表匹配	宝来、帕萨特、奥迪 A6
35	转速限制匹配	奥迪 A6
40	保养周期的里程（从上次保养起）	宝来、奥迪 A6
41	保养周期的时间（从上次保养起）	
42	保养周期的里程下限值（至下次保养值）	
43	保养周期的里程上限值（至下次保养值）	
44	保养周期的时间上限值（至下次保养前）	
45	保养周期的机油质量（指保养周期可变的车）	
46	保养周期的燃油总消耗量（L/缸），仅指汽油车（燃油消耗数据由发动机控制单元传递）	
47	保养周期积炭数据（仅指柴油机，由发动机控制单元传递）	
48	保养周期机油消耗数据（仅指柴油机，由发动机控制单元传递）	

注：在改变了匹配值或结束了通道后，选择另一个通道，必须重新选择功能“10—匹配”。

2. 更换组合仪表后的保养周期（以宝来为例）

（1）拆下损坏的组合仪表前，应读出保养周期。

1）如果无法读出保养周期（如组合仪表已损坏），就应从保养登记表中查取保养周期，如无登记表，则按估计来确定。

2）保养周期匹配前，应对新组合仪表编码。

3）给组合仪表编码。

4）给通道编码。

5）编码后应将下述内容输入新的组合仪表。

①上次保养后行驶的里程。

②上次保养后行驶的时间。

6）对于保养周期可变的组合仪表还应输入：

①燃油总消耗值（仅指汽油机）。

②积炭值（仅指柴油机）。

③机油消耗值（仅指柴油机）。

2. 连接故障诊断仪，打开点火开关，输入地址码 17。

3. 显示出控制单元和防盗器识别码后，按屏幕提示的按键，屏幕显示“选择功能××”。

4. 输入“10”选择“匹配（自适应）”，屏幕显示“10—匹配（自适应）”。

5. 按屏幕提示的键加以确认，屏幕显示“输入通道号××”。

各通道号所表示的含义见表 4—2—6。

表 4—2—6　　匹配通道及其含义（宝来）

匹配通道号	含义	步长
43	下次保养前的里程上限值	1 000 km
44	下次保养前的时间上限值	1 d（1 天）
45	发动机机油质量 保养周期不可变的车（产品序列号 QG0 及 QG2）：输入值 00001 汽油机且保养周期可变的车（产品序列号 QG1）：输入值 00002 6 缸柴油机且保养周期可变的车（产品序列号 QG1）：输入值 00003 柴油机且保养周期可变的车（产品序列号 QG1）：输入值 00004	
40	上次保养后行驶的里程	100 km
41	上次保养后行驶的时间	1 d（1 天）
46	燃油总消耗量（仅指汽油机）	1 L
47	积炭量（仅指柴油机）	100 km
48	机油消耗量（仅指柴油机）	100 km

说明：

（1）通过编码已设好的匹配值，可通过匹配功能及直接输入方式写入匹配通道 43、44 和 45。

（2）下次保养前的里程和时间上限值可从保养表中查取。

（3）输入的匹配值必须是 5 位数（如 30 000 km 后应保养，匹配值为 30，输入值应为 00030）。

（4）英里显示的组合仪表也必须以公里进行匹配，应将英里换算成公里（1 mile：1.609 km）。

（5）一年的天数按 365 d 计算（不考虑闰年）。

（6）按诊断仪屏幕提示的键可中断匹配。

例如，按损坏的组合仪表（或保养表）确定已走的里程为 6 000 km，用户在 170 d 内走完这段距离。在新的组合仪表中进行通道 40 的匹配，上次保养后行驶了 6 000 km，则匹配值为 60（60×100 km=6 000 km）；而对于通道 41，上次保养后行驶了 170 d，则匹配值为 170（170×1 d=170 d）。

6. 按匹配表选择匹配通道。按诊断仪屏幕提示的键以确认输入，当新组合仪表中输入了通道 40 的值后，显示屏显示：

通道 40	匹配（自适应）
实际值步长 100 km	

上一行是所选通道，下一行是上次保养后行驶的里程。

7. 按诊断仪屏幕提示的按键，屏幕诊断仪屏幕显示：

通道 40	匹配
输入自适应值×××××	

8. 输入新的匹配值，输入“00006”后，屏幕显示：

通道 40	匹配
输入匹配值 00006	

9. 按屏幕提示的按键来确认，屏幕显示：

通道 40	匹配	6
是否存储新值？		

10. 按屏幕提示的按键确认输入，显示屏显示：

通道 40	匹配	6
新值已被存储		

11. 按屏幕提示的按键，屏幕显示：

快速数据传递	帮助
选择功能××	

12. 通道 40 匹配完成后，按 1 和 0 键选择“匹配”，屏幕显示：

快速数据传递 10－匹配

13. 按屏幕提示的按键确认，以同样的方法，在通道41中输入上次保养后行驶时间的匹配值。

14. 以同样方法，输入通道46、47和48的匹配值。完成所有通道匹配后，结束输出（06功能）。

五、里程显示匹配

1. 说明

（1）已行驶的里程可以从损坏的组合仪表或保养表中查得。

（2）匹配前，新组合仪表显示的总里程应小于100 km。

（3）要输入新组合仪表的里程应大于100 km。

（4）总里程匹配只能进行一次且必须正确。

（5）按故障诊断仪提示的C键可中止匹配。

（6）如输入错误，是无法更改的，只能更换新的组合仪表。

（7）使用英里计数的里程表也须用公里进行匹配，但须进行英里/公里换算。

2. 示例

损坏的组合仪表里程为89 627 km，按下述步骤将该值输入新的组合仪表：

（1）在接好的故障诊断仪上选择“17－仪表系统诊断”。

（2）按屏幕上指示的按键确认输入，屏幕显示控制单元和防盗器的识别码。

（3）当屏幕显示“选择功能××”时，按两次“1”键。按屏幕上提示的按键确认输入，屏幕显示“快速数据传递 11－登录”。

说明：登录只在VDO组合仪表上才需进行，对于Motometer组合仪表也可选择匹配功能。

（4）按屏幕上提示的按键确认输入，屏幕显示“登录　输入编码×××××”。

（5）对VDO组合仪表，此时必须输入编码13861，屏幕显示“登录　输入编码13861”。对于Magneti—Marelli组合仪表，此时必须输入防盗装置密码（例如5678），屏幕显示“登录　输入编码05678”。

如果三次输入错误，里程表上就会出现“FALL”（失败）字样。这时应断开30号接线柱（蓄电池）并再接上，再次输入编码。

（6）按屏幕上提示的按键确认输入，屏幕显示“选择功能××”。

（7）按下“1”和“0”键选择“匹配”，屏幕显示“10—匹配”。

（8）按下屏幕上提示的按键显示输入，屏幕显示“输入通道号××”。

(9) 按下“0”和“9”键。按屏幕上指示的按键确认输入。显示屏显示“通道9 匹配0”。

(10) 按屏幕上提示的按键切换到下一步。屏幕显示：

通道	9	0	→
输入值×××××			

(11) 用键盘输入匹配值。里程表的最后一位应完整到10 km，例如：里程为89627，则匹配值应为08963，该匹配值的计算见表4—2—7。

表4—2—7　　　　里程表匹配值的计算

X (0)					十万位：100 000～655 350 km
	X (8)				万位：10 000～90 000 km
		X (9)			千位：1 000～9 000 km
			X (6)		百位：100～900 km
				X (3)	十位：10～90 km
					个位：完整到十位

(12) 用键盘输入匹配值，屏幕显示：

通道9	匹配（自适应）	
输入匹配值		08963

(13) 按屏幕上提示的按键确认输入，屏幕显示“通道9　匹配8963”。

(14) 如果组合仪表上显示出正确的里程数，就按屏幕上提示的按键确认输入。屏幕显示：

通道9	匹配	8963
是否存储新值?		

(15) 按屏幕上提示的按键，屏幕显示：

通道9	匹配	8963
新值已被存储		

(16) 按屏幕上提示的按键结束里程显示匹配。

六、保养周期显示的复位

在交车检查或每次保养后，必须对保养周期显示进行复位（自适应）。

进行保养周期显示的复位有两种方法：一是使用组合仪表上的里程及时钟按钮；二是使用故障诊断仪。

用故障诊断仪使保养周期显示复位的程序如下：

1. 连接故障诊断仪，选择“17－仪表系统诊断”。

2. 显示出控制单元识别码后，按诊断仪屏幕指示的按键，屏幕显示“10－匹配”。

3. 按诊断仪屏幕指示的按键确认输入，屏幕显示“匹配输入通道号××”。

4. 输入通道号“02”，按诊断仪屏幕指示的按键确认输入，屏幕显示“通道 2　匹配 1”。

5. 按诊断仪屏幕指示的按键确认输入，屏幕显示：

通道 2	匹配	1
输入匹配值×××××		

上一行显示的匹配值表示保养周期显示的实际状态：0—保养未启动；1—保养已启动。

组合仪表上显示的保养内容可通过输入匹配值“00000”来复位。

（1）输入“00000”后，保养周期显示将被复位。

（2）当匹配值为“0”且未显示保养警报或要求时，保养周期显示仍被复位。

6. 输入匹配值“00000”，显示屏显示：

通道 2	匹配
输入匹配值 00000	

7. 按诊断仪屏幕指示的按键确认输入。输入“00000”后，屏幕显示“通道 2　匹配”。

8. 按故障诊断仪屏幕指示的按键确认输入，显示屏显示：

通道 2	匹配	0
是否存储新值？		

9. 按故障诊断仪屏幕指示的按键确认输入，屏幕显示：

通道 2	匹配	0
新值已被存储		

10. 按故障诊断仪屏幕指示的按键，选择“06 功能”结束输出。

七、读出里程脉冲数（仅指 VDO）

1. 说明

（1）里程脉冲数是一个恒定值，它用于计算车速及里程。

（2）里程脉冲数用“匹配”是无法改变的。要想改变此值，必须通过“给控制单元编制代码”输入发动机/变速器组合的相应编码。

（3）对于英里的组合仪表，同样可以用公里值来显示里程脉冲数，但需通过下述换算：

公里里程脉冲数×1.609＝英里里程脉冲数。

2．用故障诊断仪读出里程脉冲的程序

（1）连接故障诊断仪，打开点火开关，输入地址码“17”（或选择“仪表系统诊断”）。

（2）显示出控制单元和防盗器识别码后，按故障诊断仪屏幕指示的按键，屏幕显示“10 匹配”。

（3）按故障诊断仪屏幕指示的按键确认输入，屏幕显示“匹配输入通道号××”。

（4）输入“16”，按故障诊断仪屏幕指示的按键确认输入，屏幕显示“通道 16　匹配 3355”。

（5）根据发动机/变速器总成不同组合类别及编码来比较里程脉冲数。

（6）按故障诊断仪屏幕指示的按键中断“读出里程脉冲数”，屏幕显示“匹配输入通道号××”。

（7）按故障诊断仪屏幕指示的按键，选择“06 结束输出”。

八、检查燃油储量显示（储量显示匹配）

如里燃油储量显示过高或过低，就应调整组合仪表的燃油储量显示指针，即按下列程序进行储量显示匹配：

1．进行组合仪表执行元件自诊断。如果执行元件未发现故障，就检查燃油表传感器的功能。

2．在测量数据块中检查燃油表传感器电阻。若在测量数据块中未发现导线或传感器短路及断路，则按下述步骤继续检查。

3．关闭点火开关。

4．抽净油箱中燃油，然后加注燃油，加油量如下：

（1）宝来两轮驱动车：7 L；四轮驱动车：8 L。

（2）帕萨特四轮驱动车 10 L。

5．接好故障诊断仪，打开点火开关，输入地址码“17”，按故障诊断仪屏幕提示的按键，直至屏幕显示“选择功能××”。

6．选择功能 10，屏幕显示“10—匹配（或自适应）”。

7．按故障诊断仪屏幕提示的按键确认输入，屏幕显示“匹配输入通道号××”。

8．按下“3”和“0”键，再按下故障诊断仪屏幕提示的按键确认输入。

需要注意的是：

（1）加注燃油后，至少应等 60 s 后才能读出显示值。

（2）在未经过一定时间时读出的值是不准的，因为加注时，油箱内的燃油在运动，所以油面高度也就不是一个稳定值。

宝来和帕萨特 VDO 组合仪表，诊断仪屏幕显示：

通道	30	匹配	128
<—1	3—>		

帕萨特 Magneti - Marelli 组合仪表，屏幕显示：

通道	30	匹配	0
<—1	3—>		

9. 按“1”键可使匹配值降至 120，按“3”键可使匹配值升至 136，示例为 130，屏幕显示：

通道	30	匹配	130
<—1	3—>		

当指针停在如图 4—2—4 所示的刻度中间时，燃油储量显示就完成了匹配过程。

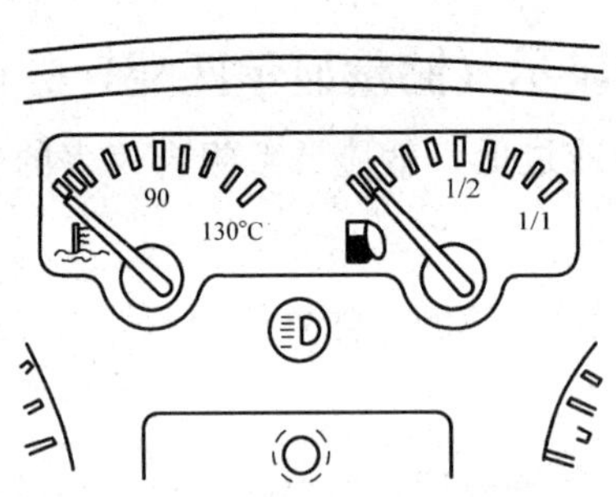

图 4—2—4　检查燃油储量显示

10. 如果指针位置正确，就按故障诊断仪提示的按键确认输入。屏幕显示：

通道	30	匹配	130
是否存储新值?			

11. 按故障诊断仪指示的按键确认输入，屏幕显示：

通道	30	匹配	130
新值已被存储			

12. 按故障诊断仪提示的按键结束匹配。

说明：只有当无法完成燃油储量显示匹配时，才更换燃油表传感器。

九、燃油消耗显示匹配

1. 说明

（1）匹配值只能为85％～115％。

（2）输入值步长为5％。

2. 接好故障诊断仪，输入地址码“17”或选择“仪表系统诊断”，当屏幕显示“选择功能××”时，输入“10”，直至屏幕出现“匹配（自适应）　输入通道号××”。

3. 输入“03”，屏幕显示：

通道	03	匹配	100
<—1	3—>		

4. 按故障诊断仪指示的按钮，直到屏幕显示：

通道	03	匹配	100
输入匹配值×××××			

说明：只能通过直接输入来校正燃油消耗显示值。

5. 通过故障检测仪的键盘输入校正值，前几位应补上“0”。

示例：希望输入值：90％，键盘输入值：00090。屏幕显示：

通道	03	匹配	100
输入匹配值00090			

6. 按故障诊断仪提示的按键确认输入，屏幕显示：

通道	03	匹配	90
<—1	3—>		

7. 按故障诊断仪提示的按键确认输入，屏幕显示：

通道	03	匹配	90
是否存储新值？			

8. 按故障诊断仪提示的按键确认输入，屏幕显示：

通道	03	匹配	90
新值已被存储			

9. 按故障诊断仪提示的按键确认输入，屏幕显示“选择功能××”，此时可按故障诊断仪提示的按键结束匹配。

10. 如果屏幕显示：

可能未知或	→
当前不能执行	

就再次选择“10—匹配”及通道 03。

11. 再次校正燃油消耗显示，并按故障诊断仪提示的按键确认。

十、数据总线控制单元编码

1999 年 5 月以后生产的大众车，如宝来，组合仪表是接在数据总线上的，数据总线也叫 CAN 数据总线。通过组合仪表上的数据总线自诊断接口 J533，数据总线可与自诊断 K 线进行数据交换。更换了组合仪表后，应根据车上装备给数据总线自诊断接口 J533 网关编制代码。

说明：必须给新换上的组合仪表的 J533 编码，即使正确的编码已存储，也应如此。J533 有自己的诊断地址码“19”。

给自诊断接口 J533 编码的过程如下：

1. 按“0”和“7”键选择“控制单元编码”，屏幕显示“07—给控制单元编码”。

2. 按屏幕上提示的按键确认输入，屏幕显示“输入代码××××× (0—32000)”。

3. 按代码表组合输入代码，代码表见表 4—2—8，最后的代码就是一个加起来的值。

表 4—2—8　　　　代码表

总线上的控制单元	代码	总线上的控制单元	代码
自动变速器	00001	安全气囊	00004
ABS	00002		

注：大部分宝来车（1.6 L，1.8 L，1.8 T）的控制单元零件号是 6NO 909 901，编码是 00006。

示例：安全气囊＋ABS：00004＋00002＝00006

显示屏显示（示例）：“6NO909901　入口 K（Gateway K）”。

4. 按诊断仪屏幕提示的按键确认，结束输出。

思考与练习

1. 简述组合仪表控制单元的拆装方法和注意事项。
2. 简述宝来轿车保养周期的显示匹配方法。
3. 简述组合仪表系统的里程显示匹配方法。
4. 简述组合仪表燃油储量及燃油消耗的显示匹配方法。

模块五 汽车娱乐与通信系统

课题一　汽车音响系统

学习目标

- ◆ 了解汽车音响系统的功能。
- ◆ 掌握汽车音响系统的组成及工作原理。
- ◆ 能够对汽车音响系统进行拆卸及自诊断。
- ◆ 掌握汽车音响系统的防盗解码方法。

想一想

汽车音响系统的外观如图 5—1—1 所示。现代汽车上，大多配备有收音机、CD 机、VCD 机、视频播放器等。当你行驶在路上，可以打开广播电台，收听交通台的节目，了解路面拥堵信息；可以通过液晶屏幕，观看 DV、视频；还可以打开 CD 机，收听经典音乐。除此之外，汽车音响系统还有哪些功能呢？

图 5—1—1　汽车音响系统的外观

目前，某些中高档汽车音响都具有防盗功能，一般新车交付时即被启用。当音响系统电源被切断（如音响被强行盗拆）后，音响系统即被锁止，即使重新接通电源，也不会工作。这时应该如何维修呢？

一、汽车音响系统的功能

电子技术的发展和人们生活水平的提高使汽车音响正在迅速地发展。汽车音响已从最早单一功能的 AM（调幅）收音机，发展到现在具有 AM/FM（调幅/调频）收音机、SW（短波）收音机、磁带放音、CD 放音、DAT 数码音响、DSP（数码信号处理器）、电子分音器、电视接收系统、VCD 和 DVD 多媒体立体声影音系统的综合装置。

此外，某些中高档汽车音响有防盗功能，一般新车交付使用时即被启用（应车主要求，音响的防盗功能可以使用也可以不使用）。当音响系统电源被切断（如音响被强行盗拆、维修时蓄电池断电或电压过低等）后，音响系统即被锁止，即使重新接通电源，也不会工作。只有输入厂家设定或由车主设定的密码，音响系统才能恢复正常工作。

如图 5—1—2 所示为通用汽车音响控制面板，显示屏显示“LOC”，表明音响已被锁止，需输入密码才能解锁，否则音响将无法使用。

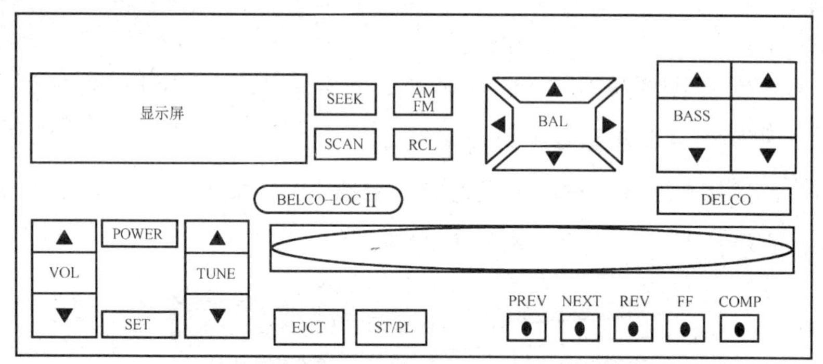

图 5—1—2　通用汽车音响控制面板

二、汽车音响系统的组成及工作原理

汽车音响系统的结构如图 5—1—3 所示，主要由天线、音源系统、功率放大器和扬声器系统等组成。由音源部分送来的各种节目信号，经音频放大器进行加工处理并放大，取得足够的功率去推动扬声器工作，发出与原声源相同但响亮得多的声音。同时，由于声音还要经过所在场所的空间才能送给听众欣赏，因此其音响效果既与音响系统的配置有关，也与听音场所的声学特性有着密切联系。

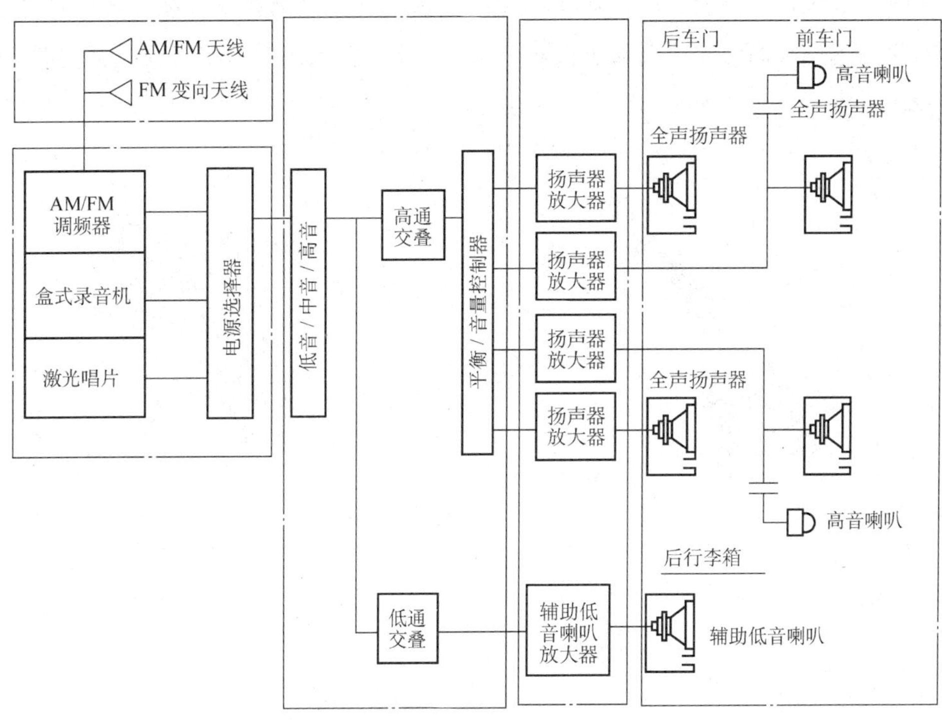

图 5—1—3　汽车音响系统

1. 天线

天线用来接收广播电台的发射电波，再通过高频电缆，向无线电调频装置传送。一般有车身上伸出金属棒的柱式天线（见图 5—1—4）和嵌在窗玻璃上的隐藏式天线两种。有些汽车的柱式天线采用电动天线（见图 5—1—5）或做成一个外部造型，附着在车身某个部位，如图 5—1　6 所示。

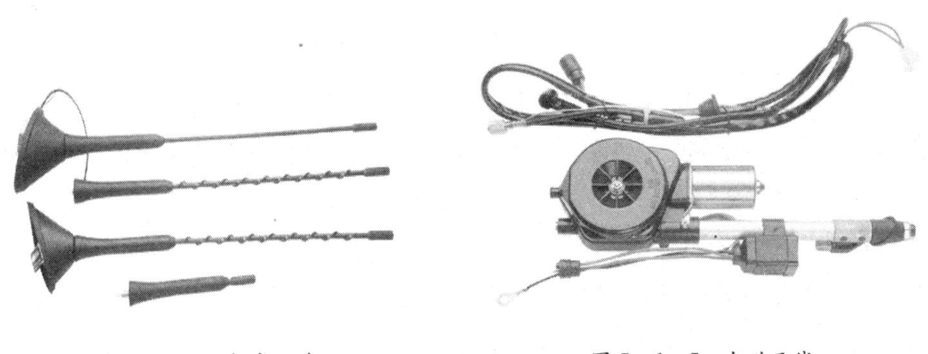

图 5—1—4　柱式天线　　　　图 5—1—5　电动天线

许多轿车上安装了电动天线，电动天线由开关、电动机、继电器、减速机构和天线等组成。天线的升降是通过改变电动机的旋转方向实现的。有些汽车的电动天线用独立的天线开关进行控制，多数汽车则是由收音机开关联动控制。在收音机打开的同时接通电动天线控制电路，电动机转动使天线升起；在关闭收音机时天线又同时下降。基本电路如图 5—1—7 所示。

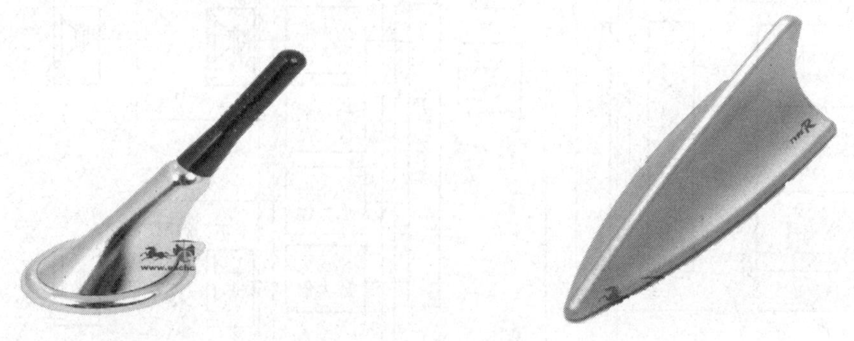

图 5—1—6　天线外部造型

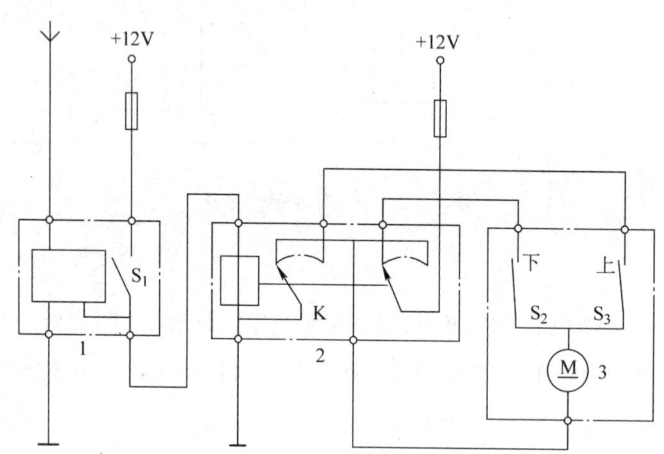

图 5—1—7　电动天线基本电路

1—收音机　2—继电器　3—天线电动机

收音机开关 S_1 接通时，天线继电器 2 的线圈接通电源，继电器触点吸合，天线上升，当天线上升到最高点时，天线上升触点 S_3 断开，天线下降触点 S_2 闭合，电动机停止转动。

当收音机开关 S_1 关闭时，天线继电器断电，继电器触点回位，反向接通电动机电路，电动机反转，使天线下降，当天线下降到最低点时，自动断开天线下降触点 S_2，同时闭合天线上升触点 S_3，电动机停止转动。

车载隐藏式（印刷式）天线系统按其布置位置可分为后窗、侧窗、前风挡、车顶、行李箱盖、防撞保险杠等多种形式，其中有源后窗天线系统是运用最广、开发品种最多、接收效果最好的车载隐藏式天线系统。利用汽车后窗除霜器印刷线路图案，加上特殊设计的天线放大器及其附件，在保留其除霜功能的同时，还使其成为 AM/FM 信号的有效接收单元。

随着 GPS 定位系统、因特网通信、卫星网络服务等功能的广泛应用，汽车的移动接收技术开发的重要性日益凸显，车载天线接收设备所需天线可达 20 多种，没有汽车用户愿意看到自己的汽车竖满各种不同形状的鞭状天线，集成的隐藏式天线会是最好的选择。

2. 音源系统

音源系统（有时也叫主机）有调谐器、磁带放音机、CD 唱机、VCD 影碟机等。它们为音响系统提供音频或视频信号。下面分别介绍调谐器和 CD 唱机。

（1）调谐器

调谐器是一台不包括功率放大器和扬声器的高性能收音机，其功能是接收中波段和短波段的调幅广播及调频波段的调频立体声广播，并还原成音频信号。新型调谐器采用数字调谐和数字频率显示技术，具有存储、预选、定时和频率显示等功能。

1）调谐器的基本原理。

无线电广播是利用无线电波来传递语言或音乐信号的。声音经话筒转换为音频信号，经音频放大器放大后送入调制器，高频振荡器产生等幅高频振荡信号作为载波送入调制器，调制器用音频信号对载波进行幅度（或频率）调制形成调幅（或调频）波，再经高频功率放大器放大后送入发射天线向空间发射。

调谐器是通过无线电波来接收广播电台的广播节目的。接收天线把无线电波接收下来，输入调谐回路并根据 LC 谐振原理从中选择出所要接收的电台信号，经过高频放大后送入解调器。解调是从高频已调波信号中取出调制信号的过程。对不同的调制方式，解调分为检波和鉴频两种。检波是对调幅信号进行解调，对应电路为检波器。鉴频是对调频信号进行解调，实现鉴频的电路称为鉴频器。解调出的音频信号经低频放大后，推动扬声器发出声音。

2）调谐器的基本组成。

调谐器的电路组成如图 5—1—8 所示，主要包括调幅 AM（中波 MW 和短波 SW）接收电路、调频 FM 接收电路及辅助电路。接收频率范围也称为波段，是调谐器所能收到信号的频率范围。我国规定：调幅（AM）广播的中波（MW）频率范围为 535～1 605 kHz；短波（SW）频率范围为 2.2～22 MHz，可分为若干波段；调频（FM）广播的频率范围为 88～108 MHz。显然，调谐器的波段越多，接收的频率范围越宽，接收到的电台也就越多。

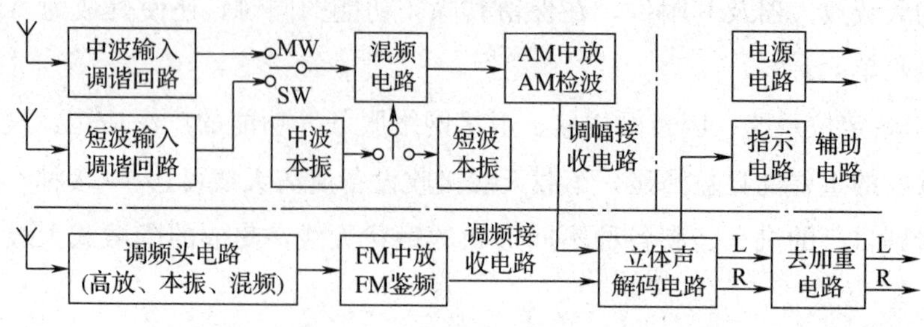

图 5—1—8 调谐器电路组成

(2) CD 唱机

CD 唱机（激光唱机）是将激光光学技术、数字信号处理技术、精密机械伺服技术、微处理器控制技术、高密度记录技术和超大规模集成电路技术等融为一体的数字音频设备。

CD 唱机主要由机芯和电路两大部分组成。

机芯是 CD 唱机的重要部件，基本组成如图 5—1—9 所示，主要由托盘进出机构、光盘装卸机构、光盘进给机构、光盘旋转机构、夹持机构和激光束的聚焦与循迹机构等部分组成。机芯中的驱动电动机通常有 3 个，分别是加载电动机、进给电动机、主轴电动机。

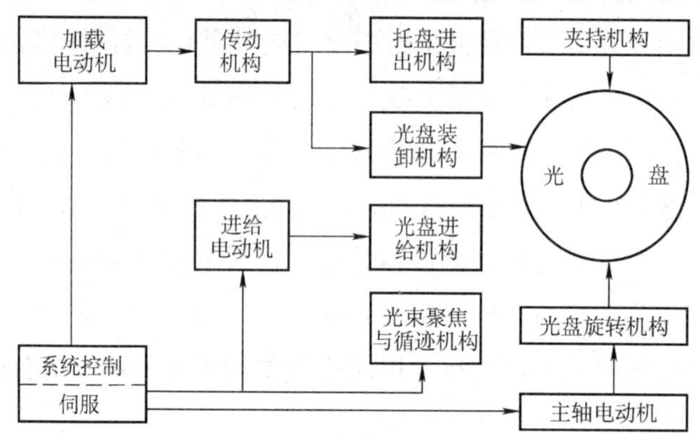

图 5—1—9 CD 机机芯基本组成

托盘进出机构、光盘装卸机构与夹持机构安装在塑料机座上。托盘通过齿条与机座上的托盘进出机构中的主凸轮啮合。加载电动机安装在机座上。光盘旋转机构和光盘进给机构安装在钢制芯座上，由后面的 2 个销钉通过螺钉固定在机座上。芯座通过前面一个销钉嵌在升降凸轮槽内，随着升降凸轮的转动而上下移动。

CD 机电路如图 5—1—10 所示，主要由信号处理系统、机芯伺服系统、控制显示系统和电源电路等部分组成。

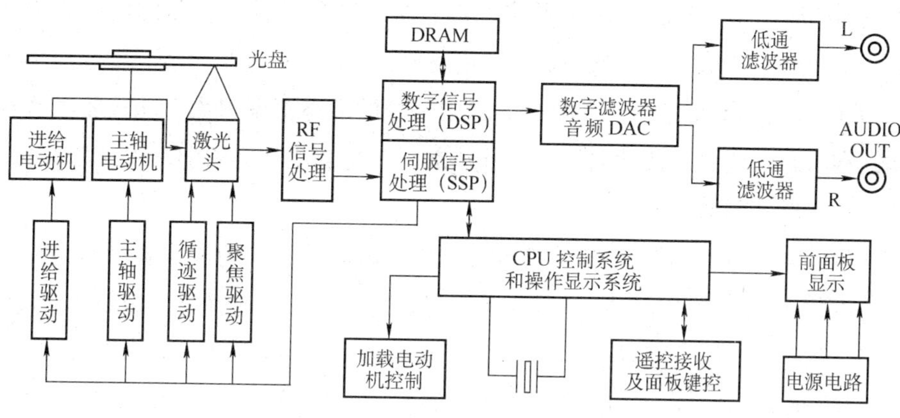

图 5—1—10　CD 机电路

信号处理系统包括 RF 射频信号处理器、数字信号处理器、数字滤波器与音频数/模变换器以及低通滤波器等。其中数字信号处理（DSP）电路是信号处理系统的核心部分，一般由专用的超大规模集成电路来担任。

机芯的伺服系统包括聚焦伺服电路、循迹伺服电路、进给伺服电路和主轴伺服电路 4 种。各种伺服电路又包含伺服信号的处理（SSP）电路和伺服信号的驱动输出电路。当采用数字伺服时，伺服信号的处理电路往往与数字信号的处理电路集成在一块电路中。

控制显示电路包括机芯工作状态的控制、电路工作状态的控制、键盘操作与显示驱动等电路，其核心是一块专用的微处理器（CPU）。

3．功率放大器

（1）功率放大器（见图 5—1—11）的基本要求

图 5—1—11　功率放大器

1）输出功率要大。为了得到足够大的输出功率，功放管的工作电压和电流接近极限参数。

2）效率要高。扬声器获得的功率与电源提供的功率之比称为功率放大器的效率。

功率放大器的输出功率是由直流电源提供的。由于功放管具有一定的内阻，因此它会有一定的功率损耗。功率放大器的效率越高越好。

3）非线性失真要小。由于功率放大器中信号的动态范围很大，功放管工作在接近截止和饱和状态，超出了特性曲线的线性范围，因此必须设法减小非线性失真。

（2）功率放大器的组成

功率放大器的电路如图 5—1—12 所示。在音响电路中，功放电路通常由两个或两个以上的音频声道组成。每个声道分为两个主要的部分，即前置放大器和功率放大器。

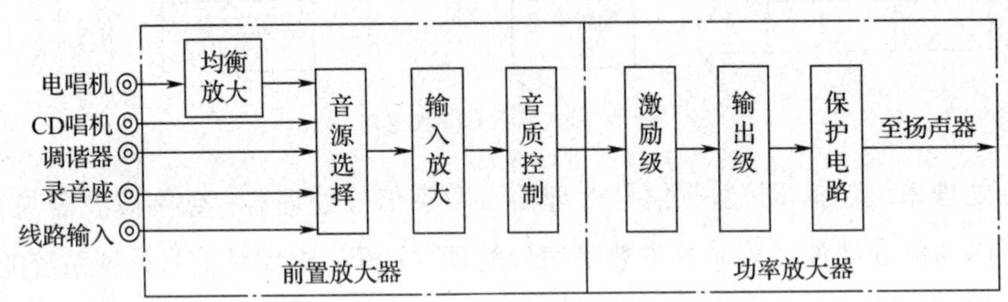

图 5—1—12　功率放大器的电路

1）前置放大器。

前置放大器具有双重功能：它要选择所需要的音源信号，并放大到额定电平，还要进行各种音质控制，以美化声音。这些功能由均衡放大电路、音源选择电路、输入放大电路和音质控制电路等来完成。

音源选择电路的功能是选择所需的音源信号送入后级，同时关闭其他音源通道。各种音源的输出是各不相同的，通常分为高电平与低电平两类。调谐器、录音机、CD 唱机、VCD 影碟机等音源的输出信号电平达 50～500 mV，称为高电平音源，可直接送入音源选择电路。

输入放大器的作用是将音源信号放大到额定电平，通常是 1 V 左右。输入放大器可设计为独立的放大器，也可在音质控制电路中完成所需要的放大。

音质控制的目的是使音响系统的频率特性可以控制，以达到高保真的音质；或者根据聆听者的爱好，修饰与美化声音；有时还可以插入独立的均衡器，以进一步美化声音。音质控制包括音量控制、响度控制、音调控制、左右声道平衡控制、低频噪声和高频噪声抑制等。

2）功率放大器。

功率放大器的作用是进行不失真的音频功率放大，通常由激励级、输出级和保护电路组成。

激励级又可分为输入激励级和推动激励级，前者主要提供足够的电压增益，后者提供足够的功率增益，以便能激励功放输出级。

输出级的作用是产生足够的不失真输出功率。为了获得满意的频率特性、谐波失真和信噪比等性能指标，可在输出级与激励级之间引入负反馈。

保护电路用来保护输出级功率管和扬声器，以防过载损坏。

4. 扬声器系统

（1）扬声器系统的组成

扬声器（俗称喇叭）系统的作用是将音频电信号还原成声音，它是音响设备的一个重要组成部分，是重放声音信号的终端设备。扬声器系统通常由扬声器单元、分频器、音箱体、吸音填充材料等组成，其关键组成部分是扬声器单元。

（2）扬声器系统的主要性能

通常扬声器应具备如下技术指标：

1）功率。要使扬声器能正常工作，需要注意最大额定功率和最小推荐功率这两项指标。

最大额定功率是指扬声器在引起严重损坏前所能接受的最大功率。使用时要注意不应超过该值的 2/3，以保证扬声器的安全。

最小推荐功率是指为产生合适的声级所需要的输入电功率。当小于该功率时，扬声器无法正常工作。

2）频率响应。频率响应是指音箱发出声功率的频率范围。好的音箱应避免在频率范围内出现声功率的峰或谷。在低音区出现“峰”会使音箱产生非音乐内容的“隆隆”声，而出现“谷”后，又会使音箱重放缺少临场感。

3）指向性。扬声器的指向性主要是对音箱的高频重放能力而言的，它是表征扬声器在不同方向上辐射声波的能力。扬声器的指向性与频率有关，当声波的频率增加使波长变短而与扬声器的几何尺寸可比拟时，由于声波的绕射特性及干涉特性，扬声器辐射的声波将出现明显的指向性。一般而言，在低频段 250～300 Hz 以下，扬声器没有明显的指向性，而在 1 500～2 000 Hz 时，其指向性比较明显，这时声波辐射呈窄束状。频率越高，声波辐射区域越窄长，指向性越明显。好的音箱应使其重放的高频声尽可能均匀地分布在一个较宽的区域内。

4）标称阻抗。音箱的阻抗是用从功率放大器取出的音频电功率的大小来度量的，在数值上大致为音圈直流阻值的 1.2～1.5 倍，常见的有 16 Ω、8 Ω、6 Ω 和 4 Ω。

5）灵敏度。音箱的灵敏度是指在音箱输入端加上额定功率为 1 W 的电信号时，在参考轴上 1 m 处产生的声压值，单位用 dB 表示。灵敏度是音箱的一项重要指标，在相同的输入信号下，灵敏度高的音箱听起来声音较大。灵敏度过高，会导致扬声器的动态范围下降；灵敏度过低，则会因推动功率过大而造成浪费。扬声器的灵敏度值范围一般为 70～115 dB。

6）失真。同其他音响设备一样，音箱也会产生失真。其结果是音箱的重放声和原声相比有较大的差异，不能完全重放出原来的声音。音箱的失真主要是由于扬声器的非线性失真造成的。一般来说，音箱失真大于5%时，听众会有明显察觉，失真大于10%时，听众已无法接受。由此看来，音箱的失真对音质还是有很大影响的。

（3）扬声器的类型

扬声器按结构可以大致分为同轴式扬声器和套装式扬声器两大类，所有的扬声器在结构上都可以看作是这两大类扬声器的变种。

同轴式扬声器是将几个发音单元布置为一体的扬声器，例如将高音单元装在中音单元内部；而套装式扬声器与同轴式扬声器正好相反，其发音单元是分开布置的，一般都会带有一个分频器，用以将输入的音频信号分离成高音、中音、低音等不同部分，然后分别送入相应的高音喇叭（见图5—1—13）、中低音喇叭（见图5—1—14）单元中重放。

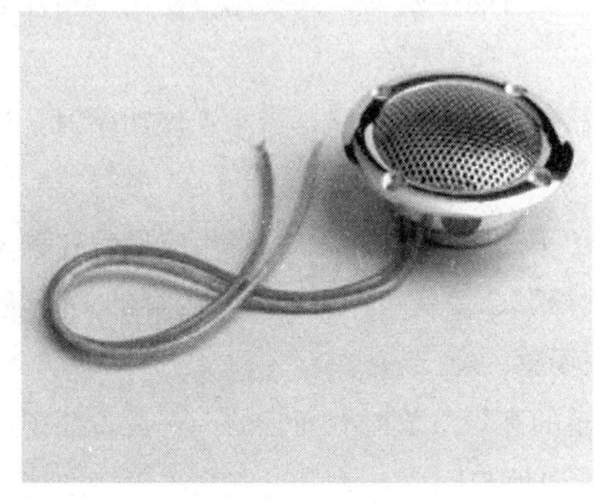

图5—1—13　高音喇叭

图5—1—14　中低音喇叭

5．分频器

分频器又称为分音器。现代高级汽车音响设备中一般采用两对或更多对口径不同的扬声器，分别担负低音域及中高音域的放音。分频器的作用是将全频带声频信号分为不同的频段，使各个扬声器均能得到合适频带的激励信号。

分频器按电路结构可分为两大类，一种为电子分频器（见图5—1—15），另一种为无源分频器（见图5—1—16）。

（1）电子分频器

电子分频器是有源分频，置于前置放大器和功率放大器之间，将信号分为多段频率，然后推动多台功率放大器，每台放大器再推动专用的扬声器，其结构框图如图5—1—17所示。

图 5—1—15　电子分频器

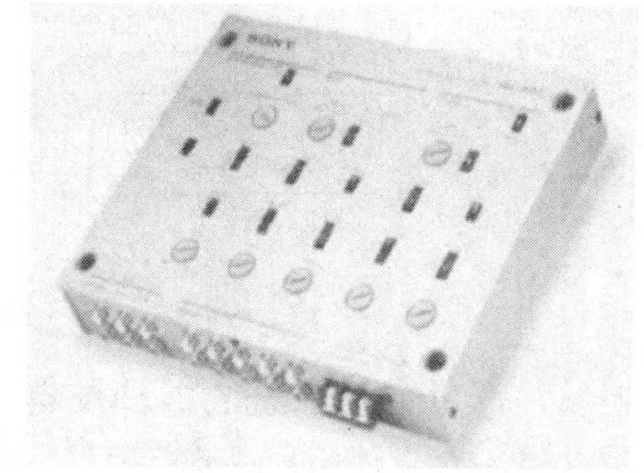

图 5—1—16　无源分频器

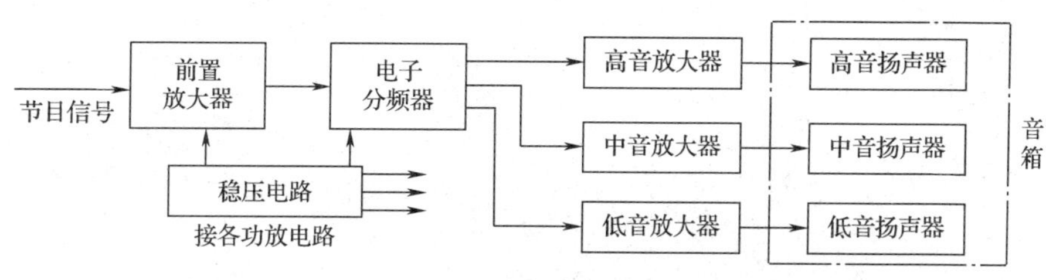

图 5—1—17　电子分频器的结构框图

电子分频器的电路较为复杂，由于采用有源分频，因此信号衰减小，分频特性好，失真小。又因它接在前置放大器和功率放大器之间，使得功率放大器直接和音箱连接，它将高、中、低频分为 3 路分别送至各功率放大单元，各频段之间互不干扰，故它的特点是无调制失真，瞬态特性好。同时有源分频器本身具有放大能力，可以灵活调整，使重放效果更佳，但由于需要多路功率放大器，使产品成本加大，故目前仅在一些专业音响器材中采用。

（2）无源分频器

如图 5—1—16 所示，无源分频器由绕成空心的电感线圈和无极性电解电容组成。由于其体积较大，一般安装在音箱内部。从放大器来的功率输出信号进入音箱后，先送往分频器，然后由分频器的输出端送往各专用扬声器，如图 5—1—18 所示。近年来又出现将这种分频器从音箱内移出，放置在功率放大器机箱与音箱之间的形式，这可减少分频网络在音箱内所受的干扰，使重放音质提高。

无源分频器的特点是制作较为简单，成本较低，适应性较强，是目前使用最广的一种分频器。由于无源分频器接在放大器和扬声器之间，要承受功率放大器输出的较大功率，因此需要使用体积较大的电感，同时电感还存在一定的直流电阻，因而降低了音箱的阻尼系数。另外，无源分频器的参数和扬声器阻抗的关系较大，而扬声器的阻抗又随工作频率的改变而改变，因此容易产生分频点的漂移。

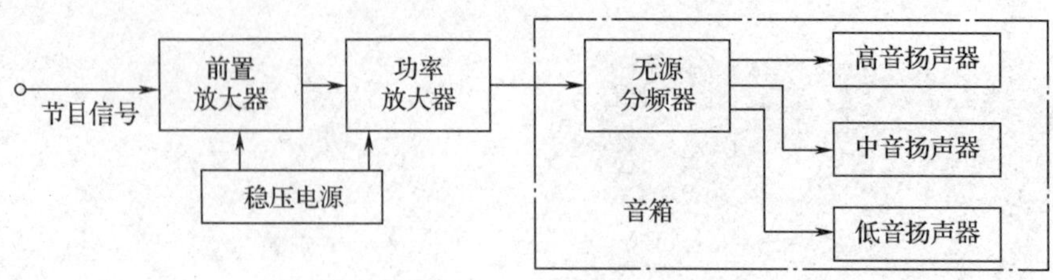

图 5—1—18　无源分频器的结构框图

三、汽车音响系统的拆卸及自诊断

1. 汽车音响系统的拆卸

收音机装置 RCD 200 的拆卸方法如图 5—1—19 所示。

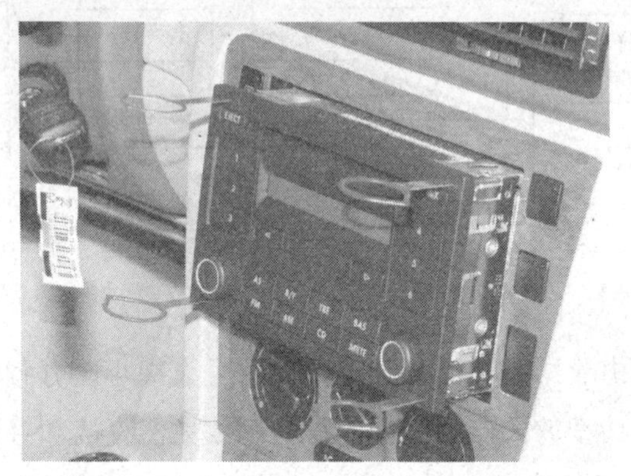

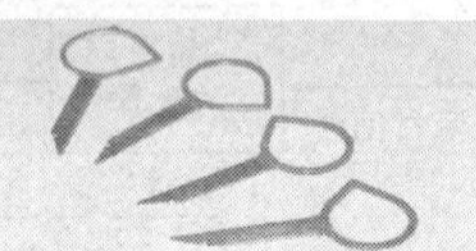

图 5—1—19　收音机装置 RCD 200 的拆卸方法

（1）将钥匙（汽车音响专用拆卸工具）按照如图 5—1—19 所示方向插入汽车音响的钥匙孔，听见“咔”声，表示钥匙已插到位，然后同时将四把钥匙向外用力，取出音响主机。

（2）拆出音响后，用拇指压卡簧，然后将钥匙朝外用力拔出即可。

2. 故障自诊断

收音机系统具有自诊断功能。

在进行故障查询时，必须使用汽车诊断、测量和信息系统（V. A. S 5051B）或者汽车诊断和保养信息系统（V. A. S 5052）中的“引导型故障查询”。

3. 匹配收音机部件

在汽车诊断、测量和信息系统（V. A. S 5051B）或者汽车诊断和保养信息系统（V. A. S 5052）中选择“引导型功能”或选择“引导型故障查询”。查询所有控制单元之后，按下列步骤操作：

— 按压按钮“跳跃”。

— 选择“功能或部件选择”。

— 选择“车身”。

— 选择“电气设备”。

— 选择“01—具有自诊断功能的系统”。

— 选择“收音机装置”。

— 选择“收音机功能”。

四、汽车音响系统防盗解码方法

1. PASSAT（帕萨特）B4音响防盗解码方法

（1）密码功能启动方法

1）音响开机后显示屏显示“FM1 90.5 MHz”，同时按下“MODEL”及“SCAN”键，首先显示“AM1 11070 kHz”，4 s后又显示“A 1 000”。

2）节目预选键1，2，3，4，5，6中的1，2，3，4为密码输入键。4代表个位，3代表十位，2代表百位，1代表千位。若想设定密码为“876”，则：

按1键一次千位空白显示；

按2键8次，百位显示8；

按3键7次，十位显示7；

按4键6次，个位显示6。

密码输入完毕，再次同时按下“MODEL”及“SCAN”键，若密码功能已启动，则显示屏会显示一个电台频率。此后若关闭点火开关，则音响左上角红色发光管会以1 Hz的频率闪烁。

3）由于设计的原因，千位的数字只能是1或0。

4）若同时按下“MODEL”及“SCAN”键时间太长或重复按下，则音响会将“1000”误认为防盗密码输入，从而损失一次输入机会。

（2）密码的输入方法

由于断开电瓶，音响保险烧坏或拆卸音响之后，已启动密码功能的机头会自动锁住。同时，液晶显示屏上会显示“SAFE”。这时在已知密码的情况下，可通过以下输码方法解除防盗。

1）开机，音响显示屏显示“SAFE”，同时ANTI－THEFT发光管会以1 Hz的频率闪烁。

2）按照前述“密码功能启动方法”步骤1、2的相同操作，即可解开密码。

3）若输入的密码不正确，显示屏上的“SAFE”闪烁5次后显示“SAFE”，可用相同方法重新操作解码。若还是没有输对，则须等待1 h以后再输。

4）在不知道密码的情况下，可将主 CPU IC651 上方的 E2 PROMIC671 即 93C46 拆下，在专用的音响解码器上或计算机编程器上拆下芯片，读出密码及状态，再将芯片装回。输入已读出的密码或改写密码成 CD. AB 即可无密码开机。

5）此解码方法同样适用帕萨特 CQ－LA1410、奥迪长面板音响以及 CQ－LP2610 奔驰音响等。

2．帕萨特 B5 音响解码方法

上海大众生产的新款 B5 的音响分为两种：一种为 Y 型，另一种为 B 型。但两者的音响防盗原理是一样的，解码的程序也是一样的。

（1）便捷型收放机密码系统

在此以前，每次卸下收放机或拆除电瓶接线后均需人工取消防盗密码。有了此种新的便捷型收放机密码系统后，情况发生了变化，首次将编码数字输入收放机后（又称首次激活），它还同时储存在车辆仪表板控制系统中。

车辆供电中断后，汽车收放机会自动将“它的”密码数字和储存在车辆仪表板控制系统中的密码加以比较。如密码相符，则在短短几秒后，收放机便可工作，不再需要人工取消电子锁定。

（2）取消电子锁定

若采用的音响不是便捷型收放机，当收放机断电后或更换新的收放机时，防盗密码系统将收放机电子锁定，开机后则显示“SAFE”字样，解码程序如下：

1）打开点火开关，再打开收放机，数字显示屏上会显示“SAFE”字样。

2）约 3 s 后显示屏上会显示“1 000”。

3）使用存台键将贴在“收放机资料卡”上的密码数字输入，按键“1”输入密码的第一位，按键“2”输入第二位，以此类推。例如密码为 2365，则应按“1”键 2 次、按“2”键 3 次、按“3”键 6 次、按“4”键 5 次。

4）输入密码后，再按搜索键或者手动调谐键，按 2 s 以上直到听到“哗”的一声后松开。

5）如果输入的密码正确，在显示屏上很快就会自动显示电台的频率，此时收放机又重新处于可工作状态。

如果在音响解码时由于疏忽，输入一个错误的密码，则显示屏上先闪现、后持续显示“SAFE”字样。此时可重复一遍整个过程，重复的次数会在显示屏上显示。

6）如再次输入错误的密码，则收放机将被锁定 1 h 左右，即无法开机。可从显示屏左下方一个很小的“2”字识别此锁定状态。在 1 h 的等待过程中，点火开关必须置于“ON”位置，且收放机保持开机状态。1 h 后，显示屏上重复次数的显示消失，此时又可根据前面的介绍再次进行人工解码的操作。

3. 奥迪 A6 音响解码操作程序

奥迪 A6 轿车，配备了伽马牌音响（AUDI GAMMA），音响具有防盗功能，可输入四位密码进行解锁，若音响一旦被盗，则会因电源曾中断过，再接通电源时就会自动呈现锁止状态而使音响的各种操作功能失败。如果不慎将音响锁止，那么应该按照下述方法进行解码。

（1）首先将音响电源开关置于“ON”位置，这时音响的液晶显示屏会显示“SAFE”字样，则表明该音响已被锁止。

（2）同时按住装饰面板操作按键中的“U”键和“M”键，这时观察液晶显示屏，会出现“1000”字样，然后松开“U”“M”按键，注意此后再不能同时按住“U”“M”两按键，否则音响内电脑将把此项操作作为错误输入，进行一次计数。

（3）利用音响装饰面板中的四个预置电台存储键“1”“2”“3”“4”兼作音响的解码输入按键，如需输入密码“1697”，则：

按动面板操作存储键“1”2 次，液晶显示屏会显示 1。

按动面板操作存储键“2”7 次，液晶显示屏会显示 6。

按动面板操作存储键“3”10 次，液晶显示屏会显示 9。

按动面板操作存储键“4”8 次，液晶显示屏会显示 7。

（4）确认输入的密码与正确的密码核对无误后，再同时按住“U”键和“M”键。待显示屏上再次出现“SAFE”字样后即可松开“U”键和“M”键，稍等片刻该显示屏上就会自动显示一个电台的频率，此时则表示该音响解锁成功。音响恢复原设计功能。

（5）如果输入的密码是错误的，那么当放开“U”键和“M”键后，显示屏上的“SAFE”字样仍不消失，这时可重新输入密码。如果再次输入错误密码，则需等待 1 h 后方可继续输入密码。

需要注意的是：此种车型音响的密码卡片在出厂销售时贴在行李箱内，用户购买新车后，要将密码卡取出并妥善保管，不可丢失，也不可放在车内，车辆转卖时，新老用户不要忘记交接密码卡片。在汽车进行维修时，在不知道音响密码的情况下，千万不要断开蓄电池的电源线，以避免音响被锁止。

4. 丰田凌志轿车音响防盗系统的设置、取消和锁止的解码操作程序

（1）设置防盗系统

1）将点火开关处于“ACC”位置，将音响关闭。

2）按下左边“1”键和右边的“6”键，再按“PWR. VOL”键，直到显示屏上显示“SEC”为止。

3）先按“TUNE/SEEK”键，再按“1”键，音响放音功能指示符号将显示在显

示屏上。

4）重复按“1”“2”键和“3”键，即可输入欲设置的3位数字的密码。如设置的密码为420，则必须按“1”键5次，“2”键3次，“3”键1次。

5）密码数字显示后，按下“SCAN”键，直到显示“SEC”为止。当“SEC”自行消失后，防盗系统即已设置成功。

如果按错键，那么在显示“SEC”之前，显示屏上会显示“Err”。此时，应从第3步重新操作。

防盗系统一经设置，点火开关处于“OFF”位置时，防盗指示灯将亮起。点火开关转至“ACC”位置时，显示屏上将显示“SEC”。

（2）取消防盗系统

由于某种原因需要更换密码时，必须取消防盗系统的密码设置，重新设置新的密码。

1）按“设置防盗系统”的步骤操作一次。

2）密码显示后，按下“SCAN”键，直到显示“———”为止。若“———”自行消失，则表明防盗系统已被取消。如果按错键，“Err”和“SEC”将陆续显示，这时必须从设置防盗系统的第3步重新开始操作。

注意：显示的“Err”前面的数字表示按错了多少次键，最多按错9次。如果第10次按错键，防盗系统将被触发，显示屏显示“HELP”，音响指示灯点亮，表明音响系统彻底不能工作。此时请与凌志轿车经销商联系。

（3）防盗系统被触发锁止后的处理方法

如果自行设置的防盗系统被触发，就按下面的步骤进行操作，即可恢复正常：

1）按“设置防盗系统”中的第3、4步进行操作。

2）显示屏上显示密码后，按SCAN键，直到“SEC”自行消失后，防盗系统即被重新设置，音响系统也恢复正常。

如果按错键，在显示“SEC”之前，将显示“Err”，必须从头开始重新操作。

如果第10次按错键，防盗系统就将被触发，显示屏显示“HELP”，音响系统指示灯点亮，表时音响系统将彻底不能工作。请联系凌志轿车经销商。当车被转卖时，一定要取消所设置的防盗系统。

5．福特（FORD）汽车音响锁止后的解码操作程序

福特汽车音响装有防盗系统，一旦汽车更换蓄电池或由于其他维修断开电路，汽车音响就会被锁止而不工作。欲使音响恢复工作，可按下面的方法解锁：

（1）先要获得解锁密码，用钥匙打开手套箱，找到一张印有“DEYCODE”英文字母及4位数字的不干胶贴，此4位数字即为解锁密码。

(2) 打开点火开关，按音响“POWER”(电源)键，液晶显示屏上即显示4个短画线“————”并不断闪烁，则表示该音响因某种原因(如音响BATT电源瞬间中断或蓄电池供电中断，及蓄电池电压过低等)已被锁止。

(3) 此种车型的音响解锁解码为四位数密码，利用音响装饰面板中的6个预置电台存储键，兼作音响的解码操纵输入按键。

(4) 例如输入密码“1866”的方法为：

按动面板操作存储键中的“1”键，观察液晶显示屏显示出1为止。

按动面板操作存储键中的“2”键，观察液晶显示屏显示出8为止。

按动面板操作存储键中的“3”键，观察液晶显示屏显示出6为止。

按动面板操作存储键中的“4”键，观察液晶显示屏显示出6为止。

(5) 如果经以上操作输入的密码正确无误后，再按动音响装饰面板中的“SELECT”键，液晶显示屏上就会显示出一个电台的频率，此时则表示该音响解锁成功，音响恢复原设计功能。

(6) 需要说明的是，如果输入的密码不是正确的密码，当输入完毕后，音响液晶显示屏就会显示出“WAIT30 m”字样，这时则只能耐心等待30 min以后方可重新输入正确的密码进行解锁。

如果10次输入的密码均为错误密码，那么该音响将被永久锁止，即所谓“LOCK OUT”。这时必须由福特公司重新设定程序，方可输入密码。

6. 别克轿车音响防盗系统的设置与解码

别克音响出厂后音响一般没有加密码保护，这样用户可自行加入密码使音响具有防盗功能。音响的防盗功能可以使用也可以不使用，视用户设定情况而定。

(1) 密码的设定

1) 写下一个000～1999的三位数或者四位数并将它保存在车外的一个安全地方。

2) 将点火开关转到“ACCESSORY”(附件位置)或“RUN”(运行)位置。

3) 关掉收音机。

4) 同时按下“1”和“4”键，按住它们直到“————”出现在显示屏上。下面将用到车主记录下来的密码。

5) 按“MN”(分钟)键，“000”会出现在显示屏上。

6) 再按“MN”(分钟)键使后两位数字和车主的密码相符。

7) 按“HR”(小时)键使前一位或前两位数字和用户的密码相符。

8) 确认这个数字和车主写下来的密码相符之后，按“AM－FM”键，显示屏上出现“REP”(重复)以告诉维修人员需要重复5～7步骤确认车主的密码。

9) 按“AM－FM”键，这次显示屏上显示“SEC”，表明此车的音响系统已上了安全保险，当点火开关断开时，音响控制旁边的LED指示灯会闪动。

（2）断电后防盗功能解锁

按以下步骤输入密码时，任何两步骤之间不得超过15 s。

1）当接通点火开关时，“LOC”（锁住）出现在显示屏上。

2）按“MN”键，“000”会显示在显示屏上。

3）在按“MN”键使后两位数和车主所设定的密码相符。

4）按“HR”键使前一位或者前两位数字和车主的密码相符。

5）确认这个数字和车主的密码相符之后按“AM－FM”键，显示屏上出现“SEC”，表明音响系统可以工作并上了保险。

如果输入8次错误的密码，那么显示屏会出现“INOP”（不工作），再试之前必须使点火开关接通并等上1 h。再试时，在“INOP”显示之前，只有3次机会输入正确密码。

（3）使防盗功能失效

按以下操作步骤输入密码时，任何两步骤之间停顿不得超过15 s。

1）将点火开关转到“ACCESSORY”（附件）或者运行位置。

2）关掉收音机。

3）同时按下“1”和“4”键，按住直到“SEC”安全保险标记出现在显示屏上。

4）按“MN”键“000”会出现在显示屏上。

5）再按“MN”键使后两位数和车主的密码相符。

6）按“HR”键使前一位或者前两位数和车主的密码相符。

7）确认这个数字和车主的密码相符，按“AM－FM”键，显示屏上出现“--------”，表明音响系统不再保险。

如果输入的密码不正确，“SEC”就会出现在显示屏上，音响系统会保持保险状态直到输入正确的密码。

思考与练习

1. 与家用音响相比，汽车音响有什么特点？
2. 功率放大器电路由哪几部分组成？各部分有什么作用？
3. 扬声器系统的主要性能有哪些？
4. 简单叙述汽车音响系统有哪些配置形式？
5. 指出喇叭在汽车上常见的安装位置。

6. 简述汽车音响的检修程序。
7. 什么叫扬声器的指向性？它对扬声器的安装位置有影响吗？
8. 音响系统一般在什么情况下会被锁止？
9. 简述帕萨特 B5 音响解码方法。
10. 简述福特（FORD）音响锁止后的解码操作程序。
11. 简述别克轿车音响防盗系统的设置与解码操作程序。

课题二　汽车电子导航系统

◆ 了解 GPS 系统的组成和特点。
◆ 熟悉汽车电子导航系统的功能、组成及使用方法。

汽车电子导航系统是在全球卫星定位系统（GPS）的基础上发展起来的新型技术。它是一种接收定位卫星信号，经过微处理器计算出汽车所在的精确经度和纬度以及汽车的速度和方向，并在显示器上显示出来的一种装置。它能方便且准确地告诉驾驶员去往目的地的最短或者最快路径，是驾驶员的好帮手。

现在的汽车电子导航系统已经不单单只有导航的功能，还包括影音播放、3 G 上网、收音机、游戏、电子书阅读、数字电视等功能。

汽车导航仪如图 5—2—1 所示，它是汽车电子导航系统的一个主要组成部分。日常生活中常见的汽车导航仪都有哪些品牌？有哪些设备可以用来进行定位呢？

图 5—2—1　汽车导航仪

一、GPS系统的组成

为实现全天候、全球性和高精度的连续导航与定位，1973年美国国防部批准其陆海空三军联合研制第二代卫星导航定位系统——授时与测距导航系统/全球定位系统(Navigation System Timing and Ranging/Global Position System－NAVSTAR/GPS)，简称全球定位系统（GPS），如图5—2—2所示。

GPS系统包括三大部分：空间部分——卫星及星座、地面控制部分——地面监控系统、用户设备部分——GPS信号接收机。

1．空间部分——卫星及星座

由21颗工作卫星和3颗在轨备用卫星组成GPS卫星星座，记作（21＋3）GPS星座，如图5—2—3所示。24颗卫星均匀分布在6个轨道平面内，轨道倾角为55°，各个轨道平面之间相距60°，即轨道的升交点赤经各相差60°。每个轨道平面内各颗卫星之间的升交角距相差90°，每一轨道平面上的卫星比西边相邻轨道平面上的相应卫星超前30°。

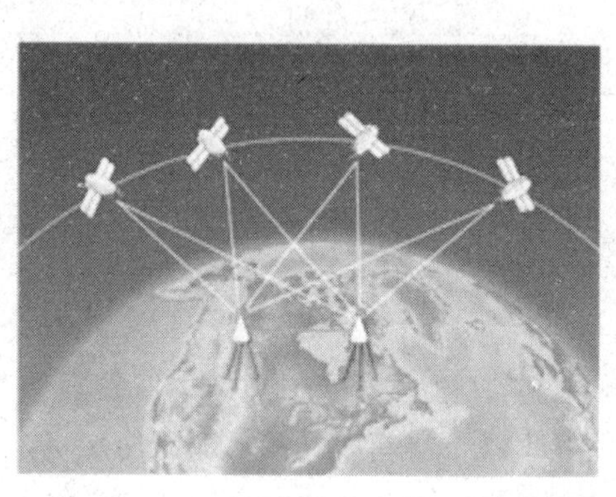

图5—2—2　全球定位系统（GPS）

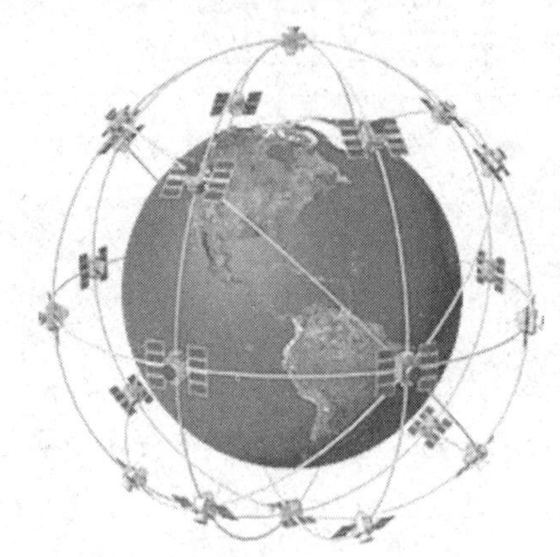

图5—2—3　GPS卫星星座

在两万千米高空的GPS卫星，当地球对恒星来说自转一周时，它们绕地球运行两周，即绕地球一周的时间为12恒星时。这样，对于地面观测者来说，每天将提前4 min见到同一颗GPS卫星。位于地平线以上的卫星颗数随着时间和地点的不同而不同，最少可见到4颗，最多可见到11颗。在用GPS信号导航定位时，为了计算观测点的三维坐标，必须观测4颗GPS卫星，称为定位星座。这4颗卫星在观测过程中的几何位置分布对定位精度有一定的影响。对于某地某时，甚至不能测得精确的点位坐标，这种时间段叫作“间隙段”。但这种间隙段是很短暂的，并不影响全球绝大多数地方的全天候、高精度、连续实时的导航定位测量。

2．地面控制部分——地面监控系统

对于导航定位来说，GPS卫星是一动态已知点。星的位置是依据卫星发射的星历——描述卫星运动及其轨道的参数算得的。每颗GPS卫星所播发的星历，是由地面监控系统提供的。卫星上的各种设备是否正常工作，以及卫星是否一直沿着预定轨道运行，都要由地面设备进行监测和控制。地面监控系统另一重要作用是保持各颗卫星处于同一时间标准——GPS 时间系统。这就需要地面站监测各颗卫星的时间，求出钟差。然后由地面注入站发给卫星，卫星再由导航电文发给用户设备。GPS 工作卫星的地面监控系统包括一个主控站、三个注入站和五个监测站。

3．用户设备部分——GPS 信号接收机

GPS 信号接收机的任务是：能够捕获到按一定卫星高度截止角所选择的待测卫星的信号，并跟踪这些卫星的运行，对所接收到的 GPS 信号进行变换、放大和处理，以便测量出 GPS 信号从卫星到接收机天线的传播时间，解译出 GPS 卫星所发送的导航电文，实时地计算出观测点的三维位置，甚至三维速度和时间。

静态定位中，GPS 接收机在捕获和跟踪 GPS 卫星的过程中固定不变，接收机高精度地测量 GPS 信号的传播时间，利用 GPS 卫星在轨的已知位置，解算出接收机天线所在位置的三维坐标。而动态定位则是用 GPS 接收机测定一个运动物体的运行轨迹。GPS 信号接收机所位于的运动物体叫作载体（如航行中的船舰、空中的飞机、行走的车辆等）。载体上的 GPS 接收机天线在跟踪 GPS 卫星的过程中相对地球而运动，接收机用 GPS 信号实时地测得运动载体的状态参数（瞬间三维位置和三维速度）。

接收机硬件和机内软件以及 GPS 数据的后处理软件包，构成完整的 GPS 用户设备。GPS 接收机的结构分为天线单元和接收单元两大部分。对于测地型接收机来说，两个单元一般分成两个独立的部件，观测时将天线单元安置在测站上，接收单元置于测站附近的适当地方，用电缆线将两者连接成一个整机。也有的将天线单元和接收单元制作成一个整体，观测时将其安置在观测点上。

二、GPS 的特点

GPS 是当前最先进的精密卫星导航定位系统，具有高精度、全天候、高效率、多功能、操作简便、应用广泛等特点。

1．定位精度高

应用实践已经证明，GPS 相对定位精度在 50 km 以内可达 10^{-6}，100～500 km 可达 10^{-7}，1 000 km 可达 10^{-9}。在 300～1 500 m 工程精密定位中，1 h 以上观测，其平面位置误差小于 1 mm，与 ME—5 000 电磁波测距仪测定的边长比较，其边长差最大为 0.5 mm，校差中误差为 0.3 mm。

2．观测时间短

随着 GPS 系统的不断完善，软件的不断更新，目前，20 km 以内相对静态定位，仅需 15～20 min；快速静态相对定位测量时，当每个流动站与基准站相距在 15 km 以内时，流动站观测时间只需 1～2 min，然后可随时定位，每站观测只需几秒钟。

3．测站间无须通视

GPS 测量不要求测站之间互相通视，只需测站上空开阔即可，因此可节省大量的招标费用。由于无须点间通视，点位位置可根据需要布置，可稀可密，使选点工作甚为灵活，也可省去经典大地网中的传算点、过渡点的测量工作。

4．可提供三维坐标

经典大地测量将平面与高程采用不同方法分别施测。GPS 可同时精确测定测站点的三维坐标。目前 GPS 水准可满足四等水准测量的精度。

5．操作简便

随着 GPS 接收机不断改进，自动化程度越来越高，有的已达“傻瓜化”的程度；接收机的体积越来越小，重量越来越轻，极大地减轻野外测量工作者的工作紧张程度和劳动强度。

6．全天候作业

目前 GPS 观测可在一天 24 h 内的任何时间进行，不受阴天黑夜、起雾刮风、下雨下雪等气候的影响。

7．功能多、应用广

GPS 系统不仅可用于测量、导航，还可用于测速、测时。测速的精度可达 0.1 m/s，测时的精度可达几十毫微秒。它的应用领域不断扩大。最初设计 GPS 系统的主要目的是用于导航、收集情报等军事用途。但是，后来的应用开发表明，GPS 系统不仅能够达到上述目的，而且用 GPS 卫星发来的导航定位信号能够进行厘米级甚至毫米级精度的静态相对定位，米级至亚米级精度的动态定位，亚米级至厘米级精度的速度测量和毫微秒级精度的时间测量。因此，GPS 系统展现了极其广阔的应用前景。

三、汽车电子导航系统

1．车载卫星导航系统的功能

汽车 GPS 导航系统是指利用 GPS 技术对机动车辆的位置、方位和速度进行自动测定，并引导车辆按计划航行的系统，又称车载卫星导航系统。目前应用较多的是自主导航，其主要特征是每套车载导航设备都自带电子地图，定位和导航功能全部由车载设备完成。内置的 GPS 天线会接收到来自环绕地球的 24 颗 GPS 卫星中的至少 3 颗所传递的数据信息，由此测定汽车当前所处的位置。导航主机通过 GPS 卫星信号确定的位置坐标与电子地图数据相匹配，便可确定汽车在电子地图中的准确位置。在此基础上，即可实现行车导航、路线推荐、信息查询、播放 AV/TV 等多种功能。驾驶员只需通过观看显示器上的画面、收听语音提示，操纵键盘、轻按触摸屏即可实现上述功能，从而轻松自如地驾车，给行车带来全新的感受。

在国内有自主开发的带有局部地图的汽车导航系统。比如国内一些大城市的公安系统、出租车调度系统等公共调度系统等，以满足集中调度、快速反应的要求。在这些公共调度系统的车辆上，除GPS天线和接收机外，并不需要车辆自主导航设备，车辆通过车载通信设备和总部保持联系。车辆上的通信发射机随时将本车GPS接收机计算的车辆位置数据传送到总部，总部掌握外出车辆的位置，通过语音通信信道准确、快速地做出调度。

2. 汽车电子导航系统的组成

汽车电子导航系统由GPS接收天线、GPS接收机、计算机、显示器、位置检测装置等组成，如图5—2—4所示。位置检测包括绝对位置检测和相对位置检测，系统根据不同的位置进行分类检测。绝对位置的检测采用GPS全球定位系统，相对位置的检测采用方向传感器（如地磁传感器、光纤陀螺仪），并利用车轮转速传感器测量车辆行驶距离。

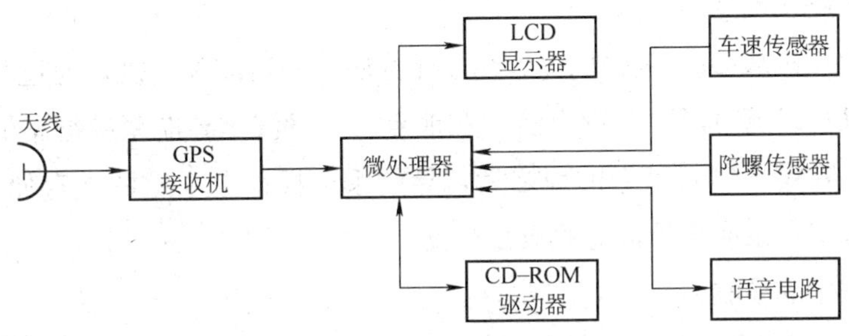

图5—3—4　汽车电子导航系统的组成

（1）GPS装置

GPS接收卫星定位信号，经导航计算机计算出车辆所在位置的经度和纬度，以及速度和方向，并在显示器上显示出来。

（2）自律导航

在GPS信号中断，与GPS卫星失去联系时，比如汽车行驶至地下隧道、高架桥下、高层楼群、高山密林等地段，机内自动导入自律导航系统。此时，导航计算机采集车速传感器传送的车速脉冲信号，并从速度和时间中计算前进的距离。陀螺传感器直接检测出前进方向的变化和行驶状态。

（3）地图匹配器

由GPS卫星导航和自律导航所测到的汽车坐标位置数据以及前进的方向与实际行驶的路线轨迹在电子地图上会存在一定的误差。为修正误差，确保二者在电子地图上路线坐标统一，需要采用地图匹配技术，即在导航系统控制电路中增加一个地图匹配电路，对传感器检测的汽车行驶轨迹与电子地图上道路的误差进行实时数字匹配，做出自动修正，经导航ECU的实时处理，得到汽车在电子地图上的正确位置路线的指示。

（4）车速传感器、陀螺仪、罗盘

车速传感器可采用与ABS系统相同的轮速传感器。汽车转弯方向上的变化可以通过左右车轮转速传感器输出的脉冲差进行检测。

在汽车导航系统中通常使用气流率和光导纤维式陀螺仪，用以测定汽车转弯角速度并确定汽车行驶方向。

罗盘传感器由一个励磁线圈和两个垂直的线圈缠绕在具有高磁通率的圆环磁铁上组成，通过检测地球磁场来确定汽车的绝对行驶方向。

3. 车载GPS导航系统的使用

（1）目的地输入

用户在出发前，通过系统提供的输入方法将目的地输入导航设备中。目前从安全要求考虑，人们正在开发基于语音输入技术的产品。

（2）行驶路线确定

汽车导航主机从GPS接收机得到经过计算确定的当前经纬度，通过与电子地图数据的比对，就可以随时确定车辆当前所在地点。一般汽车导航系统把车辆当前位置默认为出发点，在用户输入了目的地之后，导航系统根据电子地图上存储的地图信息，就可以自动算出一条或几条合适的推荐路线。

（3）行驶中的导航

汽车导航系统的输出设备包括显示屏幕和语音输出设备。由于驾驶员在行驶过程中必须专注于驾驶，不能经常查看显示屏，汽车导航系统通常都有语音输出，向驾驶员提供提示信息。比如车辆按照系统推荐的路线行驶到应该转弯的路口前，语音输出设备会提示驾驶员："200 m后请左转"。目前世界几大著名汽车公司的导航系统已经达到了相当完善的程度。

目前，车载卫星导航系统可分为内置式和外置式两种。内置式车载卫星导航系统一般经专门外形设计，由汽车生产商在生产环节安装固定在汽车上。外置式车载导航系统一般多为后期加装，安装简便，适用于各种车型。

思考与练习

1. 名词解释：

（1）GPS　（2）汽车电子导航系统

2. GPS系统是由哪几部分组成的？各部分的作用是什么？

3. 简述汽车电子导航系统的功能、组成及使用方法。

课题三　车载免提电话系统

◆ 了解汽车车载电话系统的功能、组成及操作方法。

◆ 熟悉蓝牙车载免提系统的功能、组成和工作原理。

开车拨打或接听电话是目前交通安全事故的主要诱因之一（见图 5—3—1）。如何在保证安全的前提下有效地解决行车过程中的电话问题呢？

图 5—3—1　开车拨打电话造成交通事故

随着汽车工业的发展，车内通信和车内办公已经逐渐成为一种趋势。国内主要汽车生产厂商已经在其部分车型上将车载电话系统作为标准配置或选装配置，比如奥迪、君威、蒙迪欧等配有车载免提电话，如图 5—3—2 所示。

图 5—3—2　车载免提电话显示屏

车载免提电话系统一般可分为传统型车载电话系统（包括有线连接免提系统和无线 RF 免提系统两大类）和蓝牙车载免提系统。

一、传统型车载电话系统

1. 有线连接免提系统

这种免提系统的使用方法如下：

（1）把支架对准机座背面卡紧后，再将机座挂靠在汽车通风孔上或固定在车内其他任何你认为方便的地方。

（2）把喇叭箱的电源接头直接插入车上点烟器插孔，指示灯亮表示电源已接通，音量可以随意调节。

（3）将手机放入机座中固定。

（4）喇叭箱上的扩音器连接夹夹在手机的听话孔上。

2. 无线 RF 免提系统

无线 RF 免提系统是靠调频来工作的，即把接收到手机的语音通过调频无线发射接收系统实现免提通话。一般是使用车载的音响或收音机系统，把接收到的语音通过音响或收音机的扬声器传出。一般不同厂家的产品使用的频率是不同的。

汽车上可能有一套完整的电话系统，也可能是有准备安装电话的装置。如果车辆已为安装电话做好了准备，那么改进的电话也是可以安装的。

为了能在车辆上操作电话，车主需要自备一个叫作交换箱的操作电器，如图5—3—3所示。它用来连接移动电话和通过标准 VDA 插头安装在车辆上的部件。标准电话通过专用交换箱与 VDA 插头相连。

图 5—3—3　交换箱

（1）无线 RF 免提系统的组成

无线 RF 免提系统的结构如图 5—3—4 所示，其主要由以下五个部分组成。

1）扬声器：用来接听来电，把手机听筒的声音通过扬声器播放出来，如图5—3—5所示。有些型号的产品是把扬声器与放置手机的机座做成一体的，这样的产品在结构上紧凑些，也减少了连线。

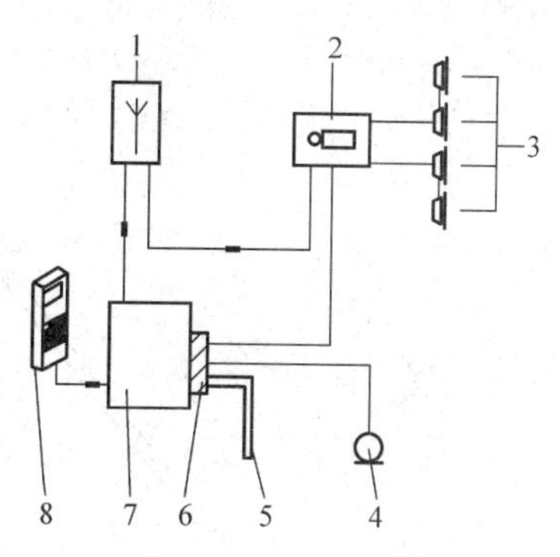

图 5—3—4　无线 RF 免提系统的组成

1—车顶天线　2—收音机　3—收音机扬声器

4—麦克风　5—电话系统供电线

6—VDA 插头　7—交换箱　8—电话及支架

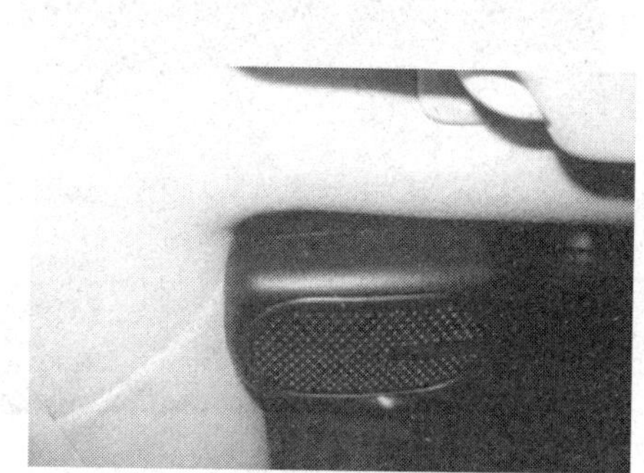

图 5—3—5　扬声器

2）机座：接放手机，把手机固定在机座上，如图 5—3—6 所示。

3）支架：与机座连接，卡在通风孔上或固定在汽车内的其他地方。

4）扩音器：接听手机的来话，与手机的听筒相连接，当然有些型号的产品是通过信号线与手机连接到一块的。

5）麦克风和耳塞：使用麦克风进行通话，如果不想让同车的人听到你的谈话，那么可使用耳塞接听来电，一般的耳塞有无线和有线连接两种方式。

（2）预备装置

预备装置的结构如图 5—3—7 所示。

（3）天线系统

天线系统如图 5—3—8 所示。

二、蓝牙车载免提系统

蓝牙车载免提系统是专为行车安全和舒适性而设计的，其控制模式如图 5—3—9 所示。

1. 蓝牙车载免提系统的功能

（1）自动辨识移动电话，不需要电缆或电话托架便可与手机联机。

（2）使用者不需要触碰手机（双手保持在方向盘上）便可控制手机，用语音指令控制接听或拨打电话。

（3）使用者可以通过车上的音响或蓝牙无线耳麦进行通话。

（4）若选择通过车上的音响进行通话，则当有来电或拨打电话时，车上音响会自动静音，通过音响的扬声器/麦克风便可进行话音传输。

（5）选择蓝牙无线耳麦进行通话时，只要耳麦处于开机状态，当有来电时按下接听按钮就可以实现通话。

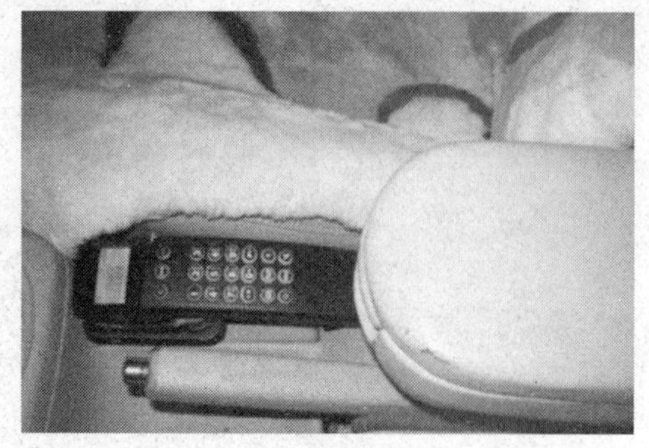

图 5—3—6　电话及机座

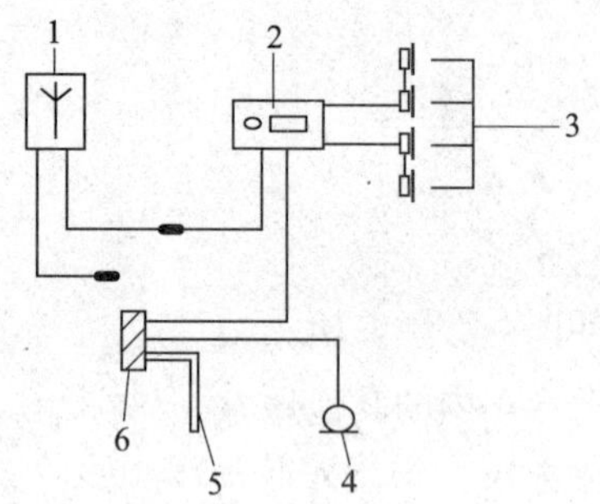

图 5—3—7　预备装置的结构

1—车顶天线　2—收音机　3—扬声器

4—麦克风　5—供电线　6—VDA 插头

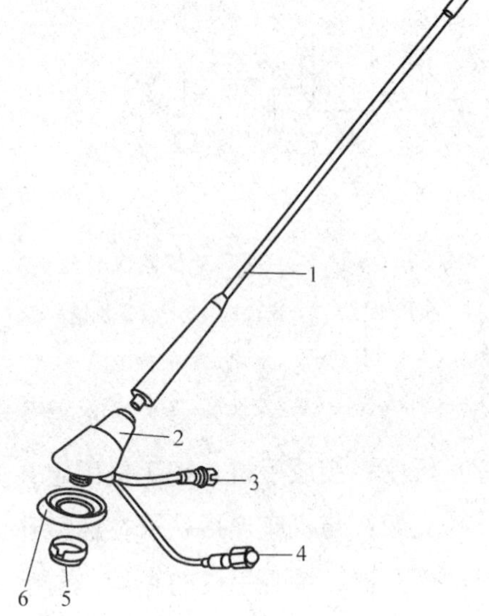

图 5—3—8　天线系统（收音机和电话）

1—天线杆　2—天线基座

3—连接收音机系统　4—连接电话系统

5—带锯齿形垫圈的 M14 螺母　6—密封垫

图 5—3—9　蓝牙车载免提电话控制模式

(6) 蓝牙车载免提系统在高速行车时可以保证良好的通话效果，并能支持任何厂家生产的内置蓝牙模块和蓝牙免提 Profile（符合 SIG v1.1 规范）的手机。

(7) 蓝牙车载免提系统还可以与全球定位系统（GPS）终端捆绑，以降低成本。

2. 蓝牙车载免提系统的组成

蓝牙车载免提系统由以下模块组成：蓝牙免提控制器、蓝牙手机、蓝牙无线耳麦、显示屏。各模块之间的关系如图 5—3—10 所示。

3．蓝牙车载系统的解决方案

蓝牙车载系统由可视屏、蓝牙无线耳机、汽车音响、控制键和蓝牙免提控制器组成，如图 5—3—11 所示。

4．蓝牙车载系统的工作原理

蓝牙车载系统的工作原理如图 5—3—12 所示。

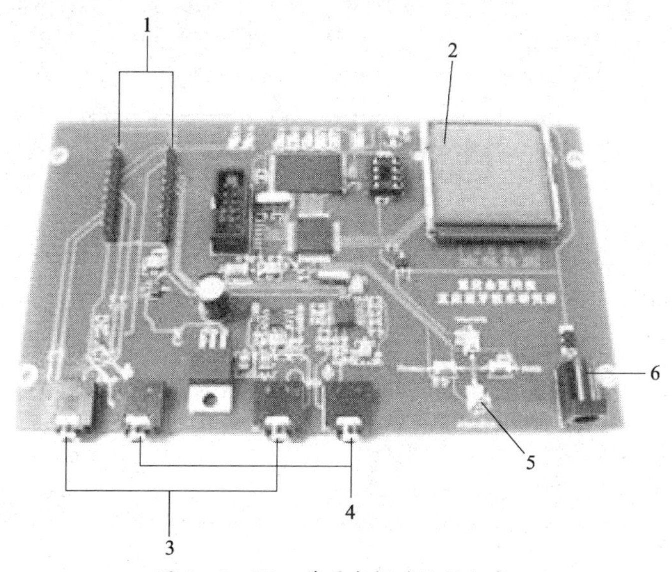

图 5—3—10　蓝牙免提系统的组成

1—蓝牙芯片　2—显示屏　3—麦克风插口　4—听筒插口　5—控制键　6—电源插口

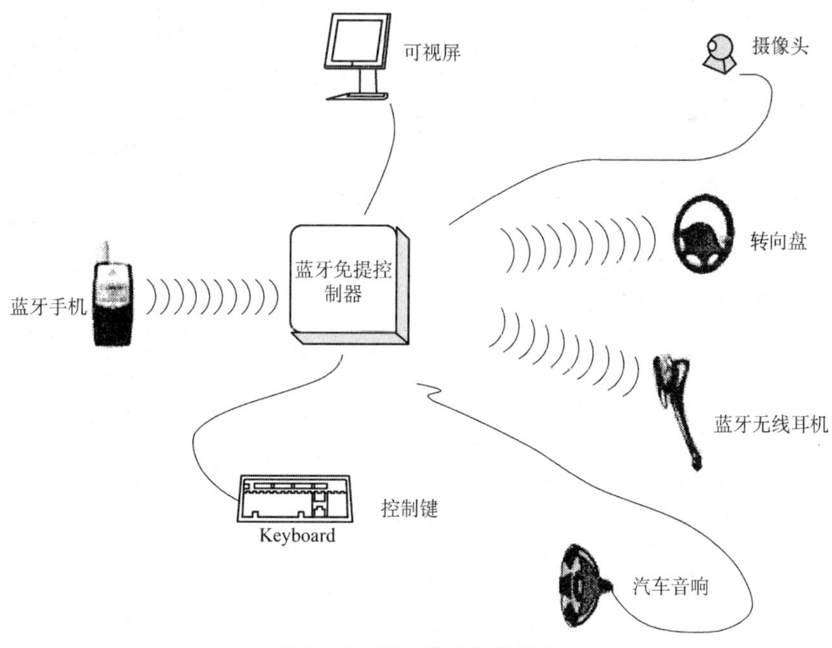

图 5—3—11　蓝牙车载系统

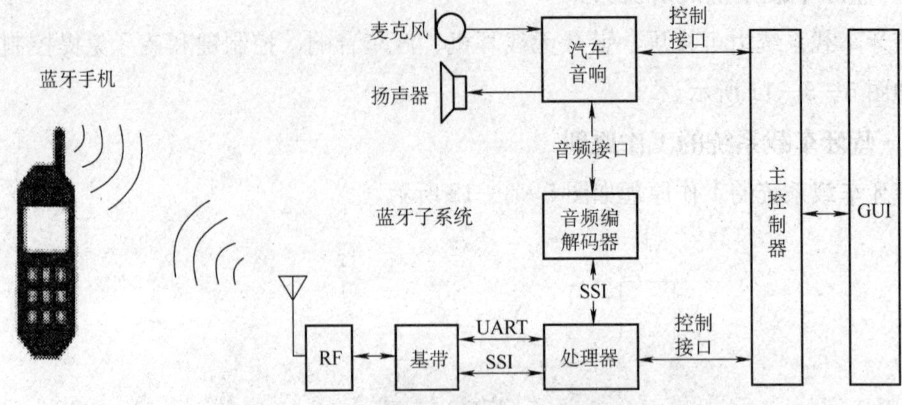

图 5—4—12　蓝牙车载系统的工作原理图

思考与练习

1. 简述有线连接免提系统的使用方法。
2. 简述蓝牙车载免提系统的功能与组成。